义务教育阶段民办学校的运行机制

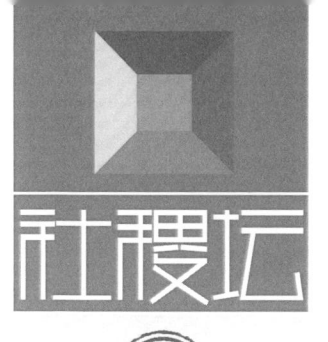

华中村治研究丛书

义务教育阶段民办学校的运行机制
——以河南莱登县为个案

The Operational Mechanism of Private Schools in Compulsory Education Stage: Take Laideng County of Henan Province as a Case Study

齐燕 ○ 著

中国社会科学出版社

图书在版编目（CIP）数据

义务教育阶段民办学校的运行机制：以河南莱登县为个案 / 齐燕著. -- 北京：中国社会科学出版社，2024.8. -- （华中村治研究丛书）. -- ISBN 978-7-5227-4284-7

Ⅰ. G639.21

中国国家版本馆 CIP 数据核字第 202463XX54 号

出 版 人	赵剑英
责任编辑	郭　鹏　马　明
责任校对	高　俐
责任印制	李寡寡

出　　版	中国社会科学出版社
社　　址	北京鼓楼西大街甲 158 号
邮　　编	100720
网　　址	http://www.csspw.cn
发 行 部	010-84083685
门 市 部	010-84029450
经　　销	新华书店及其他书店
印　　刷	北京明恒达印务有限公司
装　　订	廊坊市广阳区广增装订厂
版　　次	2024 年 8 月第 1 版
印　　次	2024 年 8 月第 1 次印刷
开　　本	710×1000　1/16
印　　张	17.5
插　　页	2
字　　数	270 千字
定　　价	98.00 元

凡购买中国社会科学出版社图书，如有质量问题请与本社营销中心联系调换
电话：010-84083683
版权所有　侵权必究

序

  党的十一届三中全会以后，党中央对教育工作做出了一系列新的论断和决策，我国教育事业开始走上蓬勃发展之路。1985年5月中共中央颁布了《中共中央关于教育体制改革的决定》（以下简称《教育体制改革的决定》），提出要"有步骤地实行九年义务教育"，并做出"地方要鼓励和指导国营企业、社会团体和个人办学"的规定，义务教育阶段民办学校重新在全国各地出现。次年，即1986年颁布了《中华人民共和国义务教育法》（以下简称《义务教育法》），其中第二条全文如下："国家实行九年义务教育制度。义务教育是国家统一实施的所有适龄儿童、少年必须接受的教育，是国家必须予以保障的公益性事业。实施义务教育，不收学费、杂费。国家建立义务教育经费保障机制，保证义务教育制度实施。"第四十二条中说"国家将义务教育全面纳入财政保障范围，义务教育经费由国务院和地方各级人民政府依照本法规定予以保障"。第四十八条中说"国家鼓励社会组织和个人向义务教育捐赠，鼓励按照国家有关基金会管理的规定设立义务教育基金。"也就是说在《义务教育法》中，对企业、社会团体或个人兴办义务教育阶段的学校之事既未禁止，也未授权。而教育行政部门在教育实践中，则同时遵守着1986年的《义务教育法》和1985年的《教育体制改革的决定》。也就是说，《义务教育法》颁布之后，在地方政府的鼓励和指导下，允许企业、民间团体及个人投资兴办属于义务教育阶段的小学、初等中学的政策依然在继续实行着。经过四十年的发展，义务教育阶段的民办学校受到很多家长及学生的青睐，在城市特别是在教育资源相对不足的农村地区即县域教育中，民办小学及初高中在学生及其家长的心目中已经占据重要地位。

　　这不禁让人们产生如下疑问：既然《义务教育法》已经明确"国家将义务教育全面纳入财政保障范围，义务教育经费由国务院和地方各级人民政府依照本法规定予以保障"，何须社会团体及个人投资兴办小学和初中（以下简称"民办中小学"。民办高等中学与大学不属于"义务教育"阶段，不论。）？既然《义务教育法》明确规定义务教育"是国家必须予以保障的公益性事业。实施义务教育，不收学费、杂费。"为什么还有不少家长将孩子送进既收学费也收杂费的民办小学与初级中学？兴办属于义务教育阶段的小学或初级中学的民间团体或个人投资者们，他们是以公益为宗旨还是以营利为宗旨？如果将民办小学及初中分为公益性与营利性二类，各类所占比重是多少？他们各自办学的积极性或动力来自何方？在优质教育资源相对不足的某些农村地区或中西部偏远地区，民办中小学甚至成为一部分家长及学生的首选，这是为什么？民办中小学收学杂费，甚至有些收费不菲，为什么还有家长争相将孩子送去就学？民办中小学与公办中小学是如何竞争生源的？一些民办中小学在与公办中小学的生源竞争中获得了优势地位，那么他们在学校的运作机制上与公办中小学有什么不同？总而言之，在国家《义务教育法》规定的九年义务教育阶段，公办的有国家财政保障的中小学有合理布局的情况下，民办中小学的发展空间从何而来？这是必须回答的一个理论问题，也是一个实践问题。因此，对这一问题进行专门调查和研究，具有重要的理论与现实意义。

　　齐燕的专著《义务教育阶段民办学校的运行机制——以中部地区莱登县为个案》就是为回答上列问题所进行的专项研究成果之一。她在华中科技大学攻读硕士学位期间，就开始关注这个问题，并做了一些实地调查，在南开大学社会学系攻读博士学位期间，将此问题作为其研究的主题，她在花了多年时间对这一问题进行资料收集、政策研究、文献分析之后，决定在我国中西部选一个县作为田野调查对象，进行实地深入田野调查。按《义务教育法》规定，义务教育实行国务院领导，省、自治区、直辖市人民政府统筹规划实施，县级人民政府为主管理的体制。故此以县域为一个研究个案，研究分析民办中小学的生存发展空间及运行机制是比较适宜的。经反复分析，选定了中部某省莱登县为研究个案。选该县的具体理由，作者在书中做了介绍。田野调查对象确定后，她曾多次深入该县教育主管部门及该县域公办与民办中小学校做田野调查，查阅了该县域内大量的教育行政及统计资料，对学校的校长、教师、学生家长及学生做了大量访谈。此专著中的所有结论都是作者独立分析研究的成果。

我认为，作者的这部专著，其主旨是要回答在我国法定属于九年义务教育阶段的民办小学与初级中学，何以有其发展空间的问题。中国的民办中小学校在属性上大都不同于西方国家的私立贵族学校，我国鼓励或允许民间力量兴办属于义务教育阶段的初中和小学，是将其作为义务教育体系的重要组成部分，并在性质上对其具有民生性和公平性的期待。作者认为，我国民办中小学之所以得到蓬勃发展，主要获益于外部和内部两方面的因素，其外部因素是国家和地方政府的准入和支持为义务教育阶段民办学校进入县域教育市场提供了政策空间；减负政策下农村公办学校的选拔功能弱化，无法满足家庭追求优质教育资源的需求，为县域民办属于义务教育阶段的中小学校的发展提供了市场空间。其内部因素则是民办中小学校充分利用其办学自主权而实行的具有民办学校特色的运行机制，即民办中小学的举办者以营利为目的，抓住政府给予的政策空间和公办义务教育学校难以满足民众对子女教育的多方位需要所产生出的市场空间，在学校运行过程中，采取学生住校制及封闭式学生管理模式、利用学校自主的人才选拔机制强化聚合优质教师资源、以提高学生的学习成绩指标来满足家庭的教育需求等策略，以获得生存机会并发展壮大。

作者认为，县域民办中小学的运行过程体现了民办学校在县域义务教育场域中的主观能动性。其一，在政校关系方面，民办中小学校充分利用产权私有化之下的经营自主权，以及政府赋予的办学权利，将学校的经营自主权进行扩大化使用，并使之成为民办学校运行的权力基础；其二，在学生资源方面，民办学校通过生源筛选实现了生源结构的优化；其三，在教师资源方面，民办学校通过教师招聘自主权和政府的师资支持实现了教师结构的优质化；其四，在课时安排方面，民办学校通过教育时间的自主安排实现了课业负担分布结构的自主控制；其五，在学校教育时间使用上，民办学校通过住校制及分层教学与强化竞争激发学生的学习积极性，同时还以班级教师团队制度关注班级的整体性进步，以此强化学生课业负担强度；其六，在教师管理方面，民办学校通过实施多劳多得、优劳优得的激励措施激发教师的教学积极性。总之，民办学校通过经营自主权的扩大化使用、学校资源结构的选择性控制、教育时间的高效率使用，强化了学校的选拔功能，实现了提高学生成绩的目标，从而也满足了作为教育服务买方的学生家长们的教育投资愿望。

　　我国当下的教育政策，是对处于义务教育阶段的小学、初中，强化"素质教育"，不搞所谓"应试教育"。公立中小学在教育主管部门的直接指导监督下办学，为减轻学生课业负担，不允许给学生留家庭作业，不允许对处于义务教育阶段的小学生中学生的成绩进行排名，不允许公布学生的学习成绩，不允许分所谓"快班""慢班"。毫无疑问，政府制定和实施这样的教育政策是用心良苦的，是为了提高学生的基本素质，保证孩子们健康快乐地成长。对此我完全理解和赞成。但我们同时还要注意到，社会终究是一个竞争性社会，在教育资源有限的情况下，到走出义务教育阶段，进入高级中学时，教育部门要对学生进行"分流"，有些地方规定只选50%的学生进入高级中学，其余50%去中等职业学校就读。学生要想进入高中阶段的学业，学校还是要通过对学生的学业成绩考试后"择优录取"，即学生必须通过学业能力竞争才能进入自己理想的学校。其实按当下我国的人才培养规划与制度规定，到中等职业学校学习的同学，也同样有参加高考，接受高等教育的机会，但由于受原有教育理论的影响，学生及其家长，甚至学校的一些教师，大都认为接受高中教育的学生才会"更有出息"。初中毕业后考高中的学业能力竞争考试，被人们简称为"中考"。在中考实践中，很多学生及家长都有一种感觉，即"中考"的竞争激烈程度甚至会比"高考"更残酷。公办学校对义务教育阶段的学生强化"素质教育"没有错，但一旦初中毕业进入"中考"时却仍是只考核"学业成绩"，素质教育的结果也必须通过"考试"来体现，学生还是要"应试"，成绩优秀者才能进入"重点高中"或普通高中，应试成绩在前 50% 以下者，只能进入中等职业学校学习。在目前教育理念之下，还没有发现哪位成绩优秀的学生自愿首选中等职业学校就读的。这就给公办中小学当下实施的教育政策提出了如下一系列难题：在"望子成龙"的学生家长及希望自己将来有更好前程的考生面前，公办义务教育阶段的中小学刻意回避的学业成绩竞争，在学生参加"中考"时就变得苍白无力，甚至被完全抛弃了。这是为什么？义务教育阶段完全回避学业能力竞争的教育政策是否存在不足？学生家长及学生对优质教育资源的需求及受教育的目的与政府规定之间是否存在落差？

本书作者研究发现，当前我国的教育选拔体制是以考试成绩面前公平竞争来筛选人才，这是一种个人能力本位的社会竞争。这符合全世界现代文明社会人才遴选的通则。义务教育阶段民办学校对于学校选拔功能的强化、学生成绩的追求与农村家庭的教育需求具有契合性，因此有越来越多的农村家庭将子女送入民办学校。农村家庭在代际分工的"半工半耕"家计模式下，教育责任向中老年父代转移，但是家庭中父代和子代的权力结构变迁导致父代教育权威削弱，家庭的教育功能弱化。农村家庭为了应对村庄阶层竞争和家庭再生产压力，家庭分工出现刚性化趋势，对延长孩子在校时间有极高诉求。为了实现家庭的发展性目标，农村家庭在学历社会下对学校教育质量有较大的诉求。民办学校延长教育时间，实行"以校为主"的课业负担分布，以及加大学生课业负担强度的做法，能够实现提高学生成绩的目标，扩大了学校教育责任，也满足了农村家庭对于优质教育资源及将来必须面对的在"中考"应试竞争中取得好成绩的期待。也就是说，义务教育阶段民办学校的运行机制本质上是应试机制。民办学校的应试机制以提高学生成绩为目标，因此能够在县域义务教育市场中逐步胜出。

义务教育阶段民办学校的发展运行过程是嵌入于县域义务教育场域的演变过程中的，也因此与义务教育场域中的其他教育主体存在密切互动，并对之产生重要影响。民办学校在与公办学校的竞争中成为县域义务教育市场中的优质教育资源的代表，义务教育资源分配开始从依据政治标准分配转变为依据经济标准分配，升学机会的获得从个体努力为主导转向家庭经济条件为主导。

作者研究发现，义务教育阶段民办学校的生源主要来自村庄中上阶层家庭，这一阶层在整体社会中又处于相对弱势位置。从村庄社会的角度说，民办学校增加了农村地区中上阶层家庭子女教育成功的机会；从整体社会的角度说，民办学校增加了相对弱势阶层子女通过教育向上流动的机会。民办学校的收费限制天然排斥村庄中的底层家庭，这一群体不仅是村庄中的底层，也是整体社会中的底层。长期来看，由此产生的底层排斥会暗含着社会风险。

2021年，中共中央办公厅、国务院办公厅印发《关于规范民办义务教育发展的意见》，提出强化民办义务教育规范管理，营造良好教育生态。县域义务教育阶段的民办中小学的发展进入了新的历史节点。县域民办义务教育现在进入了规范发展的新时期，县域民办义务教育会走向什么样的发展方向？相信只要政府允许义务教育阶段的民办学校存在，他们必定会以实践给出新的答案。我们期盼无论是公办还是民办的、处于义务教育阶段的小学或初中，都能在公平竞争和统一考核标准下得到发展，期盼生活在农村地区的孩子与生活在城市地区的孩子，不分阶层，不分出身，都能在相同的教育环境及教育资源配置下得到茁壮成长。因为他们都是祖国的花朵。

并愿本书作者能持续对这一关乎国计民生的重大教育问题开展研究，并不断取得新的学术成果。

是为序。

王处辉
2024年元月于南开大学

目　　录

第一章　导论 ·· 1
　第一节　问题意识与研究意义 ·· 1
　　一　研究背景 ·· 1
　　二　研究意义 ·· 6
　第二节　文献综述 ··· 7
　　一　新自由主义视角：民办教育发展的理论支持 ················ 7
　　二　民办教育发展的实践分析 ······································· 15
　第三节　理论资源 ·· 22
　　一　学校功能论 ··· 22
　　二　时间社会学理论 ··· 33
　第四节　研究思路与核心概念 ·· 38
　　一　研究思路 ·· 38
　　二　概念界定 ·· 38
　　三　篇章结构 ·· 39
　第五节　研究方法与田野概况 ·· 41
　　一　研究方法 ·· 41
　　二　田野概况 ·· 45

第二章　政策空间的出现与市场空间的腾出 ························· 46
　第一节　义务教育发展的政府责任 ···································· 46
　　一　社会主义国家义务教育事业性质与发展目标 ············· 46
　　二　政府责任分层与县级政府的供给责任 ······················ 47

第二节　政策空间：义务教育资源供给不足与民办教育的
　　　　出现 ………………………………………………………… 48
　　一　地方政府财政能力不足与义务教育资源供给不足 …… 48
　　二　普及型义务教育资源供给不足与本地民办学校的成长 …… 52
　　三　优质义务教育资源供给不足与招商引资民办学校的
　　　　发展 ………………………………………………………… 59
第三节　市场空间的腾出：减负政策下农村公办学校的功能
　　　　弱化 ………………………………………………………… 64
　　一　课程结构改革与活动时间的低效使用 ………………… 64
　　二　学习过程的去竞争化与学习强度降低 ………………… 66
　　三　教育时间让渡与家庭承接的失败 ……………………… 68
第四节　民办学校投资者的营利动机与学校功能的强化 …… 75
　　一　民办学校投资者的营利动机与教育服务的需求导向 …… 75
　　二　社会评价的成绩导向与学校功能的诉求 ……………… 79
第五节　本章小结 ………………………………………………… 81

第三章　民办学校运行的权力空间：权利赋予与监管不足 …… 82
　第一节　民办学校的角色演化与权利赋予 …………………… 82
　　一　民办教育的角色演化 …………………………………… 82
　　二　国家对民办学校的权利赋予与政策支持 ……………… 84
　第二节　权力分享与利益互惠：地方政府与民办学校投资者的
　　　　　关系 ……………………………………………………… 89
　　一　权力分享：本地民办学校举办者的参政议政 ………… 90
　　二　利益互惠：招商引资民办学校投资者的县域投资 …… 96
　　三　政校关系：不断调整的政府权力边界 ………………… 99
　第三节　监管不足与经营自主权的扩大化 …………………… 102
　　一　民办学校的产权私有化与政校关系的非科层性 ……… 102
　　二　民事法律关系下的间接监管与监管不足 ……………… 106
　　三　投资者的营利驱动与办学自主空间的争取 …………… 109
　第四节　本章小结 ……………………………………………… 109

目　录

**第四章　民办学校运行的资源基础：师资、生源结构与教育
　　　　时间结构控制** ……………………………………………… 111
　第一节　学生选拔与生源结构的"底限"控制 …………………… 112
　　　一　策略化宣传与生源供给最大化 ……………………………… 112
　　　二　奖学金激励与优秀学生的吸纳 ……………………………… 115
　　　三　"考试"招生与"差生"排斥 ……………………………… 118
　　　四　学生结构的多层性与"底限"控制 ………………………… 122
　第二节　选聘教师与教师结构的相对优质化 …………………… 123
　　　一　按需招聘与能力至上 ………………………………………… 123
　　　二　政府选拔与骨干教师的补充 ………………………………… 126
　　　三　年龄限制与教师队伍的年轻化 ……………………………… 130
　　　四　教师结构的相对优质化 ……………………………………… 135
　第三节　教育时间的自主安排与学术性偏重 …………………… 136
　　　一　多样化服务与教育时间的延长 ……………………………… 137
　　　二　课程结构的自主安排与学术性科目偏好 …………………… 141
　　　三　以校为主：课业负担分布的时空结构 ……………………… 144
　第四节　本章小结 ………………………………………………… 147

第五章　民办学校教育时间的利用：高度动员与总体性发展 ……… 148
　第一节　分层次教学与学生积极性的高度动员 ………………… 149
　　　一　分层配置资源与分层竞争 …………………………………… 149
　　　二　考试强化与强结果激励 ……………………………………… 152
　　　三　越轨学生的治理与教学秩序维护 …………………………… 155
　　　四　分类教育与高度动员 ………………………………………… 162
　第二节　教师激励：多劳多得与优劳优得 ……………………… 163
　　　一　绩效工资的高比重与正向激励 ……………………………… 163
　　　二　内驱力激发：精神激励与情感激励 ………………………… 167
　　　三　负向激励：约谈与辞退 ……………………………………… 172
　　　四　待遇差距扩大化基础上的竞争与工作积极性 ……………… 174
　第三节　管理取向：班级管理的教师团队制与整体性进步 …… 174

· 3 ·

一　班级教师团队制与学生管理的责任细化 …………………… 175
　　二　教学成绩考核的班级捆绑与责任连带 …………………… 178
　　三　竞争与合作下的班级整体性进步 ………………………… 179
　第四节　本章小结 ……………………………………………………… 180

第六章　民办学校运作机制与农村家庭需求的契合 ………………… 182
　第一节　农村家庭结构转型与监管能力弱化 ………………………… 183
　　一　从夫妻分工的"半工半耕"到代际分工的
　　　　"半工半耕" ……………………………………………………… 183
　　二　父代与子代的权力结构变迁与老人教育权威弱化 ……… 187
　　三　家庭教育功能的分裂与规训能力弱化 …………………… 190
　第二节　农村家庭分工的刚性化及对在校时间的需求 …………… 193
　　一　"半工半耕"与村庄收入分化 ……………………………… 194
　　二　村庄阶层竞争与家庭再生产成本提高 …………………… 197
　　三　家计模式的刚性化对在校时间的诉求 …………………… 199
　第三节　农村家庭的发展目标对教育质量的需求 ………………… 203
　　一　现代性与阶层流动 ………………………………………… 204
　　二　农村家庭经济结构的弱质性与职业流动的诉求 ………… 205
　　三　学历社会下农村家庭对学校教育质量的诉求 …………… 208
　第四节　民办学校的运作机制与家庭需求的契合 ………………… 210
　　一　农村家庭的教育需求对学校培养与选拔功能的高要求 … 211
　　二　应试机制：民办学校运作的核心机制 …………………… 213
　　三　应试机制下学校功能的强化 ……………………………… 216
　第五节　本章小结 ……………………………………………………… 217

第七章　结论与讨论 …………………………………………………… 218
　第一节　应试机制与能力主义教育竞争的契合 …………………… 219
　　一　考试选拔与能力本位 ……………………………………… 219
　　二　应试机制与能力培养 ……………………………………… 221
　　三　素质教育与学校实践 ……………………………………… 223

四　民办学校的发展空间：素质教育与应试教育之间 ………… 228
第二节　教育时间的生产性与民办学校的课业负担 ……………… 229
　　一　必要教育时间和竞争性教育时间 …………………………… 230
　　二　"以校为主"的课业负担分布与教育时间结构分布 ……… 232
第三节　民办学校的"高效化"与教育资源分配标准的重塑 …… 235
　　一　家庭—学校合力的三种类型与学校梯队重塑 …………… 235
　　二　教育资源的分配：从依据居民户籍身份分配到依据
　　　　经济条件分配 ………………………………………………… 241
　　三　升学机会的获得：从个体努力主导到家庭经济条件
　　　　主导 …………………………………………………………… 244
第四节　讨论：民办教育本土化的思考 …………………………… 245
　　一　县域义务教育阶段民办学校的时空定位 ………………… 245
　　二　民办教育本土化的思考 …………………………………… 246

主要参考文献 ………………………………………………………… 248

后　记 ………………………………………………………………… 265

第一章

导 论

第一节 问题意识与研究意义

一 研究背景

我国将义务教育定位为公益性事业,认为义务教育应当是由国家提供的公共产品,明确义务教育经费应当由国家完全承担,并将之写入2006年修订的《中华人民共和国义务教育法》中。[1] 在国家明确义务教育性质的基础上,国家不断增加对义务教育的财政投入,深化农村义务教育经费保障机制改革,自2006年开始分地区逐步将义务教育经费全面纳入公共财政保障范围,建立起由中央和地方分项目、按比例分担的体制。自2006年开始,国家将公办学校学杂费、公用经费、校舍维修改造资金、中小学教师工资全部纳入公共财政保障范围,并开始分年度分地区逐步免除农村义务教育阶段学生学杂费,对城乡贫困家庭学生免费提供教科书并补助寄宿生生活费。[2] 2007年,国家将免费提供教科书的范围扩大到所有农村义务教育阶段学生。[3] 2008年,国家将免除义务教育阶段学生学杂费的范围扩大到城市地区,并提出在政府购买学位的

---

[1] 《新修订的〈义务教育法〉的法理创新》,http://www.moe.gov.cn/s78/A02/moe_627/201108/t20110816_123316.html,2006年9月11日。

[2] 《国务院关于深化农村义务教育经费保障机制改革的通知》,http://www.moe.gov.cn/jyb_xxgk/moe_1777/moe_1778/tnull_27721.html,2005年12月24日。

[3] 《财政部教育部关于调整完善农村义务教育经费保障机制改革有关政策的通知》,http://www.gov.cn/zwgk/2007-11/29/content_820089.htm,2007年11月29日。

民办学校就读的学生，按照当地公办学校免除学杂费的标准，享受就学补助。① 为了缩小校际差距，进一步促进城乡义务教育均衡发展，国家于2015年出台了《国务院关于进一步完善城乡义务教育经费保障机制的通知》（国发〔2015〕67号），决定自2016年开始，统一城乡义务教育公用经费基准定额，统一城乡义务教育"两免一补"政策。根据该文件规定，从2016年春季开始，中央统一确定全国义务教育学校生均公用经费基准定额，2016年中央确定的生均公用经费基准定额是中西部地区普通小学每生每年600元、普通初中每生每年800元；东部地区普通小学每生每年650元、普通初中每生每年850元。"两免一补"政策内容是指对城乡义务教育学生免除学杂费、免费提供教科书，对家庭经济困难寄宿生补助生活费。② 2016年国家发布《国务院关于统筹推进县域内城乡义务教育一体化改革发展的若干意见》（国发〔2016〕40号），提出统一城乡学校建设标准，统一城乡学校基本装备配备标准，进一步推动城乡义务教育资源投入的均衡。③

除了不断改革和完善义务教育经费投入标准外，国家还以专项治理的方式，制定专项行动目标，动员各级政府改善农村地区义务教育办学条件。这些专项教育发展目标包括2001年以来的农村学校布局调整，以及后来的校安工程、农村寄宿制学校建设工程、全面改薄工程、农村教师特岗计划、国培计划、城乡学校支教制度、公费师范生计划等。④ 国家的上述政策实践和资源投入对改善农村学校的基础设施，提高其师资水平都有较大帮助。

义务教育阶段的公办学校作为承担国家义务教育的主体，国家的上述政策实践和资源投入大部分是落实到公办学校身上。因此，自2006年以

---

① 《国务院关于做好免除城市义务教育阶段学生学杂费工作的通知》，http://www.moe.gov.cn/jyb_xxgk/moe_1777/moe_1778/tnull_38125.html，2008年8月15日。

② 《国务院关于进一步完善城乡义务教育经费保障机制的通知》，http://www.moe.gov.cn/jyb_xxgk/moe_1777/moe_1778/201511/t20151130_221655.html，2015年11月25日。

③ 《国务院关于统筹推进县域内城乡义务教育一体化改革发展的若干意见》，http://www.moe.gov.cn/jyb_xxgk/moe_1777/moe_1778/201607/t20160711_271476.html，2016年7月2日。

④ 齐燕：《过度教育城镇化：形成机制与实践后果——基于中西部工业欠发达县域的分析》，《北京社会科学》2020年第3期。

第一章 导论

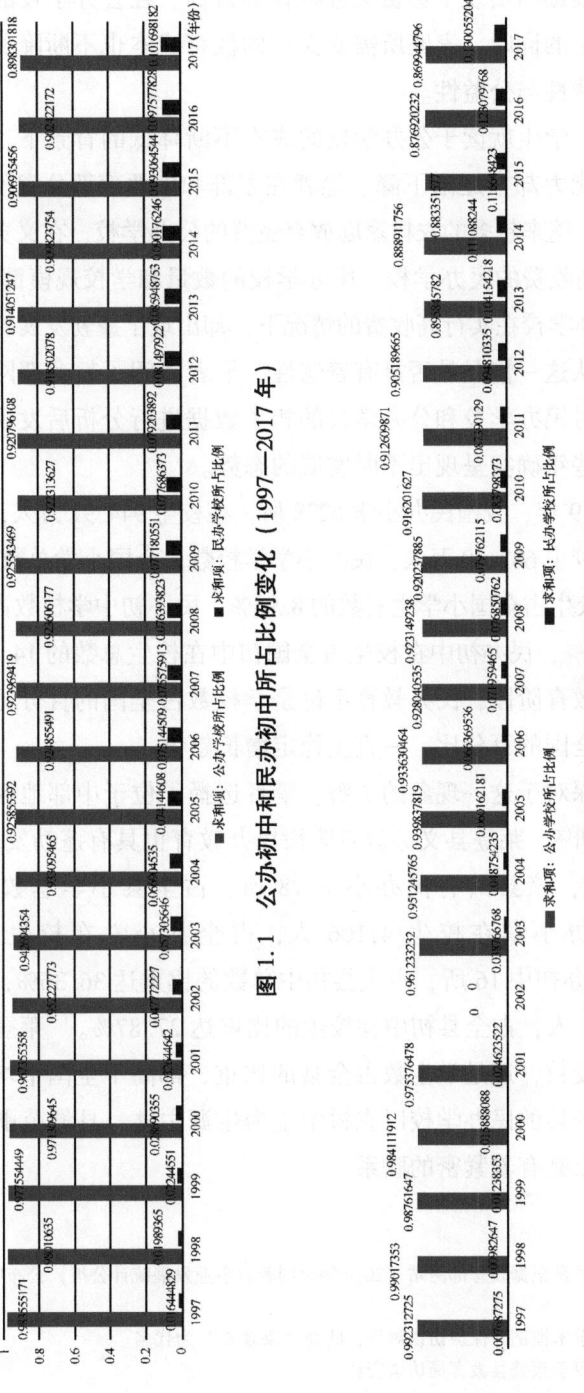

图 1.1 公办初中和民办初中所占比例变化（1997—2017 年）

图 1.2 公办初中和民办初中学生数量所占比例（1997—2017 年）

来，公办学校逐渐实现了免费义务教育的目标。在公办学校的办学条件得到较大改善的同时，家庭所需要支付的教育成本也不断降低。公办学校实现了免费性与公益性。

然而，在学生就读于公办学校的成本不断降低的背景下，公办学校吸引学生的能力却在逐渐下降。笔者在东部和中西部部分省份进行县域调研时发现，越来越多的农村家庭放弃免费的公办学校，在义务教育阶段将子女送入高收费的民办学校，民办学校的数量和学校规模都不断扩大。简言之，民办学校在实行高收费的情况下，却出现了蓬勃发展的态势。

为了确认这一情况是否具有普遍性，笔者查阅了教育部网站和相关教育年鉴，对民办学校和公办学校的相关数据进行分析后发现，民办义务教育在近些年确实呈现出不断发展的态势。

截至2019年，我国民办小学6228所，在校生944.91万人，民办初中5793所，在校生687.40万人，民办小学学校数占全国小学总数的3.89%，民办小学在校生占全国小学生总数的8.95%；民办初中学校数占全国初中总数的11.06%，民办初中在校生占全国初中在校生总数的14.24%。[①] 事实上，义务教育阶段，民办教育不论是学校数占全国的百分比，还是在校学生数占全国的百分比，一直呈稳定增长趋势。

为了加深对于这一现象的了解，笔者选择了位于中部地区的莱登县进行专题调研[②]。莱登县义务教育阶段民办教育也具有蓬勃发展的态势。仅在2017年，该县共有民办小学78所，占全县小学总数的比重达18.48%；民办小学在校生41106人，占全县小学在校生的比重达40.26%；民办初中16所，占全县初中总数的比重达36.36%，民办初中在校生11826人，占全县初中在校生的比重达27.87%。[③] 莱登县民办学校不论是学校数，还是学生数占全县的比重，都高于全国平均水平。不仅如此，莱登县的民办学校以农村学生为生源主体，县域范围内的民办学校与农村家庭有着紧密的联系。

[①] 上述数据是根据教育部网站《2019年全国教育事业发展统计公报》公布的数据进行计算整理得出的。

[②] 为遵循学术惯例并保护访谈对象，此处"莱登县"为代名。

[③] 数据来源于莱登县教育局访谈资料。

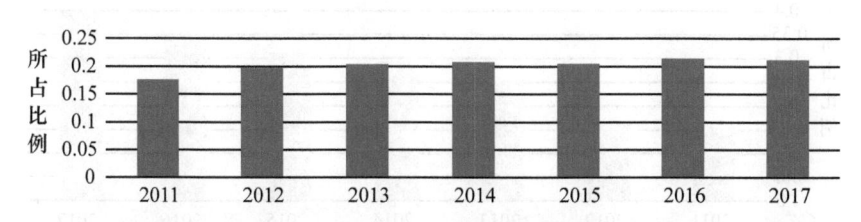

图 1.3 莱登县民办小学数量占全县小学数量的比重变化（2011—2017 年）①

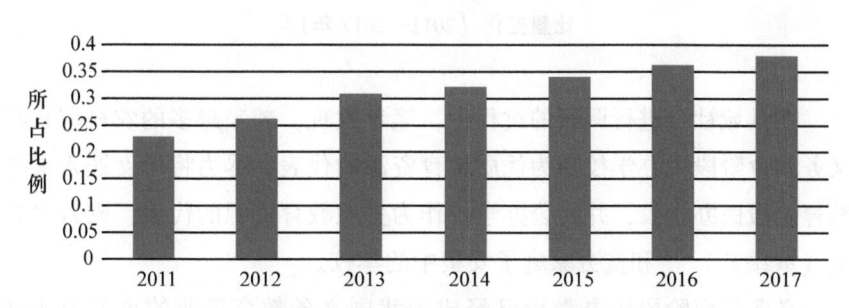

图 1.4 莱登县民办小学学生数量占全县小学学生
数量的比重变化（2011—2017 年）②

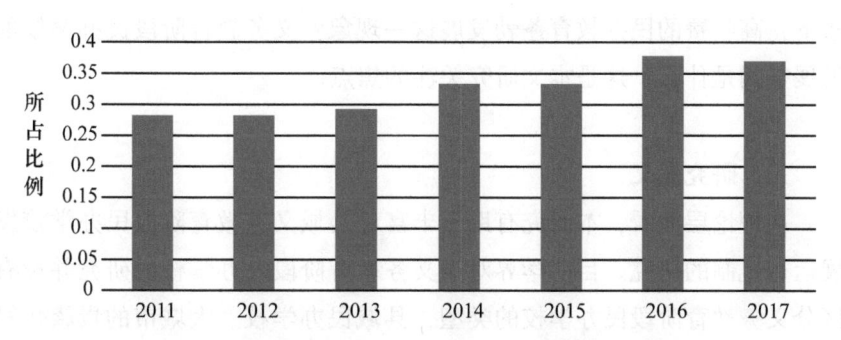

图 1.5 莱登县民办初中学校数量占全县初中数量的
比重变化（2011—2017 年）③

---

① 根据莱登县教育局访谈所获得的数据进行整理分析后制作该图表。
② 根据莱登县教育局访谈所获得的资料进行整理分析后制作该图表。
③ 根据莱登县教育局访谈所获得的资料进行整理分析后制作该图表。

义务教育阶段民办学校的运行机制

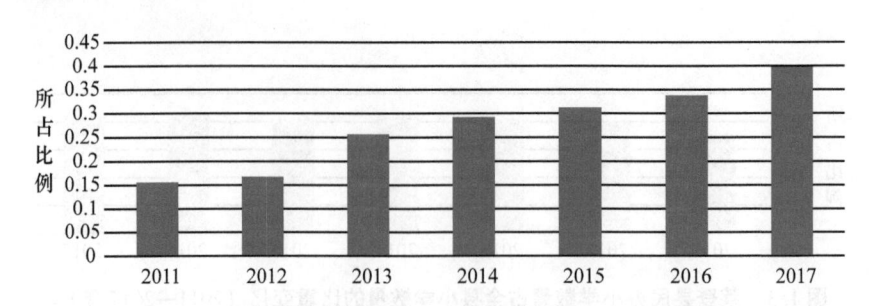

图1.6 莱登县民办初中学生数量占全县初中学生数量的
比重变化（2011—2017年）①

在县域社会进行调研的过程中，笔者发现，越来越多的农村家长将义务教育阶段民办学校视为优质教育资源的代表，尽力将子女送入义务教育阶段民办学校，并将公办学校作为劣质教育资源的代表，成为"差生（成绩差）"和贫穷家庭子女集中的学校。

义务教育阶段民办教育已经成为我国义务教育事业的重要组成部分，并发挥着越来越重要的影响。正因如此，对于民办教育发展运行机制的研究也就显得十分重要。该如何理解在存在免费公办义务教育的背景下，高收费的民办教育蓬勃发展这一现象？义务教育阶段民办学校的发展空间是什么？这是本文研究关注的焦点。

二 研究意义

从理论层面看，本研究有助于丰富对县域义务教育阶段民办学校发展运行机制的研究。目前学界对于义务教育阶段民办学校的研究并没有区分义务教育阶段民办学校的类型，县域民办学校、大城市的贵族化民办学校在生存土壤和发展目标上并不一样。县域义务教育阶段民办学校是与县域社会的社会结构和社会需求紧密相关的。本研究将关注点集中于县域义务教育阶段民办学校的发展与运行机制上，在县域义务教育市场中分析义务教育阶段民办学校的生存空间、市场空间及其运行机制，在此基础上形成对县域义务教育阶段民办学校发展规律的整体性认识。

---

① 根据莱登县教育局访谈所获得的资料进行整理分析后制作该图表。

从实践层面看，本研究为管理和促进县域民办义务教育的健康发展提供一定的理论指导和政策建议。县域义务教育阶段民办教育是县域义务教育事业的重要组成部分，并发挥着越来越重要的作用。县域义务教育阶段民办学校是在怎样的社会背景与治理环境下出现的？县域义务教育阶段民办学校如何与政府、与公办学校进行互动？县域义务教育阶段民办学校为何能够获得社会的认可并不断发展壮大？县域义务教育阶段民办教育的发展又产生了什么影响？对于上述问题的回答和探索，可以增进对县域义务教育阶段民办教育的认识，为完善和规范对县域义务教育阶段民办教育的管理机制，促进民办教育的健康发展提供一定的建议。

第二节 文献综述

一 新自由主义视角：民办教育发展的理论支持

对于义务教育阶段民办教育发展的研究，学界较为主流的思路是从新自由主义视角进行分析。在新自由主义视角下，我国义务教育阶段民办教育的飞速发展可以看作自20世纪80年代以来办学体制改革的重要结果。

新自由主义思想并不是由一个理论体系组成，而是由数个西方经济学派的思想共同构成的经济学思潮。自20世纪80年代开始的"新公共管理运动"深受新自由主义思想影响，这意味着新自由主义影响从经济领域扩展到公共服务领域。教育领域作为公共服务的一个组成部分，在这个时候开始了民营化改革。中国自20世纪80年代开始发展义务教育阶段民办教育即受新自由主义思想的影响。

新自由主义思想核心是强调市场竞争，反对政府干预，[①] 在改革措施上以"三化"为特征，"三化"即私有化、市场化和自由化，[②] 民办教育的发展即体现了"三化"特征：建立积极鼓励兴办民办学校，把市

[①] 文东茅：《走向公共教育：教育民营化的超越》，北京大学出版社2008年版，第17页。
[②] 朱富强：《新自由主义的十大考辨（下）：三大核心政策的实践》，《经济社会体制比较》2018年第2期。

场机制引入教育领域，鼓励自由竞争，尊重学生和家长的自由选择，减少政府的干预。在新自由主义思想中，对我国教育改革和发展进程中义务教育阶段民办教育影响较大的主要有以下三个理论：公共产品理论、公共选择理论、超额需求与差异化需求理论。

（一）公共产品理论

公共产品概念最早由美国学者萨缪尔森提出并系统论述。[①] 公共产品理论从产品消费特征出发定义产品属性。该理论将全部社会产品划分为三类：公共产品、私人产品和准公共产品。公共产品被认为是具有非竞争性和非排他性特征的产品。非竞争性是指增加一个消费者的边际成本为零，或者是增加新的消费者不会降低原有消费者的消费水平；非排他性是指由于受成本或者技术等因素限制，无法排除任何人的消费。国防被认为是属于典型的公共产品。私人产品与公共产品相反，是在消费上既具有竞争性，又具有排他性的产品，食品被认为是私人产品。准公共产品介于公共产品与私人产品之间，产品具有部分的竞争性和排他性，或者是具有竞争性，但没有排他性，或者是具有排他性，但没有竞争性。[②]

有学者借用公共产品理论来研究教育，认为教育属于准公共产品。研究者认为，学校提供的教育产品在消费上具有直接效用和间接效用之分，消费的直接效用主要体现在受教育者在接受教育后自身能力和素质的提高，即教育的内部性，消费的间接效用则体现为受教育者对于社会发展所产生的影响，即教育的外部性。从直接消费看，教育产品具有竞争性和排他性，具有私人产品的性质，从间接消费看，教育产品的外部性使其并不具有竞争性和排他性，具有公共产品的特征。由于教育产品的性质介于公共产品和私人产品之间，所以教育产品属于准公共产品。[③]

---

① 刘佳丽、谢地：《西方公共产品理论回顾、反思与前瞻——兼论我国公共产品民营化与政府监管改革》，《河北经贸大学学报》2015年第5期。

② [美]保罗·萨缪尔森、威廉·诺德豪斯著：《经济学》，萧琛主译，人民邮电出版社2008年版，第32页。

③ 袁连生：《论教育的产品属性、学校的市场化运作及教育市场化》，《教育与经济》2003年第1期。

也有学者通过将教育服务的购买过程和消费过程区分开来，论证了教育服务作为准公共产品的性质。在上述分析视角下，受教育者在学校接受教育的过程只是教育服务的购买阶段，在实际工作和社会生活中发挥出由于受教育而增加的人力资本，才属于教育的消费阶段。在教育的消费阶段，一个人由于人力资本的增加而对工作和社会生活所带来的好处会给他人带来正外部性，并且这种外部性是无法阻止他人分享的，因此就具有了一定程度非竞争性与非排他性，有研究者因此认为教育服务是一种接近公共产品的准公共产品。[1]

同样基于公共产品理论，有研究者对教育的公共产品属性或者是准公办产品性质提出了质疑，认为教育产品性质是由教育的提供方式决定的。如果教育（包括义务教育）由政府免费提供，那么教育就是属于公共产品；如果教育由市场提供，如民办学校等，以收费作为交易条件，那么教育就是私人产品。[2] 持这一观点的研究者认为，由于教育具有较大的外部性，因此不论教育由什么方式提供，国家都应该对教育进行补贴，所以政府应该对提供教育的市场机构进行补贴。[3]

虽然不同学者在认定教育产品是准公共产品还是私人产品上存在分歧，但是这都意味着教育产品不是纯公共产品。根据公共产品理论，只要教育产品不是纯公共产品，就意味着政府不再是唯一供给主体。因为只有纯公共产品，才会存在市场失灵现象，需要政府的供给。而私人产品，或者是准公共产品，意味着市场参与提供的效率较高。这为市场供给教育提供了理论支持，也为国家采取发展民办教育的政策提供了理论资源。

（二）公共选择理论

公共选择理论视野下对于"公共物品供给低效率"和"政府失灵"的分析对20世纪的新公共管理运动与教育改革产生了重要的影响，并

---

[1] 曹淑江：《论教育的经济属性、教育的公益性、学校的非营利性与教育市场化改革》，《教育理论与实践》2004年第17期。

[2] ［美］约瑟夫·E.斯蒂格利茨、卡尔·E.沃尔什著：《经济学》，黄险峰、张帆译，谭崇台校，中国人民大学出版社2010年版，第140—145页。

[3] 王一涛、安民：《"教育是公共产品"吗？——对一个流行观点的质疑》，《复旦教育论坛》2004年第5期。

深刻地影响了我国的办学体制改革。① 因为我国在20世纪80年代教育体制改革伊始，改革的目标之一就是简政放权。②

公共选择理论与公共产品理论有一定的渊源关系，也是讨论公共产品的供给问题，但是切入的角度和公共产品理论不同。公共选择理论在讨论公共产品时，是从供给过程的角度切入来给产品进行性质定义的，该理论认为，产品的性质不是由消费特征，而是由供给过程决定的，③为此公共选择理论对供给组织及供给过程进行了深入分析。公共选择理论主要研究了政府组织与市场组织的供给过程。公共选择理论家以政府是"理性经济人"的假设为分析前提，来分析政府组织供给公共产品的过程。④ 公共选择理论家将市场中的人类行为纳入对政府行为及官僚机构的分析中。在理论家看来，政府部门和官僚机构作为理性经济人，会追求部门利益和个人利益的最大化，在制定政策时会选择最适合自己的政策，因此在提供公共产品时，会由于这一弊病导致公共产品供给过程的低效率甚至无效率。具体说来，首先，政府提供公共产品，割裂生产者与消费者之间的关系，导致难以对公共产品进行估价和评价，市场无法借助价格信号合理配置资源。其次，政府部门作为唯一供给者，垄断供给的时候，公共产品供给过程就缺乏了优胜劣汰的机制，供给效率降低。再次，政府提供公共产品并不追求经济利益，缺乏控制成本、增加利润的动力，会导致供给成本高，以及供给过剩等问题出现。最后，对政府机构和官僚机构缺乏有效监督，不能及时纠正官僚机构的错误，并解决公共产品供给中出现的问题。⑤

公共选择理论家认为公共产品供给失效反映了政府供给机制的失

---

① 程玮：《教育民营化的理论与实践初探》，《当代教育论坛》（宏观教育研究）2008年第5期。

② 《中共中央关于教育体制改革的决定》，http://www.moe.gov.cn/jyb_sjzl/moe_177/tnull_2482.htmlwww.jyb.cn/zyk/jyzcfg/200602/t20060219_55336.html，1985年5月27日。

③ 刘佳丽、谢地：《西方公共产品理论回顾、反思与前瞻——兼论我国公共产品民营化与政府监管改革》，《河北经贸大学学报》2015年第5期。

④ ［美］丹尼斯·C. 缪勒著：《公共选择理论》，杨春学等译，中国社会科学出版社2002年版，第388—420页。

⑤ 吴群芳：《公共选择理论与"公共服务市场化"——西方行政改革的理论背景》，《北京科技大学学报》（社会科学版）2002年第1期。

灵。基于政府失灵问题，他们认为应实行宪法和制度变革，约束政府权力；将市场引入政治领域；减少政府干预，原来由政府供给的公共服务交由市场来提供；① 在公共产品供给上引入竞争机制；在政府内部引入利润动机，等等。②

将公共选择理论引入教育领域时，将教育供给中的问题归因于政府失灵，教育行政体制被认为是导致效率低下、投入不足、教育服务缺乏回应性的根源，进而提出引入市场机制，发展民办教育的主张。③ 持这一观点的研究者认为在现代社会教育属于非政府垄断的准公共物品，提供主体可以多元化，应该允许市场机构参与教育服务，而且市场供给具有高效率、低成本的优势。④ 更有学者进一步提出建立教育领域准市场制度的改革设想，形成学校之间的竞争机制与家长的自由选择机制。⑤ 研究者希望以基础教育的准市场环境改变政府与社会、政府与市场的关系，以此促进基础教育公共产品供给效率与质量的提升。⑥

公共选择理论是将经济学的方法论引入政治科学领域所形成的交叉学科理论，⑦ 这使得其既具有政治科学规范分析的特点，又具有很强的应用性特点，极易被学者借鉴其方法论与分析路径来分析现实问题，并提出政策建议。作为以"政府失灵"为其研究核心的理论，公共选择理论提出的政策建议指向了减少政府干预，引入市场机制和竞争机制，而受此理论影响分析中国教育问题的学者，倾向于认为政府放弃教育供给上的垄断地位，发展民办教育，推动教育服务市场的建立，是解决教育供给低效率的有效途径。⑧

---

① 张群梅：《政府与市场关系的新解读》，《河南大学学报》（社会科学版）2007年第2期。
② 张恒：《公共选择理论的政府失灵说及其对我国政府改革的启示》，《广西社会科学》2001年第4期。
③ 苏君阳：《教育民营化的含义、基础及其有限性》，《外国教育研究》2007年第9期。
④ 郭丽莉、韩丽萍、王迪：《教育民营化的多维审视》，《现代教育管理》2010年第11期。
⑤ 刘复兴：《教育民营化与教育的准市场制度》，《北京师范大学学报》（社会科学版）2003年第5期。
⑥ 赵全军、陈艳艳：《基础教育市场化改革：西方的经验与启迪》，《江海学刊》2008年第6期。
⑦ 余燕、刘书明：《公共选择理论的发展及反思》，《中国集体经济》2020年第10期。
⑧ 李春玲：《公共选择理论及对我国教育行政改革的启示》，《浙江教育学院学报》2005年第4期。

(三) 超额需求与差异化需求理论

在经济学供给与需求视角下，义务教育阶段民办教育的发展被认为是国家和政府提供的公办教育没有满足民众对于教育的需求，因此出现了私人和其他社会力量以市场方式供给教育服务的现状。在经济学的供给与需求视角下，公办教育未能满足的教育需求有两类，一类是"超额需求"（excess demand），另一类是"差异化需求"（differentiated demand）。[①] 民办教育在满足民众上述需求的过程中找到了立足的空间，并逐渐发展起来。

超额需求理论是 Weisbrod 在研究非营利组织的自愿供给时界定的概念。[②] Estelle James 将这一概念用于分析家庭对私立教育的需求。在公共财政投入不足的前提下，公立教育不能满足全部家庭子女的入学需求，对教育的超额需求就会产生。[③] 这里超额需求的"超额"，是相对于政府所能够提供的教育总额来说的。在 Estelle James 的假设和研究中，当某个国家在某个学段实行的是选拔式录取学生，即不是所有该年龄段的青少年儿童都有机会接受该学段教育，未实行强制性教育，从客观的指标上看就是，在该阶段公立学校实际注册学生数少于该年龄阶段的国民人数。如果存在上面所说的情况，那么就认为选择私人部门提供教育的行为是超额需求，私人部门会对这一市场需求进行回应，因而产生了满足这一类型需求的学校。在中国未普及免费义务教育之前，有学者使用此理论来解释中国民办教育产生和发展的逻辑，[④] 认为公立学校的高限制入学要求和低教育质量无法满足社会的教育需求，低收入家庭选择民办学校来满足教育需求。[⑤] 但是当中国在城乡全面普及免费义务教育之后，

---

① Estelle, J., "The Private Nonprofit Provision of Education: A Theoretical Model and Application to Japan", *Journal of Comparative Economics*, Vol. 10, No. 3, Sep 1986, pp. 255-276.

② Weisbrod, B., "Toward a Theory of the Voluntary Nonprofit Sector in a Three-sector Economy", *In Altruism, Morality and Economic Theory*, ed. E. Phelps, New York: Russell Sage Foundation, 1975, pp. 171-191.

③ 宋光辉、陈勇：《超额需求、差异化需求与我国民办教育规模》，《管理世界》2009年第6期。

④ 詹姆斯·杜力、刘强、鲍玲·迪金森：《中国甘肃省农村地区为低收入家庭服务的民办学校》，《民办教育研究》2007年第2期。

⑤ 杨红霞：《发展中国家私立教育新现象：为低收入群体服务》，《教育发展研究》2007年第22期。

义务教育成本极低，完全在家庭开支预算范围内，公立教育能够提供足够数量的义务教育学位来满足家庭的需求，解决了"有学上"问题。采用超额需求理论无法解释这一阶段家庭对于民办教育的需求，学界开始引入"差异化需求"理论进行解释。

"差异化需求"是指在某些学段，国家实行了强制教育，政府提供的公立教育数量能够向所有人开放，并且能够满足该学段适龄青少年儿童就学需求的情况下，一些家庭仍然选择私人部门提供的教育，在这一情况下，民办教育满足的是民众的"差异化需求"。[1] 之所以出现这些市场需求，Estelle James 解释是这些具有多样化需求的家庭因为本身在文化上的多样性，由于某些文化、语言或者是宗教的原因，政府提供的公立学校教育无法满足家庭在文化同质性、宗教认同、语言和价值认同上的需求，而家庭又受到限制无法迁徙到与自己需求相似的社区，于是这些具有共同需求的家庭就成为"利益共同体"，产生了对于私人部门提供的多样化教育的需求。差异化需求理论是 Estelle James 基于西方发达国家的民办教育发展情况而提出的解释性理论。学者将差异化需求理论引入中国，研究中国对民办义务教育的需求时，根据中国的社会情境赋予了本土性的内容。有学者认为，差异化教育需求被认为是一种"多元化教育需求"，即家庭对当前所接受的公立教育资源不满意，为追求优质教育资源而产生的教育需求。[2] 也有学者认为民办学校所满足的社会需求是一种功利性教育需求，学校以军事化管理和应试教育为特色，以追求升学率的不断提高来迎合社会和家庭的需求。[3]

从教育服务供给方来看，义务教育阶段民办学校办学者以获得利润为目标，具有较强的营利性，[4] 因此民办学校对于市场上顾客的需求非常敏锐，能够及时发现社会上部分家庭的教育需求并积极满足。有研究

---

[1] Estelle James, "Why Do Different Countries Choose a Different Public-private Mix of Educational Services," *Journal of Human Resources*, Vol. 28, 1993, pp. 571-592.

[2] 叶庆娜：《免费义务教育政策下农村民办教育发展的原因分析》，《上海教育科研》2012 年第 1 期。

[3] 肖军虎、王一涛、李丽君：《民办中小学"非常规扩张"现象透视及对策建议》，《教育发展研究》2015 年第 6 期。

[4] 周彬：《论我国民办学校的教育目的》，《中国民办教育研究》2002 年第 Z1 期。

者指出，不论是在政府公共教育经费投入不足时期，还是出现了流动群体子女教育的新需求时期，民办教育都能够及时供给家庭需要的教育服务。①

使用超额需求与差异化需求理论来研究中国教育问题时，需求的范围早已超出基本教育资源的范围，而具有了优质教育资源的含义。所以近些年来用该理论来解释民办义务教育发展的研究者，在研究中使用过超额需求的概念时，一般用来指家庭对于优质教育资源的需求无法被政府满足，这种无法被满足的需求是超额需求。而差异化需求，这被用来指更加多样化的教育需求，包括希望学校对学生各方面素质更加重视等等。所以差异化需求和超额需求，本质上仍然是在论证政府无法充分满足受教育者的需求，即政府在提供教育资源存在失灵现象，为此需要私营部门参与提供教育。在此基础上鼓励发展义务教育阶段民办教育就具有逻辑前提。

(四) 小结与述评

公共产品理论、公共选择理论、超额需求与差异化需求理论作为解释支持义务教育阶段民办教育发展的三种视角，即消费视角、政府失灵视角与供需视角，这三种视角具有内在的一致性，都将供给效率作为对教育供给体制进行评价的标准。以效率标准对政府的教育供给进行评价的背景下，如果教育供给达不到理想中的"高效率"要求，上述三种理论会将原因归结于政府垄断导致缺乏竞争，归结于义务教育行政体制的问题，最终得出政府供给机制失效的结论。为了提高义务教育供给效率，满足社会的教育需求，这三种视角提出由市场来提供义务教育产品的思路，在实践中则是以义务教育阶段民办学校来提供义务教育服务。

上述三种视角对政府主导的义务教育资源供给体制进行了深入分析，对于该体制存在的低效率问题进行了充分的讨论，并探究了导致供给效率损失的体制原因。对于供给效率的讨论，客观上起到了督促政府改革供给体制，以提高供给效率的作用。自20世纪80年代以来的义务

---

① 阎凤桥、张莉娟、于洁、李虔：《民办教育在农村城市化进程中所扮演的教育供给者角色：基于华东某市的调研》，《北京社会科学》2013年第4期。

教育办学体制改革，实施鼓励和支持民办教育发展的政策，正是对上述讨论的回应，体现了政府对提高义务教育供给效率的努力。

需要明确的是，作为评价标准的理想"高效率"并不是现实存在的，而是完全竞争市场下，具有充分活力、运转良好的市场机构供给教育产品的效率，简言之，这是一种经济学理想类型下的高效率。完全竞争市场的条件非常苛刻，对市场中的供给者与需求者，对市场环境都有很高要求，这种理想类型下的市场在现实世界并不存在，因此当用理想类型下的高效率与政府供给教育资源的效率进行比较，政府的供给效率达不到理想标准是大概率会发生的事情。

发展民办教育，是从公立教育体制之外寻求提高供给效率的努力。公共产品理论、公共选择理论、超额需求与差异化需求理论均是对政府供给机制的批判，对于市场供给机制十分推崇。根据上述理论，在教育领域引入市场机制，发展民办教育，能够改革政府与学校、政府与市场的关系。在政府供给体制下，政府与公立学校之间是直接行政管理关系。当引入市场机制以后，民办学校成为教育资源的供给主体之一，政府与民办学校的关系是民事法律关系，不存在直接行政关系，市场机制在学校的资源配置过程中发挥决定性作用。

民办教育具有高效率，这是逻辑推导得出的结论，还未经实践经验的验证。当前民办学校占比越来越高，民办教育发展十分迅速，正是对民办教育的效率问题进行经验研究的重要时机。当下，公立教育体制和民办教育体制并存，民办教育对于教育资源供给效率的影响，就不仅仅限于对民办教育资源分配的影响，也对公立教育资源的分配产生影响。民办教育的发展促进了义务教育资源（包括公立义务教育和民办教育）资源供给效率的提升吗？借助公共产品理论、公共选择理论、超额需求与差异化需求理论来研究中国义务教育的研究者目前还没有回答这一问题。

二 民办教育发展的实践分析

义务教育阶段民办学校进入教育市场之后，会与公立学校产生互动，并对整个义务教育体系产生影响。推动民办教育发展，在一开始就含有改进公立教育体制弊端,提高教育效率的目的。民办教育实践是否达到预期目标?这也是研究者十分关心的事情。此外,民办教育在出现后,其竞争力越来越强,甚至在一些地方具有压倒性优势。[1] 民办教育实践也引起了学界的关注,学界从教育要素流动和教育体系变动的影响两个方面切入。所以目前对义务教育阶段民办教育实践影响的研究,主要是从三个方面展开的,分别是:教育效率、教育要素与教育体系。

(一) 教育效率优先与教育公平的隐匿

在教育效率作为评价义务教育的优先标准的视角下,对于民办教育实践认识的研究很大程度上成为对民办学校教育效率问题的研究。

在该视角下的研究者,以效率为优先衡量标准,将教育效率作为教育公平的内容之一。在这些研究者看来,民办教育的发展提高了教育资源的分配效率,并给与家长和学生更多的选择权,并践行了"谁受益,谁负担"的市场原则,提高了资源的利用效率,也就是在做改进教育公平的事情。[2] 政府不应该为所有人追求优质教育资源,这是不切实际的,而且会导致更大的不公平。[3] 因此研究者认为,在教育资源的分配上以效率为分配原则就显得十分重要,政府要做的是让部分群众在市场上自费购买教育服务,在教育上先"富"起来。政府财政能力不足时,应该进一步开放义务教育,更大程度引入市场机制,让更多民营教育企业来创办民办学校,让民办学校和公办学校形成竞争局面,用外在压力促使公立学校改革体制机制,学习民营企业的管理经验,提升办学效率。[4]

教育效率优先视角影响下的研究,重点关注市场竞争要素的满足与否,教育公平的考量隐匿而不被关注。一些学者关注政府与学校关系的变革,认为民办学校的发展意味着教育市场的出现,以及与之伴随的国家教育权和社会教育权的分化,政府引入市场机制缩小了教育管理范

---

[1] 王蓉:《"高度筛选"社会与中国教育策略的严重断裂》,https://user.guancha.cn/main/content? id=186147&s=fwckhfbt,2019年10月15日。

[2] 冯建军:《教育市场化与教育公正》,《高等教育研究》2008年第6期。

[3] 程玮:《教育民营化的理论与实践初探》,《当代教育论坛》(宏观教育研究)2008年第5期。

[4] 易重华:《重塑政府在基础教育中的责任——对监利县基础教育引入民营资本的评析》,《学习月刊》2006年第5期。

围,将教育权转移给民间资本与社会组织。① 在教育市场化的背景下,民办教育的发展一般时,政府任其自我发展;当民办教育发展较好时,政府会对民办学校进行鼓励和扶持,以此来作为地方政府的教育政绩。② 在政府"扶强不扶弱"的政策下,民办学校为了发展,会采取利用公立教育体制的资源,提高收费,招收优质生源等策略,充分利用法律和市场给与的灵活性,出现了赶超趋势。③ 在内部运作上,民办学校在盈利动机趋势下,也充分采用市场机制,在师资管理、招生策略和学生管理上,采取提高效率降低成本的举措,使得尊重教育规律的教育价值观被市场取向的教育价值观转化,学校教育安排的功利性十分明显。④

民办学校在教育市场中,充分利用了市场规律来发展自身。在与其他学校的竞争中,充分利用了国家法律赋予民办学校的权利,以及自身所具有的灵活性,招收优质生源、招聘优秀教师。在学校内部运作上,充分利用民办体制具有的灵活性,通过管理体制的完善降低运营成本,提高学校物质资源的利用效率。教育效率优先视角的研究,将民办学校的外部竞争策略与内部运行机制进行了深入而细致的研究,丰富了对于民办学校实践的研究。

该视角在某种程度上与新自由主义思想具有关注视角上的连续性,研究者重视对民办学校经济效益的分析,而忽略了民办学校存在和发展的社会效益。这一研究特点导致两个方面的问题。一是对教育公平概念进行扩大化。教育公平是反映相对性范畴,并不是反映绝对性或确定性的范畴。⑤ 在该视角下的一部分研究者,认为满足个人主义的教育需求也属于教育公平的一类,这就具有了将教育公平绝对化的倾向,并在此倾向影响下,将教育效率与教育公平的关系混淆。二是对于教育市场中

---

① 朱新梅:《论我国私立学校的兴起及政府教育职能的转化》,《教育科学》2003年第1期。

② 阎凤桥:《我国农村民办教育发展的政治逻辑——基于北方某县的调查》,《北京大学教育评论》2012年第2期。

③ 阎凤桥:《山东省某市发展民办教育的经济学分析》,《教育发展研究》2007年第10期。

④ 王毅杰、汪毅:《生存压力下农村民办学校的组织运作——一项基于Y校的个案研究》,《河海大学学报》(哲学社会科学版)2013年第2期。

⑤ 郭元祥:《对教育公平问题的理论思考》,《教育研究》2000年第3期。

的其他主体缺乏关注。与市场竞争一起成立的条件是自由选择，经济学上的自由选择是指市场交易双方自由选择交易与否。在教育领域，就是学校自由选择学生，学生和家长根据自己的意愿择校，那么这一权利对于学生及其家长、对于学校来说是否实现了呢？这些问题该视角并未解决。

（二）教育要素流动与民办学校的竞争优势

与教育效率优先视角不同，教育要素流动视角下的研究非常关注义务教育阶段民办学校进入教育市场后对教育要素流动的作用。该视角将学校运行中的教育要素视为具有流动性、可分割性，通过研究教育要素的流动机制来认识民办教育的运行实践。

教育要素包括了学校师资、生源、学校资源、学校治理等诸多因素，所以在具体的经验研究中，这些因素都成为分析的要素。有研究者基于某县民办教育的调研资料，发现民办学校通过按照经济条件和学习成绩这个双重招生标准，在获得优质教育资源的同时，也收取了大量学费来提高办学条件，强化了地方社会基础教育的学校分层与学生分层，[1]优质生源和丰富的学校资源成为民办学校的竞争优势。部分学者通过对"名校办民校"的分析，进一步厘清高收费和优质生源向民办学校的流动过程。[2] 研究者发现，民办学校获得上述两项优势是因为依托了"名校"的关系，[3] 虽然这类民办学校在与纯公办学校和纯民办学校的竞争中处于优势，但研究者认为这是一种不公平的竞争行为。[4]

除生源和收费要素外，也有研究者认为民办学校在管理上的自主权是民办学校在教育市场上具有竞争优势的原因。有学者基于对上海PISA-2012数据的分析发现，上海的民办学校与公办学校相比，具有更好的学业表现，其成因是民办学校具有更好的生源，对民办学校吸引好生源起到重要作用的是民办学校在学校氛围、治理方式上更加具

---

[1] 阎凤桥：《从民办教育透视教育的分层与公平问题》，《教育发展研究》2004年第1期。

[2] 于龙斌：《民办学校与名校办民校法律关系主体平等的法理思考》，《教育发展研究》2005年第3期。

[3] 李薇、赵敏、蔺海峰：《"公校办民校"的价值、问题与政府治理策略》，《教育理论与实践》2015年第19期。

[4] 陈敬朴：《名校办民校的要害是加重了教育不公平》，《教育科学研究》2005年第1期。

有自主性。① 学校氛围、学校治理自主性如何吸引优秀生源呢？对这一问题的解释可以从民办学校的供给侧和需求侧入手来认识。从供给侧来说，民办学校能够自主制定招生标准以吸收具有优势社会经济背景的学生。从需求侧来说，由于学校管理上拥有自主运营权、更好的教育资源和学校氛围，社会阶层分化的背景下，优势家庭更愿意将孩子送入民办学校，这是综合考虑同学社会经济背景一致性和学校优质教育资源后所作出的选择。② 虽然民办学校通过管理自主权取得了生源优势，但是部分研究者并不认为这是一种不公平现象。之所以得出上述观点是因为，具有优势社会经济背景的学生在教育系统中属于常量，"学区房"与"条子生"成为进入优质公办学校的门槛时，无力支付高价学区房和无权成为"条子生"的群体可以通过支付高昂学费让孩子接受高质量教育。③ 民办学校虽然收费高昂，但是相对于花费更加高昂的学区房，筛选更加隐秘的"条子生"，④ 反而体现了教育公平。

民办学校进入教育市场，是不利于教育公平，还是促进了教育公平？为何不同学者会得出截然相反的结论呢？出现这种局面，是教育市场的复杂性影响了一致性结论的出现。由于不同地区的民办学校、教育市场发展现状和发展程度都不一样，在具体的社会情境中分析民办学校对于公立学校和义务教育体系的影响时，得出的认识和结论就会因时因地而不同。

此外，由于师资、学校氛围和学校治理这些教育要素对于教育公平的关系不好直接衡量，研究者在分析时一般将优秀生源作为中间变量，认为上述要素对优秀生源具有较大的吸引力，优秀生源保证了民办学校具有良好的学业表现。这一分析路径存在一点问题，最终还是将民办学校对于教育市场的影响归结为一点——生源竞争。

---

① 宁波、张民选：《上海公私立学校教育绩效比较——一项基于PISA-2012数据的实证研究》，《教育发展研究》2016年第Z2期。
② 黄河：《私立学校：竞争优势与教育公平——经合组织（OECD）的研究及启示》，《教育发展研究》2019年第6期。
③ 王江璐：《我国民办教育的发展成就与面临的基本问题》，载王蓉主编《中国教育新业态发展报告（2017）：基础教育》，社会科学文献出版社2018年版，第54页。
④ 王善迈：《基于教育"重点校"政策分析》，《教育研究》2008年第3期。

（三）教育体系的变动与教育不公的加剧

教育要素流动视角和教育效率优先视角下的分析都属于静态分析。民办学校的运作，以及由此引发的教育要素流动，公办学校的策略性行为是一个持续不断的过程。因此部分学者通过分析民办学校、公办学校和家庭之间的互动来认识民办学校的行为，为了与前面两个视角相区分，笔者将之概括为教育体系变动视角。

从民办学校对公立教育体系的影响来看，民办中小学的"非常规扩张"对义务教育体系产生了负面影响。民办中小学采取金钱刺激方式竞争生源，强化应试教育，片面追求成绩的行为为其带来了家长青睐与滚滚财源，却使得公办学校生源锐减，乡村教育生态被破坏。[①] 虽然民办学校在招生上采取"掐尖"策略，招到大量优秀生源，民办学校比公办学校表现出更好的教育绩效，但是民办学校在学校治理、学校资源方面的优势并不明显，对提升教育绩效也不理想。[②] 民办学校对于公办学校的冲击不只限于生源领域，在地方政府资源有限的情况下，民办学校与公办学校也会就政府资助形成竞争关系，政府增加对民办学校的资助类型（财政资助、师资支持等）和资助数量，就减小对公办学校的支持力度，影响了原有的教育格局，当政府对民办学校实行"强扶助"政策时，会产生校际之间的不公平。[③]

从民办学校对社会的影响来看，民办学校被认为加速了教育上的阶层分化。社会分化产生了教育需求的多元化，社会中间阶层的教育诉求已经不止于学习成绩，也对学校的德育教育、寄托照料等方面有很高期望。[④] 民办学校及时满足社会上出现的新需求，这些家庭资本处于优势的学生从公办学校流失到民办学校，公办学校生源变差，导致更多家长让子女"逃离"公办学校而进入民办学校。民办学校的高收费排斥了家

---

① 肖军虎、王一涛、李丽君：《民办中小学"非常规扩张"现象透视及对策建议》，《教育发展研究》2015 年第 6 期。

② 祁翔、郑磊：《生源效应还是学校效应？对上海公私立学校教育绩效的再研究》，《教育发展研究》2019 年第 6 期。

③ 尹秋玲、黄丽芬：《强扶持与小微扶持：民办公助两种政策实践模式及反思》，《苏州大学学报》（教育科学版）2020 年第 2 期。

④ 刘剑虹：《社会分层与民办教育的发展策略——以浙江省温州市为例》，《复旦教育论坛》2007 年第 1 期。

庭资本处于劣势的学生，优秀生源集中于民办学校，扩大了校际差距。[1]所以说，教育市场化加强父代受教育水平对子女受教育水平的影响，父代受教育水平决定了家庭的经济水平，并通过市场手段为子代获得更多教育资源，提高子代的受到教育程度。[2] 在一个存在竞争、自由选择、权力下放、付费与追求利润、服务性与回应性等现象的教育领域，既有的教育不公平可能会加剧甚至产生新的教育不公平。[3]

不管是民办学校与公办学校之间的互动，还是民办学校与家庭之间的互动，都对家庭的学校选择产生了影响。处于社会优势地位的家庭为子女选择民办学校，处于社会劣势地位的家庭被高学费的门槛拒之门外，进入免费的公办学校。社会分层通过经济标准实现了教育上的初步"分隔"。经济条件上的"分隔"是教育分隔的开始，并不是全部。出身于优势社会地位家庭的学生并不意味着就是学业表现优秀的学生，也就并不一定能够将民办学校的教育绩效提升起来。民办学校的生源结构具有什么特点，这种特点对于民办学校的学业表现有什么影响？民办学校的发展对于公立学校生源结构有什么影响？这些都需要进一步的研究与思考。

（四）简要述评

义务教育阶段民办学校是市场经济下的教育服务形式。与民办学校的办学机制一同被引入义务教育体系的，还有市场机制。市场机制是民办学校内部运作所遵循的机制，也是民办学校在教育市场上发展壮大所采取的机制。所以民办学校进入义务教育体系，不仅意味着新的办学主体的出现，也意味着学校之间互动原则、家庭与学校之间互动原则的变化。公办学校之间的互动受到教育行政部门的管理与规范，以科层体制作为运作机制，公办学校与家庭之间的关系也受到科层体制的影响。民办学校与公办学校之间的竞争则遵循了市场机制，民办学校以市场主体的身份与公办学校展开市场竞争，竞争内容包括顾客（生源）、市场份

---

[1] 祁翔、陈丽媛：《民营化对教育质量与公平的影响——以上海民办普通初中为例》，《北京大学教育评论》2019年第1期。

[2] 严斌剑：《基于代际传递视角的中国教育公平研究》，《社会科学辑刊》2019年第2期。

[3] 刘复兴：《市场条件下的教育公平：问题与制度安排》，《北京师范大学学报》（社会科学版）2005年第1期。

额（学校规模和占比）、质量（学校教育绩效）、利润（学校收入扣除开支后的结余）等方面。民办学校的进入导致了教育市场的出现，以及市场主体的关系变化。

教育效率优先视角下的研究呈现了市场机制被引入义务教育领域后，义务教育体系的市场化发展程度和民办学校的竞争策略。这是从宏观层面来研究义务教育体系的变迁。教育要素流动视角下的研究细腻地刻画了各类教育要素在民办学校和公办学校之间的流动机制，这是从微观层面展开的义务教育体系转型研究。教育体系变动视角下的研究，分析了公办学校与民办学校在教育市场上的竞争行为、学校与家庭之间的互动对于教育秩序的影响，这是中观层面的研究。

在上述三种视角下，民办学校对于义务教育体系的影响，体现为教育要素在不同市场主体之间的流动、增减和组合。民办学校和公办学校之间的差异在于，民办学校能够吸引更多优质的生源，具有更加良好的办学条件。民办教育实践对于教育公平影响的研究，就成为分析不同的要素流动机制所带来的影响的重要手段。

若将义务教育体系拆分为教育要素，那么，这些教育要素的流动与组合就成为市场经济叙事的素材，是两类市场主体（民办学校和公办学校）为了竞争结果（教育绩效）而竞相争夺的"原材料"。民办学校和公办学校的办学机制差异就被"消弭"了。民办教育和公办教育两种教育类型办学机制的立体性、完整性就被切割了。这种要素化的分析否定了公办教育的合理性及运作机制，也否定了民办教育的独立性及其独特的机制。民办学校的办学机制被引入义务教育领域后，逐渐形成了民办教育体制，并与现存的公办教育体制共同构成了当前的义务教育体系，只有理解了公办教育与民办教育各自的体制逻辑，才能充分理解民办教育的出现对于公办教育体制、对于义务教育体系和结构的影响。

第三节　理论资源

一　学校功能论

（一）既有的学校功能的观点分析

学界关于学校功能的研究非常早，研究成果也十分丰富，但是由于未能区分研究概念的内涵、边界和研究领域，所以虽然一直使用的是学校功能的概念，但是研究视角具有较大差异。目前在学校功能的研究中，主要有以下几种研究视角。

第一种视角是结构—功能主义视角。该视角将学校置于整体社会中研究学校的功能。在研究者的视野中，学校作为社会中的一种社会组织类型而存在。在研究学校功能时，研究者们关注的是学校这一社会组织的存在，与其身处其中的其他社会行动者之间的关系，以及在整体社会中所发挥的功能。因此在研究中，学校作为教育组织的角色会被研究者所注意，也会在分析学校功能时考虑进去，但是学校中的教育活动和教育过程并不是研究者分析的重点，而只是作为相对次要的研究内容。研究者对于学校教育过程的分析，是为了与更为宏观的因素联系起来思考，如学校对于学生国家意识塑造所产生的影响，[①] 学校建设与乡村政治变迁之间的关系等。[②] 在这一视角的研究中，学校经常是被作为国家力量进入社会的典型代表，作为国家与社会进行互动的重要交汇点，[③] 在研究这一互动的过程中，研究者们发现了学校对地方社会的教化功能，[④] 对于地方社会的整合功能[⑤]，以及对地方经济发展所具有的促进功能。[⑥]

第二种视角是再生产视角。在这一研究视角下，学校与其身处其中的整体社会之间的具体关系不再是研究者关注的重点。研究者将学校作为"微缩的社会"来看待，或者说是从立体社会中切割出的一部分，用来进行"以小见大"的研究。学校是作为研究的单位，研究主题和研究目的则由研究者自行确定。在这一视角下的研究，学校被作为一个各种类型的社会主体交相互动的节点，被研究者用来观察在以学校为中心的

---

① 李书磊：《村庄里的"国家"——文化变迁中的乡村学校》，浙江人民出版社1999年版，第1—14页。

② 张济洲：《文化视野下的村落、学校与国家——一个地方社区基础教育变迁的历史人类学考察》，教育科学出版社2011年版，第101—115页。

③ 丰箫：《现代中国社会中的乡村教育：浙江省嘉兴地区乡村小学教师研究》，上海大学出版社2014年版，第28—49页。

④ 马健生、邹维：《论学校及其功能》，《清华大学教育研究》2019年第4期。

⑤ 吴增基：《现代社会学（第六版）》，上海人民出版社2018年版，第263—264页。

⑥ 马健生、邹维：《论学校及其功能》，《清华大学教育研究》2019年第4期。

社会场域内各类型社会主体之间的行动及其逻辑。由于学校是教育体系的重要组成部分，而教育体系是现代社会十分重要的专业化体系，承担为社会输送受教育者的责任，所以众多研究者一般研究学校组织的教育过程中，场域内的各个主体遵循什么样的行动逻辑进行互动，不同类型的社会资本如何相互转化，以及权力主体如何进行互动——支配与被支配、规训与反抗等。在福柯的研究中，学校是作为统治阶层行使支配权力，对被支配阶层进行规训的场所。[1] 在布迪厄的研究中，学校是作为文化再生产的场所，统治阶层及统治阶层的依附者（也是整体社会中的优势阶层）通过社会资本的转换机制，将家庭具有的各类社会资本转化为子女在学校中的文化资本，这些社会优势阶层的子女借助自身所拥有的丰富文化资本，以在学校中的优良表现，得到在教育体系中进行纵向流动的机会，通过获得教育体系的认可及其颁发的教育凭证，成为具有合法性的阶层继承人，实现了阶层再生产。[2] 在鲍尔斯和金蒂斯的研究中，教育的社会关系与生产的社会关系之间存在着结构性对应，教育中的各种社会关系均复制了社会的阶级结构、权力结构和等级关系，学校成为再生产资本主义生产关系的场所。[3] 在迈克尔·阿普尔的研究中，学校是国家进行意识形态教育的场所，国家通过学校中的规定性课程、教育年限、毕业文凭和教师资格证等制度实现对学校教育过程的介入和控制，并通过研究资助项目对知识生产过程进行干预，借此宣传国家的意识形态，维持既定的社会结构与政治结构的合法性。[4] 在保罗·威利斯的研究中，学校是统治阶层文化向非统治阶层渗透，同时也遭遇到非统治阶层抵抗的场所，学校是阶级冲突和阶级再生产的场所。[5]

---

[1] [法] 米歇尔·福柯：《规训与惩罚》，刘北成、杨远婴译，生活·读书·新知三联书店 2012 年版，第 166—176 页。

[2] [法] P. 布尔迪厄：《国家精英——名牌大学与群体精神》，杨亚平译，商务印书馆 2004 年版，第 526—576 页。

[3] 李兴洲：《重构学校精神——学校功能偏离与现代学校制度建设》，博士学位论文，南京师范大学，2005 年。

[4] [美] 迈克尔·阿普尔：《意识形态与课程》，黄忠敬译，华东师范大学出版社 2001 年版，第 29—81 页。

[5] [英] 保罗·威利斯：《学做工：工人阶级子弟为何继承父业》，秘舒、凌旻华译，译林出版社 2013 年版，第 184—201 页。

第一章 导论

在上述的研究中，学者们对于学校功能的分析，是建立在为将学校作为"微缩的社会"与宏观世界之间联系的基础上。研究者一般将来自学校的微观研究与对宏观社会的分析直接对应起来，研究者对于学校教育过程的分析视野非常有深度，但是这些分析是服务于对宏观世界的理解。因此，在再生产视角下的学校功能研究，学校作为研究对象具有很强的工具性特点。在再生产视角下的社会组织运作过程研究，研究者甚至可以不用选择正规学校，也可以选择非正规学校——如课外补习机构，[1] 与教育相关的志愿服务机构，[2] 甚至可以选择工厂作为研究对象。[3]

第三种视角是系统论视角。在该视角下，研究者将学校功能等同于教育体系、教育系统的功能。有研究者将罗伯特·默顿社会系统的"正负双向功能论"[4] 引入学校功能分析中，提出学校社会功能及社会功能的形成原因，[5] 但是在分析中，作者将学校的功能和教育系统的功能等同了起来，出现了将学校功能扩大化的问题。教育、教育体系、教育系统、学校分别指代不同的对象，在分析中不能等同起来。教育是一种活动和形态，学校是一种组织，学校教育只是教育的形态之一，学校教育、家庭教育和社会教育共同属于教育形态，[6] 因此学校会因为其作为专业性教育组织而具有一定的功能，但是其功能不能扩大到整体教育活动的功能。学校和教育体系也存在区别，教育体系是由国家主导建立的、以学校教育作为主要教育形态，从幼儿园到高等教育等不同层次教育阶段组成的纵向体系。因此教育体系在概念内涵上和学校不一样，在功能上也不完全一样。学校和教育系统也不一样。教育系统，是包括了

---

[1] 王金娜：《教育改革偏好与中产阶层母亲的教育卷入》，博士学位论文，南京师范大学，2017年。

[2] 熊易寒：《城市化的孩子：农民工子女的身份生产与政治社会化》，上海人民出版社2010年版，第200—230页。

[3] 司文晶、宣朝庆：《文化营造与宿舍共同体的生产——以恒源纱厂〈人事科女工管理处记事〉为核心的分析》，《社会学研究》2019年第3期。

[4] [美] 罗伯特·金·默顿：《论理论社会学》，何凡兴等译，华夏出版社1990年版，第106—144页。

[5] 吴康宁：《教育的社会功能新论》，《高等教育研究》1996年第3期。

[6] 马健生、邹维：《论学校及其功能》，《清华大学教育研究》2019年第4期。

学校教育、家庭教育、社会教育等教育形态，且包括了国家、政府、学校、市场主体、家庭等教育主体，主要围绕教育活动开展的系统，从逻辑关系上说，教育系统是社会系统的一个有机组成部分。教育系统在范围上远远大于学校，在教育功能上也较学校要大。有学者对教育系统的功能进行了深入研究，发现了教育系统的多种功能，如职业社会化功能、身份社会化功能、文化认同功能等，[①] 但是在研究中未将处于具体教育阶段的学校和教育系统进行区分，将教育系统功能扩大化为学校功能。

第四种视角是技术功能主义视角。在该视角下，研究者站在教育体系的立场看学校的功能。在研究者看来，学校之所以成为学校，是因为其具有有别于其他组织的功能，并称之为学校的固有功能，教育功能就是学校的固有功能。[②] 学校作为培养人的组织，把人培养好是其价值意义所在，学校教育功能是学校的本体性功能。[③]

对于学校教育功能的内容，学者们因为研究重点和研究的教育阶段的不同，而提出了不同的观点。学校教育功能通常被称为育人功能，并得到了教育学界部分研究者的进一步细化。陈桂生将学校教育功能分为固有功能和派生功能，其中固有功能又分为个体个性化（个体一般个性化、个体特殊个性化）、个体社会化（个体一般社会化、个体特殊社会化）功能，即两种类型四种情况；派生功能则分为学校自我保存功能和其他派生功能（如照管学生）等。[④] 有学者进一步区分了"个体个性化"与"个体社会化"的关系，指出个体个性化是个体社会化的一个组成部分，个体社会化是个体个性化（个体的差异性）和个体共性化（个体的共性、相似性）的有机统一体，并指出将"个体社会化"理解为"个体共性化"是片面的。[⑤] 徐俊对于个体社会化功能的理解，与社会学界的

[①] 王建华：《国外学校教育功能研究的缘起与现状》，《民办教育研究》2006 年第 1 期。

[②] 马健生、邹维：《论学校及其功能》，《清华大学教育研究》2019 年第 4 期。

[③] 田夏彪：《分离与融合：学校"教""育""学"关系审视》，《山西师大学报》（社会科学版）2019 年第 2 期。

[④] 陈桂生：《教育原理（第三版）》，华东师范大学出版社 2012 年版，第 203 页。

[⑤] 徐俊：《"个体个性化"与"个体社会化"究竟是什么关系——兼论学校的教育功能》，《上海教育科研》2015 年第 8 期。

理解具有一致性，如涂尔干认为"教育就是一种使年轻一代系统地社会化的过程"。①

但是学校育人功能是教育功能的唯一内容吗？有学者认为育人功能是学校教育功能的主体功能，是最主要的功能。② 但是大部分学者在这一问题上持另一种看法，即育人功能或者说是社会化功能只是学校教育功能的内容之一。塔尔科特·帕森斯认为学校教育功能分为社会化功能和选择功能，社会化功能主要是培养学生适应社会所必需的责任感和能力，选择功能则是根据评价结果分配人力资源，在美国社会，个人的社会地位与其接受的教育水平之间有较大的一致性，因此始于学校的评价和分化与未来的成就和社会地位分化有很大相关性。③ 在国内学界主要讨论学校育人功能时，鲁洁提出要重视学校选择功能的观点，并分析学校选择功能没有全面发挥的原因。④ 选择功能是相对中性化的概念，且是包括了两个方向的，即横向的选择分化（学科、学校或者是专业差异化）和纵向的选择分化（在教育体系中停滞或者是继续向上流动）。不论在美国还是在中国，受教育水平与个人社会地位之间具有很强的对应关系，即纵向的选择分化是学校选择功能中非常重要且对个人社会地位影响更大的功能。在美国，要获得在教育体系中纵向流动的机会，虽然成绩不是唯一因素，但是学生也必须具备最基本的学业水平能力，即大学对于学生的成绩有一个基本要求。⑤ 因此，即使在美国，讨论学校选择功能与个人之间关系时，最终会将讨论重点落到学校的纵向选择功能上。在中国，纵向选择功能同样重要，并对个体成就和社会地位具有重要的影响，一些学者用选拔功能这一表述来突出学校的纵向选择功能。劳凯声认为，学校教育功能通过两种不同取向的功能实现，"学校对个

---

① [法] 涂尔干：《教育的性质与任务》，载瞿葆奎主编《教育学文集：教育与社会发展》，人民教育出版社1989年版，第18—19页。
② 马健生、邹维：《论学校及其功能》，《清华大学教育研究》2019年第4期。
③ [美] 塔尔科特·帕森斯：《作为一种社会体系的班级：它在美国社会中的某些功能》，载张人杰主编《国外教育社会学基本文选》，华东师范大学出版社2013年版，第419—438页。
④ 鲁洁：《试论学校的选择功能》，全国计算机辅助教育学会"教育理论与技术"研讨会论文集摘要，广州，1987年4月，第168—169页。
⑤ [美] 塔尔科特·帕森斯：《作为一种社会体系的班级：它在美国社会中的某些功能》，载张人杰主编《国外教育社会学基本文选》，华东师范大学出版社2013年版，第419—438页。

人发展的促进功能和学校的选拔功能"。①

本文是在第四种视角下认识学校功能的。本文研究义务教育阶段民办学校的发展运行机制，民办学校的运行过程是分析的重点。本文从教育体系的角度认识和分析民办学校作为专门从事教育活动的组织所具有的教育功能，以及民办学校教育功能发挥作用所依赖的学校运行机制。在这样的研究背景下，第四种视角的学校教育功能研究较为契合本文的研究主旨。

（二）我国义务教育阶段学校教育功能

我国是社会主义国家，历届党和国家领导人也十分重视教育和学校教育功能，并形成和发表了不少与教育相关的讲话、文件等等，涉及"教育应该干什么""教育能够干什么"等问题。这些教育思想代表了不同时期党和国家对于教育的目的、教育功能的思考，并深刻地影响了学校教育，成为义务教育阶段学校办学的重要指导思想，推动了我国义务教育阶段学校教育功能在理论上和实践上的本土化。

毛泽东很早就提出教育要促进人的全面发展的思想。1917 年毛泽东在《体育之研究》一文中提出了德、智、体"三育并重"的思想。② 20 世纪 50 年代，国家开始了社会主义建设进程，毛泽东在 1957 年最高国务会议上提出了新的教育方针："我们的教育方针，应该使受教育者在德育、智育、体育几方面都得到发展，成为有社会主义觉悟的有文化的劳动者。"③ 1958 年中共中央、国务院发布的教育工作指示中进一步明确了党的教育方针：教育必须为无产阶级政治服务，教育与生产劳动相结合，为了实现这个方针，教育必须由中国共产党来领导。④ 教育与生产劳动相结合强调将学生所学与社会发展结合起来，理论与实际相结合。⑤

---

① 劳凯声：《重新界定学校的功能》，《教育研究》2000 年第 8 期。
② 张婷：《毛泽东教育思想及其当代价值》，《云南农业大学学报》（社会科学版）2020 年第 5 期。
③ 《建国以来毛泽东文稿（第六册）》，中央文献出版社 1992 年版，第 340 页。
④ 刘国新、贺耀敏、刘晓、武力主编：《中华人民共和国史（第二卷 1956—1966）》，天津人民出版社 2010 年版，第 236—237 页。
⑤ 张婷：《毛泽东教育思想及其当代价值》，《云南农业大学学报》（社会科学版）2020 年第 5 期。

邓小平对于教育事业一直十分重视,其教育的核心思想是培养"三个面向"的"四有新人"。1983年邓小平为北京景山学校题词:"教育要面向现代化、面向世界、面向未来",提出了"三个面向"的战略方针。1985年《中共中央关于教育体制改革的决定》又进一步明确了这一时期党和国家的教育方针:"必须极大地提高全党对教育工作的认识,面向现代化、面向世界、面向未来,为九十年代以至下世纪初叶我国经济和社会的发展,大规模地准备新的能够坚持社会主义方向的各级各类人才。……所有这些人才,都应该是有理想、有道德、有文化、有纪律,热爱社会主义祖国和社会主义事业,具有为国家富强和人民富裕而艰苦奋斗的献身精神,都应该不断追求新知,具有实事求是、独立思考、勇于创造的科学精神。"[1]

1993年,《中国教育改革和发展纲要》对教育目的增加了新的要求:中小学要由"应试教育"转向全面提高国民素质的轨道……教育改革的目的是提高民族素质,多出人才,出好人才。各级各类学校要认真贯彻"教育必须为社会主义现代化建设服务,必须与生产劳动相结合,培养德、智、体全面发展的建设者和接班人"的方针,努力使教育质量在20世纪90年代上一个新台阶。[2] 1999年江泽民在第三次全国教育工作会议上强调教育对国家的重要性时指出:"我们必须全面贯彻党的教育方针,坚持教育为社会主义为人民服务,坚持教育与社会实践相结合,以提高国民素质为根本宗旨,以培养学生的创新精神和实践能力为重点,努力造就'有理想、有道德、有文化、有纪律'的,德育、智育、体育、美育等全面发展的社会主义事业建设者和接班人。"[3] 这一对于人才的素质发展面向,较以前增加了"美育"。

2000年以后,党和国家领导人的教育方针个人色彩不断弱化,与集体领导原则相一致,教育方针的发布和表述主要是在正规的会议及其文

---

[1] 《中共中央关于教育体制改革的决定》,http://www.moe.gov.cn/jyb_sjzl/moe_177/tnull_2482.html,1985年5月27日。

[2] 《中国教育改革和发展纲要》,http://www.moe.gov.cn/jyb_sjzl/moe_177/tnull_2484.html,1993年2月13日。

[3] 《全国教育工作会议在京开幕 江泽民发表重要讲话》,http://news.cntv.cn/china/20111222/116294.shtml,1999年6月15日。

件中，内容首先是对以前领导人教育思想的继承，之后是结合时代要求对以前领导人的教育思想进行科学取舍，并吸收一些最新的科研成果。① 2006年修订的《中华人民共和国义务教育法》对于教育培养什么样的人才的表述，继承了以前的领导人的教育思想的同时，也突出了这一时期国家对素质教育的重视："义务教育必须贯彻国家的教育方针，实施素质教育，提高教育质量，使适龄儿童、少年在品德、智力、体质等方面全面发展，为培养有理想、有道德、有文化、有纪律的社会主义建设者和接班人奠定基础。"② 2018年9月10日，习近平在全国教育大会上发表重要讲话，提出"坚持马克思主义指导地位，坚持中国特色社会主义教育发展道路，培养德智体美劳全面发展的社会主义建设者和接班人"。③ 这一要求同样体现了对以前领导人的教育思想的继承与发展，还体现了新时期对于美育和劳动教育的重视。

"人的全面发展"是马克思提出的重要教育原理。中华民族的文化传统中也有重视人的全面发展的观念，如《论语》中就有"君子不器"的观点，意在重视人的自觉意识，实现人的自由全面发展。④ 历届党和国家领导人对于教育目的、教育功能的观点，是在借鉴和吸收马克思主义的基本观点、中华传统文化中的优秀部分，同时与中国革命和中国教育实际相结合提出来的，体现了理论与实践相结合的特点。所以，国家对于教育目标期待一直是培养全面发展的社会主义建设者和接班人，对于教育功能的期待，是促进广大受教育者全面发展。⑤

党和国家领导人所指的教育，是广义的教育，并不局限于义务教育阶段的学校教育。但是义务教育阶段的学校教育作为目前最为普遍的教

---

① 王长乐：《教育方针的形态变化与教育本性的回归》，《西北师范大学学报》（社会科学版）2006年第4期。

② 《中华人民共和国义务教育法（2006）》，http://www.moe.gov.cn/s78/A02/zfs__left/s5911/moe_619/201001/t20100129_15687.html，2006年6月30日。

③ 《坚持中国特色社会主义教育发展道路 培养德智体美劳全面发展的社会主义建设者和接班人》，http://edu.people.com.cn/n1/2018/0911/c1053-30286253.html，2018年9月11日。

④ 白立强：《从"君子不器"看孔子的自由全面发展观》，《泰山学院学报》2012年第4期。

⑤ 程天君：《素质教育的历史脉络与未来取向——兼理新中国教育目的之演进》，《教育理论与实践》2007年第21期。

育形态，且是社会上覆盖人口最多的教育阶段，必然要承担起国家的教育期待，发挥学校促进个人发展的功能，在实践中结合学生的身心特点和教育规律将教育责任落实下去。从受教者及其家庭的角度来说，在培养目标上与国家的人才培养目标是一致的，从家庭和个体的角度看，培养出国家和社会所需要的综合素质和能力，也能够促进个人在社会上的生存与发展。

党和国家领导人，以及中央层面提出的教育思想属于较为宏观的教育思想，具有很强的国家性、政治性和价值追求，是对教育的目标与期望。学校教育能否实现国家的教育目标与期望，则是涉及学校教育功能，以及学校教育功能如何发挥的问题。

要将宏观的教育思想落地，在义务教育阶段实现国家对于人才的培养目标，就需要将教育思想操作化，转化为能够指导教育实践的中观层面的教育理念。从20世纪80年代开始，国家一直在进行教育改革，试图改变社会上存在的过于注重考试成绩和片面追求升学率的现象，以及由此带来的基础教育阶段学生课业负担过重问题，为此国家持续进行了近四十年的基础教育阶段减负改革，颁布的减负政策和与之相关的政策有几十个，与此同时，也持续探索促进学生全面发展的教育理念，并于20世纪90年代兴起了对于素质教育理念的探讨，以及对于从"应试教育"向素质教育转轨的热烈讨论。[①] 1999年《中共中央国务院关于深化教育改革全面推进素质教育的决定》的颁布，标志着国家层面开始实施素质教育，并在该教育理念影响下制定教育政策，指导基础教育实践，[②] 施行素质教育也成为基础教育领域的"基本国策"。[③] 1999年颁布的这一政策与1993年的中共中央、国务院发布的《中国教育改革和发展纲要》，以及原国家教委1997年颁布的《关于当前积极推进中小学实施素质教育的若干意见》一起，构成了素质教育政策体系的基本架构，并在此基础上，经过20多年的发展，形成了一个由多个单项政策与多层次

[①] 王策三：《保证基础教育健康发展——关于由"应试教育"向素质教育转轨提法的讨论》，《北京师范大学学报》（人文社会科学版）2001年第5期。

[②] 康宁：《试论素质教育的政策导向》，《教育研究》1999年第4期。

[③] 于建福：《促进人的全面发展，提升国民综合素质——改革开放30年素质教育重大政策主张与理论建树》，《教育研究》2008年第12期。

的具体政策构成、一直处于不断完善和发展中的义务教育阶段素质教育政策体系。①

对于义务教育阶段的学校来说，除了要落实素质教育政策，实现国家期待的培养责任，即培养德智体美劳全面发展的社会主义建设者和接班人外，还要承担一项责任，筛选出优秀学生，输送到高中学校和大学，即发挥学校教育的筛选功能。义务教育学校要承担这一功能，是由其在教育体系中处于前期教育阶段的位置所决定的。虽然国家政策文件中甚少提及义务教育阶段学校的筛选功能，但这却是其客观存在的教育功能。这种选拔功能表现在学校教育的日常活动中，就是使用考试等测量手段，并根据公认的社会价值标准和判断、评价成员的其他模式，对受教育者进行鉴别。② 考虑到劳动力的受教育水平与其成绩和社会地位之间非常强的一致性关系，义务教育阶段学校的选拔结果会对个体的受教育水平产生影响，是对个体在社会上进行分工和职业分化的预演。③

上述对于义务教育阶段学校培养功能和筛选功能的分析，主要是一种应然状态的讨论，既是对学校教育的价值追求，也是对学校教育功能的期待。虽然学校所具有的上述教育功能是客观存在的，但是功能只是一种潜在的作用，作用是一种表现出来的功能；潜在的作用能否成为现实，还受到作用对象的状态以及环境条件的影响，即功能的实现是有条件的。④

学界既有的对于学校教育功能的研究，以及具有本土化特点的义务教育阶段学校功能的研究，对本文理解义务教育阶段的学校教育功能及学校运作具有重要的指导作用。同时，既有研究也提醒笔者，在分析学校教育功能时，要区分应然状态与实然状态，分析学校所处的内外部客观环境，以及由此带来的学校教育功能的实际发挥情况。本文在研究义务教育阶段民办学校的发展运行机制时，在民办学校教育功能基础上考察其学校运作的具体过程，与学校的运行机制。民办学校所处的外部环

---

① 林小英：《素质教育 20 年：竞争性表现主义的支配及反思》，《北京大学教育评论》2019 年第 4 期。
② 劳凯声：《重新界定学校的功能》，《教育研究》2000 年第 8 期。
③ 游永恒：《重新思考我们的教育目的》，《清华大学教育研究》2004 年第 2 期。
④ 唐晓杰：《社会、个人教育需求与学校教育功能》，《华东师范大学学报》（教育科学版）1993 年第 3 期。

境包括政府与学校关系、农村学生家庭的教育需求，学校内部环境包括学校教育资源结构、学校本身的治理结构和教育安排，等等。

二　时间社会学理论

（一）时间社会学的基本观点

较早将时间纳入社会学关注视野的是马克思和涂尔干，他们也分别开创了时间社会学的两大传统：一是马克思主义对时间商品化的研究；二是功能主义对时间结构的研究[①]。

马克思是时间商品化研究的开创者，也是将时间社会化的开创者。马克思拒斥生物学、物理学、心理学这些定量化的时间认识，[②] 这种观点是将时间作为自然时间来理解。马克思对于时间的认识是将时间置于人的社会实践活动中来理解。在马克思看来，时间不是孤立的个人的意识和行为的产物，而是被以生产方式为核心的社会存在与社会组织化或运动性的宗教——信仰活动雕塑的结果。[③] 对于马克思而言，人在本质上是一个历史存在，他把自己时间化是因为他要通过时间创造其存在，即从事具体的生产劳动。据此，时间的社会属性扎根于生产劳动之中，并与劳动生产力的变化存在根本性关联，时间实质上是具有历史性的人类意识，即社会时间。[④] 在时间是社会时间这一含义的基础上马克思展开了对资本主义生产关系的分析，并提出了社会必要劳动时间的概念。[⑤] 正是基于对劳动的抽象和劳动时间的抽象两个过程，马克思用"社会必要劳动时间"来指出时间所具有的再生产意义。"生产性"是马克思主义理论中非常重要的组成部分，而"时间性"则是"生产性"理论的重要维度。[⑥] 布迪厄进一步拓展了马克思对于时间的分析。布迪厄对于象

---

① ［英］约翰·哈萨德：《劳动时间的质的范式》，邰济川译，《国际社会科学杂志》（中文版）1989年第4期。
② 刘少明：《马克思哲学视域中个人时间和社会时间的关系》，《哲学动态》2020年第5期。
③ 尤西林：《现代性与时间》，《学术月刊》2003年第8期。
④ 杨兴凤：《马克思的时间范畴谱系》，《广西师范大学学报》（哲学社会科学版）2020年第4期。
⑤ 马克思：《资本论：第一卷》，人民出版社2004年版，第53页。
⑥ 张宗帅：《布迪厄象征资本概念与马克思生产性理论的对话》，《理论界》2020年第8期。

征资本的分析延续了时间是社会生成的观点，布迪厄通过分析艺术和文化领域对时间的"非功利性利用"和"耗费"现象，提出象征资本的概念，① 而这一领域的人对时间的非生产性利用，其实只不过是延宕了象征资本转化为经济资本的时间，因此，时间在这一领域里仍然是具有生产性的。②

马克思主义对时间社会化的分析和对时间生产性的强调给予笔者很大的启发。笔者在理解时间和教育时间时，非常关注对于其背后的权力结构、组织环境和人的认识。

功能主义对于时间的研究始于涂尔干，涂尔干开创了将时间纳入社会意识的传统。涂尔干认为，时间是一种集体现象，是集体意识的产物，在涂尔干看来，某一社会的成员一般共享一种共同的时间意识；时间是一种社会性的范畴，是一种社会产物。③ 休伯特、莫斯进一步提出"质性时间"的概念来强调时间与社会生活节奏的关系。④ 休伯特认为，"质"的意义上的社会时间，不同于可以衡量长度、表现为一定时刻或一定时期的时间。"质"的社会时间由许多部分组成，通过运用各种各样的符号、标志、仪式、实践活动，实际上构成了一个连续且贯通的整体，是通过其自身的节奏体现社会组织的一个象征性的结构。⑤

涂尔干之后对于时间进行研究的学者，虽然在具体观点上与涂尔干相差较大，但仍然受到功能主义思想的影响。

索罗金和默顿主要强调社会时间的两个特征。首先，社会时间和组成社会时间的活动有着较为密切的联系。因此，要认识时间的不同阶段，需要对这些时间段内的活动进行充分的认识。其次，社会时间体现处于其中的社会群体的节奏。⑥ 穆尔也深受功能主义的影响，将时间视

---

① [法]布迪厄：《实践感》，蒋梓骅译，译林出版社2016年版，第168—195页。
② 张宗帅：《布迪厄象征资本概念与马克思生产性理论的对话》，《理论界》2020年第8期。
③ [英]约翰·哈萨德：《时间社会学》，朱红文、李捷译，北京师范大学出版社2009年版，第3页。
④ [英]约翰·哈萨德：《时间社会学》，朱红文、李捷译，北京师范大学出版社2009年版，第2—3页。
⑤ 吴国璋：《西方社会学对社会时间的研究》，《学术界》1996年第2期。
⑥ 吴国璋：《西方社会学对社会时间的研究》，《学术界》1996年第2期。

为一种资源，是人们组织生活的方式。在穆尔看来，时间既可以是自变量，也可以是因变量。①

在对社会时间不同于天文时间、量化的自然时间形成共识之后，研究者们推动了时间与社会结构的关系的研究，探讨社会时间如何影响社会结构，社会结构又如何反过来影响群体的时间。科塞认为，社会结构是社会时间影响社会群体时间观念的重要机制。每个群体都生活在某一社会结构下，不同社会结构差异性较大，时间上也具有分层化的特点，即不同社会结构对于时间的关注点并不一样，具有较大的异质性。② 汤普森则认为这是一种静态结构，研究者应该关注社会结构的动态演变，为此，他研究了社会转型对人们工作时间与劳动纪律的影响，他认为从前工业社会向工业社会的转变改变了人们对于时间的观念，包括公共生活、劳动计时以及家庭生活等领域的时间观念都在发生改变。③ 吉登斯则进一步提出应该分析社会时间与空间之间的关系，将空间因素纳入社会时间的动态分析中来，增添了对社会时间认识的丰富性。④

相比于上述较为宏观的研究，刘易斯和魏格特较为关注中观层面的研究。刘易斯和魏格特强调把社会时间研究置于主体地位，并将社会时间划分为三类：个体时间、组织时间与整体时间。个体时间是指基于个体独立体验的，具有个体独特性的时间感。组织时间包括正式时间和非正式时间，正式时间是在正式科层制组织中运作的时间，拥有严格的时间表和紧凑的时间结构；非正式的时间，是指在组织内，用于非正式的人际交往的时间。整体时间是指社会结构和文化影响下社会共享的时间观念和知识。⑤ 刘易斯和魏格特提出了社会时间的分析框架：嵌入—分层—同步，在这一框架中，个体时间嵌入于组织时间之中，同时，个体时间和组织时间又嵌入整体时间中，时间的键入性构成了不同类型的交

---

① 桑志坚：《超越与规训——学校教育时间的社会学研究》，博士学位论文，南京师范大学，2012年。

② 练宏：《注意力分配——基于跨学科视角的理论述评》，《社会学研究》2015年第4期。

③ 练宏：《注意力分配——基于跨学科视角的理论述评》，《社会学研究》2015年第4期。

④ ［英］安东尼·吉登斯：《社会理论与现代社会学》，文军、赵勇译，社会科学文献出版社2003年版，第158—159页。

⑤ Lewis, J. David & Andrew J. Weigert, "The Structures and Meanings of Social Time", *Social Forces*, Vol. 60, No. 2, Jan 1981, pp. 432-462.

叉，进而产生了时间的分层，并出现协调与同步的要求。①

通过上述两种时间社会学研究传统的梳理，从中可以发现其研究中的共同性以及对于后续研究的启发。首先，社会时间具有社会性，这是相对于自然时间、天文时间而言。对社会时间的认识离不开对人类实践活动的考察。其次，社会时间具有异质性。社会中的不同群体由于其社会结构和社会实践的差异，对于时间的节奏和时间的意义会有不同的看法。再次，社会时间具有生产性。这是因为社会时间是社会结构建构的产物，又对社会结构及其社会活动具有重要的反作用。社会时间及与之并行的社会空间构成的时空结构，构成了社会的基础性结构背景，参与形成和建构了社会的生产和再生产结构（物质的和文化的，如马克思和布迪厄等人所研究过的），以及形形色色的制度结构和观念结构（如社会学家通过所研究的）。②

（二）社会时间与教育时间

时间社会学对于社会时间的分析非常丰富，也很深刻，对于理解社会结构和人们的实践活动具有重要的指导作用。教育时间是社会时间的一种类型，笔者对于教育时间的思考也是在时间社会学的视野下展开的。

时间的社会性要求我们在认识时间时，必须将之放在具体的社会阶段或者是具体的社会情境中进行思考。在理解教育时间之前，首先要理解当下时期社会对于时间的共识和社会生活的节奏。

当前我国正处于工业化快速发展的阶段，根据工业生产需要而实行的时间节奏成为社会的主导性社会时间节奏。工业社会最主要的特点是机械化生产，机械化生产对于时间精密性要求越来越高，且生产过程不受自然环境和气候的影响，具有相对独立的人工场所和生产节奏。这种生产节奏与农村社会的生产节奏形成了巨大的差异。农业社会的生产节奏对自然环境和气候的依赖性非常大，风霜雨雪和节气等主导了农业生产的节奏，农业生产过程根据自然变化会有"日出而作，日落而息"，

---

① 练宏：《注意力分配——基于跨学科视角的理论述评》，《社会学研究》2015年第4期。
② 景天魁：《中国社会发展的时空结构》，《社会学研究》1999年第6期。

第一章 导论

根据四季循环而不断呈现出"农忙"与"农闲"之分，并且除了农忙时节，大部分农业生产时间分散在整个农作物生长周期中，每日的劳动时间具有一定的弹性。工业化社会的生产节奏主要围绕机械的生产节奏运转，为了机械的正常运转和最大限度发挥机械的生产效率，机械一般是24小时不停运转，工厂工人也因此分为两班或者是三班轮流工作。不仅如此，与工业生产形成直接配套或者是间接配套的相关行业也在一定程度上遵循工业生产的节奏特点，即相对严格的时间表和密集的工作。因此，在工业社会，工业化生产[1]主导了人们的社会节奏。随着工业化的深入，工业化生产节奏从两个方面不断改造社会，一是越来越多的人口从农村进入城市，城市成为生产生活的主要场所；二是农业生产效率提高，留在农村的劳动者利用农闲时节打零工，这些零工的工作时间与工业生产极为相似。所以工业化生产的节奏已经成为当前主导性时间节奏。汤普森注意到了这一现象，在工业社会，工作时间越来越同步化，个人或者家庭相对随意支配的时间，逐渐演变为高度标准化的上下班时间。[2]

在工业化社会时间的背景下理解教育时间，首先要区分教育时间的概念。教育时间有广义和狭义之分。孙孔懿认为，"广义的教育时间，对个人而言，包括接受教育与自我教育的时间，即与个人生命共始终；对社会而言，则是社会时间总量中用于教育活动的时间。狭义的教育时间专指学校教育时间，是学校各种教育活动（包括闲暇活动）展开和延续的基本条件和形式"。[3] 本文对于教育时间的理解是广义的教育时间，因为在笔者看来，教育的主体不仅限于学校，还包括家庭和市场培训机构，笔者在文中进行分析时会根据具体情境，区分出学校教育时间、家庭教育时间等教育时间亚类型。

当前的教育是工业社会的教育，教育时间应该具有几个特点。一是教育时间与工业化社会时间应该具有同步性，否则家庭生产节奏与教育

---

[1] 广义的工业生产，除了工业生产之外，还包括了与工业生产相关的各行各业。

[2] Thompson, E. P. Time, "Work-Discipline, and Industrial Capitalism", *Past and Present*, No. 3, Jan 1967, pp. 56-97.

[3] 孙孔懿：《〈教育时间学〉出版十年反思与前瞻》，《江苏教育学院学报》（社会科学版）2003年第5期。

节奏就会产生张力。二是教育时间具有社会时间的一般特点，社会性、异质性与生产性。三是需要考虑教育时间效益。师生、家庭等主体投入在教育过程中的时间、物质资源等都是教育过程的投入成本，师生在单位时间内所获得的教育收获是教育的产出，两者比较的结果即是教育时间效益。[①]

第四节 研究思路与核心概念

一 研究思路

本文的研究思路体现为两个方面。一方面，试图透过对政府、民办学校、家庭等教育主体互动过程及行为逻辑的分析，提炼出民办学校发展运行的一般机制。在分析过程中，以民办学校教育功能发挥作用的过程为分析主线。在民办学校实践其教育功能的过程中，政府与民办学校之间的关系、民办学校举办者的投资动机、家庭的教育需求这些外部因素都会对学校教育功能的重点定位和范围产生影响；民办学校的资源结构、治理结构等学校内部条件是民办学校教育功能发挥的推动力量。这是本文分析的明线。另一方面，通过对民办学校运行机制的深入理解，认识民办学校在县域义务教育场域中的发展空间。在分析过程中，深入理解民办学校所处的县域义务教育体系对民办学校发展运行的影响，以及民办学校提高教育质量的根本原因与核心机制。这是本文分析的暗线。

二 概念界定

(一) 权力空间

县域义务教育阶段民办学校运作的权力空间形成，与国家对于民办教育的法律法规规定、地方政府的具体政策，以及民办学校自身的办学自主权三个方面有关。在这三方面因素的综合影响下，才形成了当下民

---

① 孙孔懿：《〈教育时间学〉出版十年反思与前瞻》，《江苏教育学院学报》（社会科学版）2003年第5期。

办学校自主运行的权力空间。在这一自主性的权力空间范围内，民办学校可以自主制定学校的发展方向和教育目标，自主安排学校教育教学活动。

（二）资源结构

教育资源的类型十分多样，既包括了物质性教育资源，也包括了非物质性教育资源。非物质性教育资源则包括了教育时间资源和人力资源。资源结构即是对学校教育资源现状的定位。为了提高民办学校的教学成绩，民办学校在办学过程中对学校的资源结构进行控制，以此形成有利于提高成绩的资源结构安排。

（三）应试机制

应试机制是对民办学校围绕提高学生成绩而展开的学校运作机制。延长教育时间，并构建"以校为主"的课业负担分布结构，学生筛选与入学后的分类教育课程分类与课业负担的学科化，是民办学校对学生和教师的注意力分配，对教师、学生进行高度动员，提高学生的课业负担强度，以此来提高学校的教学成绩。

三 篇章结构

本文包括导论和结论在内共有七章。具体安排如下：

第一章：导论。本章主要介绍写作这篇论文的问题意识，对既有的相关研究进行梳理和评述，在此基础上提出本文的研究思路。此外，还包括了研究方法和田野基本情况介绍。

第二章："政策空间的出现与市场空间的腾出"。本章主要分析义务教育阶段民办教育在20世纪80年代后出现的背景，这个背景包括了国家鼓励发展民办教育的政治背景，以及公办学校教育功能不断衰落，给民办学校提供了市场空间这一经济背景。

第三章："民办学校运行的权力空间：权利赋予与监管不足"。本章主要分析义务教育阶段民办学校自主办学的权力空间。这里的权力空间并不是指政治权力空间，而是社会学意义上民办学校具有的自主办学的权力范围。民办学校自主办学的权力空间受到三个方面因素的影响：一是国家法律法规赋予的权利；二是民办学校投资者及民办学校在县域社会中所具有的能量，以及与政府的互动关系，影响到政府对于民办学校管理时的权力边界；三是民办学校因为私有产权而具有了经营自主权，以及政府监管不足所带来的民办学校对办学自主权的扩大化。

第四章："民办学校运行的资源基础：师资、生源结构与教育时间结构控制"。本章主要分析义务教育阶段民办学校如何使用其自主办学权，对师资、生源和教育时间进行控制，为学校的运行提供良好的资源基础。

第五章："民办学校教育时间的利用：高度动员与总体性发展"。本章主要分析义务教育阶段民办学校对于教育时间的使用策略。本章并不是从民办学校对教育时间的划分这一角度来分析，而是从教育时间使用主体——教师和学生——的行为切入分析。分析民办学校对学生的管理和动员策略，对教师的激励策略，以及对班级教师的管理。

第六章："民办学校运作机制与农村家庭需求的契合"。本章主要分析义务教育阶段民办学校的运作机制及其教育成绩对于农村家庭教育需求的满足。农村家庭的教育需求具有综合性和重点突出的特征。农村家庭最核心的需求是提高成绩，但同时也有与此相关的其他需求。本章对农村家庭的需求进行了分析，并指出民办学校在学校运作中对于农村家庭教育需求的满足。具体来说，首先分析农村家庭在经历家庭权力结构和家计模式的双重转型后面临的教育监管能力弱化问题；其次分析农村家庭在生产劳动上的刚性化对学生在校教育时间提出了新诉求；再次分析农村家庭对于教育成绩的要求；最后指出民办学校的运行机制本质上是一种应试机制，指出这一机制与家庭教育需求的契合性。

第七章："结论与讨论"。本章在第二章到第六章分析的基础上，进行总结和提炼，得出全文的结论，并进一步展开延伸讨论和思考。本章首先是对民办学校的应试机制与教育选拔体系的适应性关系进行总结；其次是分析应试机制下，民办学校教育时间的质的划分及课业负担的分布；再次是分析民办学校成为县域优质教育资源的代表后对县域教育资源分配标准的重塑；最后是讨论民办义务教育的本土化。

第五节 研究方法与田野概况

一 研究方法

（一）个案研究方法

个案研究方法是社会科学领域非常重要的一种定性研究方法。个案研究方法以具体的个案作为分析对象，对研究对象进行深入全面的研究，[①] 在此基础上进行分析性概括，并提炼出分析性的理论，得到一定结论。个案研究作为社会科学研究方法出现很早，早期的人类学和社会学研究有不少使用这一方法，如马林诺夫斯基的《西太平洋上的航海者》和涂尔干的《宗教生活的基本形式》即是个案研究的经典著作。在早期的社会科学发展中，个案的代表性问题还未成为突出问题，涂尔干受自然科学的影响，认为各类社会都遵循相似的规律与法则，可以将从个案研究中获得的结论推广出去。[②] 但是随着定量研究方法的冲击，个案研究方法受到质疑，质疑主要集中在个案研究的代表性问题，质疑个案研究获得的结论能否推论到总体。

对于个案研究代表性的质疑，学者们进行了积极回应，并从逻辑基础层面论证个案的代表性是一个伪问题。[③] 代表性是样本的一种属性，即抽取的样本能够具有总体的属性和结构的程度，以及研究样本得出的结论推论到总体的程度。样本存在的前提是要有边界和范围明确的总体。但是个案并不是统计学的样本，在个案研究中，没有边界明确的研究总体，不能用代表性去评论它。个案研究是通过对某个或几个案例的研究来达到对某一类现象的认识，而不是达到一个总体的认识。个案研究的扩大化推理是分析性推理，就是直接从个案上升到一般结论的归纳推理形式。[④] 但是

[①] 潘苏东、白芸：《作为"质的研究"方法之一的个案研究法的发展》，《全球教育展望》2002 年第 8 期。

[②] ［法］爱米尔·涂尔干：《宗教生活的基本形式》，渠东、汲喆译，上海人民出版社 1999 年版，第 548—549 页。

[③] 王宁：《代表性还是典型性？——个案的属性与个案研究方法的逻辑基础》，《社会学研究》2002 年第 5 期。

[④] 王宁：《代表性还是典型性？——个案的属性与个案研究方法的逻辑基础》，《社会学研究》2002 年第 5 期。

对于个案研究结论的"可外推性"和理论推理范围,就需要读者的"外在接力"。为了确保个案的"可外推性",个案研究追求"类型代表性",选择具有典型性的个案进行研究,选择的个案能够在一定程度上甚至是集中体现某个类型的特征与属性。[1] 有学者进一步提出,个案研究与定量研究作为两种社会学科的研究方法,有各自的研究领域,也具有各自的研究价值,个案研究的价值在于可以发现被定量研究所轻易遮蔽和排除掉的随机性对事件—过程的影响。[2]

虽然个案研究具有比较坚实的逻辑基础,但是个案研究也具有自身的局限性。一方面,随着社会复杂性和异质性的增加,以及学界对于事物认识的深入,人们发现个案中发生的事情,其解释因素可能并不是存在于个案研究范围内,甚至可能还存在于个案之外,个案研究面临着如何解决微观与宏观的断裂问题。另一方面,个案研究开始面临着如何提高其结论"可外推性"的发展性问题。针对上述问题,学界也进行了积极的反思。费孝通从两个方面进行努力,一方面认为应该扩大个案研究的范围。在其学术实践中,费孝通提出对于中国的经验调查不能局限于农村,要扩大个案的范围,特别是意识到城乡之间的紧密联系以及城镇在城乡网络关系中的重要地位后,费孝通在晚年开展了小城镇研究。[3] 另一方面,希望"用比较方法逐步从局部走向整体",通过类型研究的累加逐步形成对全貌的理解。[4] 人类学领域的研究者也对此进行反思,认为"研究地点不等于研究对象,人类学家不研究乡村,他们在乡村做研究",并提出"在个案中进行概括"的方法,[5] 在整体与部分之间进行持续互动,以推动对于部分和整体的研究,解决微观和宏观之间的裂缝。

虽然有很多学者为此进行努力,但是个案研究的局限性确实难以完

---

[1] 王宁:《个案研究的代表性问题与抽样逻辑》,《甘肃社会科学》2007年第5期。
[2] 吴毅:《何以个案 为何叙述——对经典农村研究方法质疑的反思》,《探索与争鸣》2007年第4期。
[3] 费孝通:《学术自述与反思》,生活·读书·新知三联书店1996年版,第35页。
[4] 费孝通:《学术自述与反思》,生活·读书·新知三联书店1996年版,第35页。
[5] [美]克利福德·格尔茨:《文化的解释》,纳日碧力戈等译,上海人民出版社1999年版,第24—29页。

全克服。① 或许可以转变思路，将个案研究作为理解社会全体样貌的一个阶段，个案研究构成了总体研究的线，这些线提供了理解局部社会现象或者是某类社会现象的线索，众多的线连接起来可以逐步汇成对于社会的立体式理解。②

本研究使用个案研究方法，以县域为分析单位，研究县域义务教育阶段民办学校的发展逻辑。之所以将县域作为个案研究的单位，主要是出于以下三方面原因。一是县域具有多重"接点"属性，③ 也是最完备的基层政权与社会的接点。④ 二是县所具有的中观性、运行自主性与影响范围的限定性。杨雪冬认为县是中观制度，且这种中观性体现在两个方面，"一是其有一定的人口和地理规模，拥有完整的政治行政功能，可以反映出国家行为的一致性和制度的整体性；二是其处于国家与社会的交接面上，与其他更高层次的政治单位相比，和微观社会组织的联系更直接、密切，运行也更具有多样性"。⑤ 三是在基础教育"以县为主"的管理体制下，县级政府是义务教育的管理主体，县域义务教育资源的统筹主体，更是国家教育政策的执行者，教育责任和自主权较大。⑥

在进行博士学位论文调研之前，笔者已经在全国多个省份的村庄进行过驻村调研，积累了一定的调研经验。此外，笔者于2017年11—12月，2018年1月，以及2018年3—4月，2019年4—5月，分别在甘肃某县、浙江某县、广西某县和山东某县进行过县域教育调研，每次进行调研时间最长30多天，最短有20天。在进行县域教育调研期间，笔者一方面积累了一些问题意识和一些思考，另一方面也发现目前县域义务教育供给与需求现状正在发生变动，这种变动具有一定的普遍性，笔者

---

① 王富伟：《个案研究的意义和限度——基于知识的增长》，《社会学研究》2012年第5期。
② 渠敬东：《迈向社会全体的个案研究》，《社会》2019年第1期。
③ 徐勇：《"接点政治"：农村群体性事件的县域分析——一个分析框架以及若干个案为例》，《华中师范大学学报》（人文社会科学版）2009年第6期。
④ 安永军：《县域城镇化与寄生性城乡关系》，博士学位论文，华中科技大学，2019年。
⑤ 杨雪冬：《论"县"：对一个中观分析单位的分析》，载陈明明编《权力、责任与国家（复旦政治学评论第4辑）》，上海人民出版社2006年版，第153—175页。
⑥ 雷望红：《教育城镇化背景下城乡义务教育发展失衡机制与公平改善研究——基于结构分析的视角》，博士学位论文，华中科技大学，2019年。

也逐步确定将义务教育阶段民办学校的发展运行机制作为自己的研究主题。既有的县域教育调研积累也为博士论文调研思路和思考提供了一些线索。

笔者在莱登县的调研时间主要有三个完整时间段和后续多次电话访谈。第一个时间段是 2017 年 8 月，第二个时间段是 2018 年 10 月中旬至 11 月，第三个时间段是 2019 年 8 月，总共调研时间 3 个月。笔者原本计划于 2020 年上半年再去进行调研，但由于疫情防控原因，不方便进入学校调研，因此笔者后续的调研通过电话访谈方式进行。在之前的调研期间，笔者与许多访谈对象结为朋友，并互相留下电话、微信、邮箱等联系方式，后续笔者经常通过电话、微信和邮件等方式与原来的访谈对象进行访谈，并通过他们介绍新的访谈对象。通过这种方式，了解最新的学校发展和运作情况，丰富和完善调研信息。第一次调研期间，笔者主要是在乡镇调研，并已经开始关注当地乡村教育发展情况。第二次调研和第三次调研，将调研范围扩大到整个县域。由于时间有限，同时由于乡镇之间也存在一些共性，所以笔者并没有选择对所有乡镇进行调研，而是将乡镇分为四种类型：城关镇（街道）、紧邻县城的乡镇、县城边界的乡镇、距县城相对中等距离的乡镇，再从中选取乡镇进行调研。笔者一开始之所以划分为不同的类型，是考虑到距离县城远近这一因素可能会对义务教育的供给与需求有较大的影响，后来发现距离县城远近这一因素对于公办学校和民办学校的发展格局并没有显著影响，但是这一分类也算是进行了一次验证。

在调研期间，笔者主要是采用个案访谈法和文件收集两种方式来收集资料。笔者主要从政府、学校和家庭三个层面开展调研，政府层面主要调研乡镇政府、教育局、中心校的领导干部和教师，学校层面则调研民办学校举办者和管理者、公办学校校长、学校中层领导、班主任、普通科任教师、学生等群体，家庭层面则主要是访谈驻村扶贫干部、村干部和学生家长，在学生家长方面，对于不同年龄段的家长都进行了访谈。[①] 文件收集法主要是在访谈政府相关部门、村干部后，会从中获取

---

① 主要访谈对象在附录一列出。

一些地方政府制定的文件与政策。

本文使用个案研究方法，希望通过对个案县义务教育阶段民办学校发展逻辑的深入分析，提炼义务教育阶段民办学校发展运行的一种解释机制。本文也承认个案研究存在的局限性，研究县域民办学校发展机制只是一个开始阶段，是推进对民办教育发展逻辑理解的基础性工作。

二 田野概况

本研究选择的研究单位是中部地区莱登县。选择该县的原因有三个。一是该县是人口大县，人口基数大，乡镇较多，义务教育阶段适龄青少年儿童规模大，学校多，且该县民办学校发展早，有利于了解民办学校的整体发展历程。二是该县属于中部地区农业县，也是外出务工大县，这具有中部县域的一般特点，比较符合本研究对研究单位的选择。三是在调研县域具有一定的资源，相对好进入。

莱登县位于中部地区，是典型的平原农业县，全县面积1680平方公里，耕地面积160万亩。户籍人口130万人，下辖19个乡镇、2个街道，2019年全县生产总值（GDP）289亿元，地方公共财政预算收入13亿元，常住人口城镇化率36%。

第二章

政策空间的出现与市场空间的腾出

第一节 义务教育发展的政府责任

一 社会主义国家义务教育事业性质与发展目标

义务教育是公益性事业,这是我国对于义务教育事业性质的定位。2006年修订的《中华人民共和国义务教育法》第一章第二条规定,"义务教育是国家统一实施的所有适龄儿童、少年必须接受的教育,是国家必须予以保障的公益性事业。实施义务教育,不收学费、杂费"。国家对于义务教育性质的定位,决定了义务教育属于公共服务;国家对义务教育供给承担最主要责任,必须提供足够的义务教育资源以满足广大适龄儿童青少年的需求。

义务教育在国家教育中具有基础性地位,因此国家对于义务教育的发展也有普及和提高的发展目标。义务教育事业承担着提高国民素质、为国家培养人才的基础性任务。因此,义务教育在社会中是作为公共服务被提供的,与其他公共服务不同的是,义务教育不仅对国家来说有责任提供,对于受教育者来说,也有权利和义务去接受教育。

在义务教育的供给上,政府承担主要的责任。不过在不同时期,政府承担供给责任的具体方式存在差异。在20世纪80年代之前,我国的义务教育供给的所有环节都是由政府主导,即义务教育服务的生产、提供过程都是由政府来主导,这种供给方式被认为是"单中心"

供给方式。① 20 世纪 80 年代后，国家放弃了由政府主导整个供给过程的做法，将义务教育供给中一些环节向社会转移。这种转移过程主要有三种方式，方式之一是将义务教育服务的生产和提供环节分开，由社会力量参与生产，政府购买教育服务后向社会提供，② 政府向民办学校购买义务教育服务是较为常见的形式。方式之二是政府在义务教育供给上实行管理、办学和评价的分离，即"管办评"分离改革，③ 一些地区在实验时将公办学校交给民营机构托管。④ 方式之三是政府制定政策，作为外部监管者，将义务教育服务的生产和供给环节完全交给社会力量，当前民办学校作为教育服务供给者即属于此种方式。

二 政府责任分层与县级政府的供给责任

虽然法律规定国家在义务教育供给中负有主要责任，但是这一责任该怎么在各层级政府间进行分配，在《义务教育法》等相关的法律中并没有明确规定。义务教育供给的责任分担体制受到国家财政体制、经济体制的影响。从 1949 年至今，我国的义务教育供给体制随着国家政治经济体制的调整而经历过多次变革，最终形成了目前的多层级政府分担模式，即"在国务院领导下，由地方政府负责、分级管理、以县为主"的义务教育管理体制。

在义务教育的供给责任划分中，地方政府实际上包括了省、市、县、乡四个层级的政府。很长时间以来，中央、省、市、县、乡五级政府之间的责任分担一直较为模糊，县、乡两级政府和农民承担了最主要的义务教育供给责任。2000 年以后，国家开始增加义务教育的财政投入，逐步完善义务教育财政保障体制，《国务院关于深化农村义务教育经费保障机制改革的通知》（国发［2005］43 号）、《财政部教育部关于调整完善农村义务教育经费保障机制改革有关政策的通知》、《国务院关

---

① 曲正伟：《我国义务教育中的政府责任研究》，硕士学位论文，东北师范大学，2003 年。
② 于洁：《资源依赖理论视角下民办教育的角色研究——以参与"政府购买服务"的民办 D 校为例》，《教育学术月刊》2017 年第 11 期。
③ 范国睿：《教育管办评分离改革：理论假设与实践路径》，《教育科学研究》2017 年第 5 期。
④ 史华楠：《教育管办评分离的条件、目标和策略》，《中国教育学刊》2015 年第 7 期。

于做好免除城市义务教育阶段学生学杂费工作的通知》（国发〔2008〕25号）、《国务院关于进一步完善城乡义务教育经费保障机制的通知》（国发〔2015〕67号）、《国务院关于统筹推进县域内城乡义务教育一体化改革发展的若干意见》（国发〔2016〕40号）等文件的颁布，逐步明确了中央政府在义务教育供给中的财政责任，并对省、县、乡之间的责任分担提出了一些原则，市一级政府在义务教育供给中的责任分担一直较为模糊。实际上，目前在义务教育财政供给责任分担中，中央、省、县三个层级的政府相对于另外两级政府来说，承担的责任相对较多，责任分担也相对更为明确。

中央、省级政府对于义务教育的供给责任是以转移支付来实现的。中央、省级政府缺乏对基层义务教育资源现状和需求状况的详细了解，以及不同地区之间的具体需求差异，同时也为了便于将责任操作化，选择在大部分地区都普遍存在的需求这一"公约数"来优先解决。在义务教育的供给中，县级政府仍然要承担很大的责任。

第二节 政策空间：义务教育资源供给不足与民办教育的出现

一 地方政府财政能力不足与义务教育资源供给不足

地方政府作为义务教育资源的供给者，主要是通过义务教育财政体制的制度设计实现的。新中国成立以后，我国义务教育财政体制虽然几经变革，但是一直具有地方政府为主、分级负责的特点。由于地方政府财政能力不足，由地方政府供给的义务教育资源长期以来处于不足状态。

在1949—1984年，我国在基础教育阶段实行"两条腿走路"的方针，即国家办学与厂矿企业、农村社队办学并举。具体来说，城市县镇的基础教育办学经费由政府财政负担，厂矿企业所办学校的经费主要由企业承担，农村基础教育的办学经费主要由社队群众承担。

国家所办学校被称为公办学校，且由政府财政承担教育经费，同时辅之以学生学费和勤工俭学收入。"1949年，莱登建立了共产党领导的

第二章 政策空间的出现与市场空间的腾出

新政权,县、区、乡都设有教育机构,小学陆续开办。完全小学和完全中学由区民教局直接领导,乡小由乡文教委员会直接领导,公办小学得到迅速发展"。① 在新中国成立初年,莱登县共有公办小学129所,在校学生8276人,到1977年莱登县公办学校已经增加到324所,在校学生139949人。② 莱登县公办初中也具有相似的发展趋势,1950年莱登县仅有一所公办初中,在校学生530人;1978年全县初中有220所,在校学生44869人;1979年莱登县开始调整初中教育,经过三年调整之后,1983年全县有初中43所,在校学生17600人。③ 公立中小学的办学经费,纳入财政预算,由国家统一发放。国家承担的教育经费主要用于发放教职工基本工资、学校基本建设和日常办公使用。虽然国家拨给的教育经费逐年增加,但是仍然不能满足教育事业发展需要,从1956年起,莱登县中小学开始向学生征收学杂费,标准是初中每人每学期4元,小学高年级2元、中年级1.5元、低年级1元。由于莱登县经常遭受自然灾害,学费后来分别递减到2.5元、1.4元、1元、0.7元,学生学费主要用于学生饮水、学校照明和体育器材购置上,其中80%留给学校自主支配,20%交由县级教育主管部门统筹安排。④

莱登县由集体创办的准公办性质的民办学校始于1958年。在1949年到1962年,莱登县出现过由个人创办的民办学校,这一时期县人民政府提倡由群众集资有计划地发展民办小学,1953年,全县民办小学发展到29所,学生2214名。1958年全县民办小学增加到212所,学生13688名,1962年全部停办。⑤ 此后到1984年,莱登县的民办学校是具有准公办性质的民办学校。

1953年《中央人民政府政务院关于整顿和改进小学教育的指示》提出,"在农村,为适当解决农民子女入学的问题,应根据需要与自愿

---

① 李坦主编:《莱登县教育志》,中州古籍出版社1991年版,第99页。
② 李坦主编:《莱登县教育志》,中州古籍出版社1991年版,第100—105页。
③ 李坦主编:《莱登县教育志》,中州古籍出版社1991年版,第136—147页。
④ 莱登县地方史志编纂委员会编:《莱登县志》,中州古籍出版社1994年版,第599—600页。
⑤ 莱登县地方史志编纂委员会编:《莱登县志》,中州古籍出版社1994年版,第571—572页。

的原则，提倡民办小学（包括完全小学），充分发挥群众自己办学的积极性。""对乡村公立学校，除在学校较少的少数民族地区和老革命根据地应作适当发展外，其他地区均应以整顿提高为主，一般不作发展。"①莱登县具有准公办性质的民办学校正是在这一背景下发展起来的。

1958年，"为了贯彻'鼓足干劲，力争上游，多快好省地建设社会主义总路线'和坚持'两条腿走路'的办学方针，国办民办相结合，全县民办小学猛增到1043班，学生34007人，适龄儿童入学率达到90%以上"。②这类民办学校主要由社队创办，学校建设资金来自群众集资和捐款捐料。在师资上，主要来源于本地受过一定教育的青壮年，其中有很多是本村人，以及城乡知识青年和本村复员军人，在身份上，有的是公办教师身份，有的是民办教师身份。③这些人在当时属于村庄中受教育水平相对较高的群体，工作努力，得到了干部和群众的信任。在学校管理上，民办初中由公社管理，民办小学则由生产队或者是生产大队管理。④这类民办学校的教育经费有三个来源，一是学生学费及勤工俭学收入；二是由社队公益金提取一部分；三是国家补贴一部分。由于国家号召农村民办学校实行民办公助，国家只拨付少量的财政补助，最主要的经费来源是前面两个。

之所以称这一时期的民办学校为准公办性质的民办学校，是因为这一时期的民办学校是由农村集体经济组织创办并承担重要的经费开支，在管理上是由公社或生产队进行管理，具有公办组织的特点，与当前所指的由社会力量创办的民办学校存在显著的差异。

在前述关于教育经费的分析中可以发现勤工俭学收入被反复提及，并作为城乡教育经费的来源之一存在。勤工俭学在莱登县始于1958年，当时河南省政府在全省推广长葛县第三中学勤工俭学经验后，多数中学和部分小学开始筹办校办工厂、校办农场。1958年当年，莱登县全县即开办校办工厂32个，总收入3万元；农场20个，土地460余亩，总收

---

① 周恩来：《中央人民政府政务院关于整顿和改进小学教育的指示》，《人民教育》1954年第1期。
② 李坦主编：《莱登县教育志》，中州古籍出版社1991年版，第133—134页。
③ 李坦主编：《莱登县教育志》，中州古籍出版社1991年版，第134页。
④ 李坦主编：《莱登县教育志》，中州古籍出版社1991年版，第80—81页。

第二章　政策空间的出现与市场空间的腾出

入 2.3 万元；其他勤工俭学总收入 1.2 万元。1964 年，全县共有各类学校 2000 余所，其中有 1800 多所学校开展勤工俭学。① 1983 年，全县各种形式勤工俭学活动总收入达 165000 元。② 勤工俭学对于增加办学收入、改善办学条件起到了重要作用。1983 年 5 月 16 日到 19 日，莱登县人民政府召开中小学勤工俭学、改善办学条件的会议，表彰了 62 个先进单位，先进个人 170 余人。③

　　对于农村的准公办性质的民办学校来说，最大的办学经费来源和力量支持是社队。根据 1960 年财政部、教育部联合发布的《关于人民公社社办中小学经费补助的规定》要求，用于教育的经费从公益金中抽取。这种将教育经费在社员分配之前扣除的做法，以降低社员的工分值为基础，本质上是将社员的劳动报酬以一定比例转移给了学校。同时用劳动力对资本进行替代。对于教育建设和教育事业中需要用到的劳动力，以公社动员社员来做工，并计工分的方式，替代雇佣劳动方式。以工分分摊代替资本有两种情形，一是建设学校基础设施时，社员投入的劳动量计入工分中；二是民办学校老师的劳动量以工分形式计算，并参与社队的收入分配。莱登县民办教师的报酬由社队支付，民办教师的吃粮水平，按照当地同等劳动力计算，生产小队供应基本口粮，生产大队补贴工分粮。④ 这两种情况下，公社都避免了直接支付现金。这种把劳动计入社队的工分总量，降低工分值的方式，让全体社员分摊教育成本，减轻了公社和社队集体办教育的经费压力。从某种意义上说，这种方式是农村教育能够维持并不断增加学校数量和规模的体制原因。⑤

　　通过上述分析可以发现，在 1949—1984 年这一时期，地方政府和农民承担了义务教育的主要供给责任。地方政府在财政能力不足的情况下，对城市和乡村的义务教育采取了不同的供给制度安排。在县城，县级政府将有限的财政经费主要投入县城的公办学校。对于农村地区准公

---

① 莱登县地方史志编纂委员会编：《莱登县志》，中州古籍出版社 1994 年版，第 601 页。
② 李坦主编：《莱登县教育志》，中州古籍出版社 1991 年版，第 352 页。
③ 李坦主编：《莱登县教育志》，中州古籍出版社 1991 年版，第 352 页。
④ 李坦主编：《莱登县教育志》，中州古籍出版社 1991 年版，第 134 页。
⑤ 杨卫安：《我国城乡教育关系制度的变迁研究》，博士学位论文，东北师范大学，2010 年。

办性质的民办学校的教育经费，则主要是由人民公社和生产大队、生产小队等集体经济组织来承担。

二 普及型义务教育资源供给不足与本地民办学校的成长

1985—2006 年，是莱登县本地义务教育阶段民办学校快速发展的时期。这一时期的快速发展有两个方面的表现，一是学校数量的不断增加，二是学生数量的不断壮大。之所以称之为本地义务教育阶段民办学校，是因为学校投资者是本地人，学校建在本地。民办学校在消失几十年后重新出现，与国家和政府的民办教育政策转变有很大关系。

从国家层面看，自 1985 年以来国家开始逐渐放宽对民办教育的限制政策，逐步给予民办学校发展空间。1985 年《中共中央关于教育体制改革的决定》颁布，文件提出"地方要鼓励和指导国营企业、社会团体和个人办学，并在自愿的基础上，鼓励单位、集体和个人捐资助学，但不得强制摊派"，这标志着国家重新允许民间资本创办民办学校，民办教育开始获得政策空间。此后国家进一步完善政策表述和政策支持，鼓励民间资本投资教育。1993 年《中国教育改革和发展纲要》提出"改革办学体制，改变政府包揽办学的格局，逐步建立以政府办学为主体、社会各界共同办学的体制。""国家对社会团体和公民个人依法办学，采取积极鼓励、大力支持、正确引导、加强管理的方针"。1994 年《国务院关于〈中国教育改革和发展纲要〉的实施意见》提出，"基础教育主要由政府办学，同时鼓励企事业单位和其他社会力量按国家的法律和政策多渠道、多形式办学。有条件的地方，也可实行'民办公助'、'公办民助'等形式"。1997 年国务院专门发布《社会力量办学条例》，对之进行鼓励、保障和扶持，民办教育发展的政策环境越来越宽松。2002 年，《中华人民共和国民办教育促进法》颁布，国家对民办教育发展进行专门立法，明确民办教育是社会主义教育事业的组成部分，并提出"积极鼓励、大力支持、正确引导、依法管理"的十六字方针。2004 年，教育部在《2003—2007 年教育振兴行动计划》中进一步强调对民办学校要加强政策扶持和政策引导，促进民办教育发展，形成公办学校和民办学校共同发展的格局。①

从莱登县地方政府来说，实行鼓励发展民办教育的政策，除了作为下级政府执行上级政府政策这一原因外，还有一个很重要的原因是地方义务教育资源供给不足。民办教育的发展能够增加县域社会的义务教育资源供给，减轻地方政府的财政压力。

自1980年以来，随着财政体制和农村经济体制的变革，原来的义务教育供给制度开始发生了变化。一方面自1980年国家开始实行"划分收支，财政包干"的财政体制，收缩对于地方义务教育的投入责任，强调增加地方政府的财政责任。教育部党组于1980年发布了《关于实行新财政体制后教育经费安排问题的建议》，规定教育经费由中央和地方两级财政切块安排，这意味着中央和地方根据学校的隶属关系划分各自承担的财政责任，中央财政只负担隶属于中央各部委的各级各类学校的经费，省、市财政承担隶属于省、市的各级各类学校的经费投入责任。② 对于莱登县来说，义务教育供给的财政责任主要由县乡地方政府承担。

1979年以后，农村地区也推动了经济体制改革，从人民公社制度向家庭承包经营制度转变。原来建立在人民公社集体生产和集中分配制度基础上的农村义务教育的供给受到了巨大冲击。但是在短时间内，国家并未建立起新的农村义务教育供给制度，在这样的背景下，农村出现了一段"体制真空"时期，农村的义务教育供给水平出现了暂时后退。③由于这一时期国家义务教育发展的重心转移到建设一批为升学做准备的重点中小学上来，教育资源集中投向城市重点中小学和作为乡镇重点的中心小学上。④ 莱登县教育局提出每个公社办好一两所小宝塔学校，全县一共确定了46所重点小学。1980年，小学入学儿童92400人，入学率84.77%，1981年，农村适龄儿童入学率进一步下降到76.4%。⑤

---

① 《2003—2007年教育振兴行动计划》，http://www.moe.cn/jyb_sjzl/moe_177/201003/t20100304_2488.html，2004年2月10日。

② 龙舟：《我国教育财政制度改革变迁研究》，《当代教育理论与实践》2009年第4期。

③ 赵全军：《中国农村义务教育供给制度研究（1978—2005）——行政学的分析》，博士学位论文，复旦大学，2006年。

④ 赵垣可、刘善槐：《新中国70年基础教育学校布局调整政策的演变逻辑——基于1949—2019年国家政策文本的分析》，《教育与经济》2019年第4期。

⑤ 李坦主编：《莱登县教育志》，中州古籍出版社1991年版，第101页。

义务教育阶段民办学校的运行机制

1986年莱登县被确定为国家重点扶持的贫困县，莱登县的教育经费供给开始顺应财政体制和农村经济体制改革的变化，实行"主渠道畅通，多渠道共融"的方针，解决公办教育经费的筹措问题。主渠道即是财政拨款，用于举办各种公办学校。多渠道主要包括两大类，一是提倡并鼓励工厂、企业、机关、团体等单位，乡镇、村委及个人集资办学，二是开展勤工俭学。① 莱登县的民办学校正是从集资办学开始的，从最开始的村委组织力量办村委学校，后来发展成为私人集资、筹资办学。②

1989年莱登县政府转发了河南省政府《关于发布〈河南省社会力量办学管理办法〉的通知》，号召社会力量办学。③ 这是莱登县地方政府制定支持政策鼓励民办教育的标志。事实上，在莱登县转发河南省政府文件之前，莱登县在1982年就开始出现民办小学，截至1986年11月，全县民办学校已经发展到48所。④ 1997年国务院《社会力量办学条例》颁布，莱登县再次号召和鼓励民办教育发展，民办学校数量迅速增多。在2000年之前，民办小学数量一度达到200多所（班），学生2万多人。⑤

这一时期的民办学校虽然发展较快，但是在办学条件和办学质量上都较公办学校要差。民办学校举办者以高考落榜的高中生和已经退休或被辞退的民办教师（或代课教师）为主体。据调查，90%以上的民办小学办学条件差、教师水平低、教学质量不能保证，并存在以下几个突出的问题：一是办学用房多用民房、过道、厨屋，阴暗潮湿；二是教师多系初中以下文化程度；三是课程开设不全，只开语文、数学两科；四是教学管理不善，照本宣科，误人子弟；五是购买盗版书，低收费，抢生

---

① 莱登县教育体育志编纂委员会：《莱登县教育体育志》，大象出版社2012年版，第295页。

② 莱登县阳庄湖乡教育志编辑室：《莱登县阳庄湖乡教育志（1977—2011）》，未刊行，2011年版，第186页。

③ 莱登县教育体育志编纂委员会：《莱登县教育体育志》，大象出版社2012年版，第365页。

④ 莱登县教育体育志编纂委员会：《莱登县教育体育志》，大象出版社2012年版，第370页。

⑤ 莱登县教育体育志编纂委员会：《莱登县教育体育志》，大象出版社2012年版，第370页。

第二章 政策空间的出现与市场空间的腾出

源，不经审批，说办就办。①

为了加强对民办学校的管理和规范，莱登县政府也多次对民办学校进行规范、清理和整顿。1998年，根据河南省人民政府批转教育厅《关于对全省社会力量办学进行清理整顿的通知》要求，莱登县政府召开了"全县社会力量办学清理整顿工作会议"，并印发《关于对全县社会力量办学进行清理整顿的意见》，县级层面由县政府办公室牵头，教体委、文化局、新华书店、工商局等部门参加，成立了3个检查组下乡督查，各乡镇也成立了清理工作领导小组，对民办学校进行调查、评估检查，对不符合办学条件的学校要求限期整改，整改后仍然不合格的，予以取缔。② 经过这次清理整顿，截至2000年，莱登县民办学校减少至122所，全县有50多所民办学校具备基本办学条件，在规模和质量方面较突出的有育才学校小学部、开心园学校小学部等。③ 2000年后，莱登县政府又组织过多次针对民办学校的清理整顿行动，对仍未达到基本办学条件的学校进行治理。④ 到2005年，莱登县义务教育阶段民办小学72所，在校学生10571人，小学附设初中班的有13所，初中学生1512人。⑤ 民办学校办学条件逐步改善，初具办学规模。举办者的办学投入开始增大，根据调查统计，投资在20万元以上的民办学校有10所，部分调整和改造布局的学校有10余所。⑥ 学校规模从原来的几十人到上百人，扩大到几百人。

虽然民办学校存在上述种种问题，但是仍然有大量农村家庭将子女送入民办学校。这些家庭选择民办学校主要出于两个方面的原因，一是民办学校收费较公办学校低；二是公办学校没有足够的学位。由于经济

---

① 莱登县教育体育志编纂委员会：《莱登县教育体育志》，大象出版社2012年版，第370页。
② 莱登县教育体育志编纂委员会：《莱登县教育体育志》，大象出版社2012年版，第370—371页。
③ 莱登县教育体育志编纂委员会：《莱登县教育体育志》，大象出版社2012年版，第371页。
④ 莱登县博闻校长GW访谈信息，2018年11月6日。
⑤ 莱登县教育体育志编纂委员会：《莱登县教育体育志》，大象出版社2012年版，第378—379页。
⑥ 莱登县教育体育志编纂委员会：《莱登县教育体育志》，大象出版社2012年版，第377—379页。

条件限制,"有学上"是农村家庭这一时期最主要的教育需求,农村家庭还没有能力追求优质教育资源。公办学校收费较高,使得一部分农村家庭无力送子女进入公办学校。公办学校收费高与当时乡镇财政紧张有关。在2002年之前,义务教育阶段中小学办学经费主要由乡镇政府组织筹措,乡镇财政困难,农村公办学校为了维持运转,增加收费项目,提高收费标准,公办学校的教育成本不断上涨。公办学校学位紧张与适龄入学人口大量增加有关。中央政府在1993年(时间)提出要在2000年前完成"普及九年义务教育"的目标后。[①] 入学人口较前一时期大幅增长,乡镇政府由于财政紧张,新建学校的速度无法满足适龄儿童的入学需求。

这一时期民办教育的发展增加了社会对于教育的投入,减轻了地方政府的办学压力,同时在一定程度上满足了人民群众对不同形式学校教育的需求,[②] 为普及义务教育做出了重要贡献。民办学校进入教育市场也伴随着新的教育竞争机制的引入,推动地方教育管理水平和教育质量的提高。

近些年,本地民办学校中的一些民办学校因为经营不善,办学条件不达标,以及举办者投资兴趣转移等原因,数量上出现了下降趋势,截至2017年,莱登县本地民办小学76所,本地民办初中12所。[③]

表2.1　　　　　　　莱登县2017年本地民办小学名单[④]

编码	学校名称
1	莱登县开心园学校
2	莱登县固铝办事处柿子园学校
3	莱登县固铝办事处城建小学
4	莱登县固铝办事处实验学校
5	莱登县津是街道办事处培才学校

---

① 《中国教育改革和发展纲要》,http://www.moe.gov.cn/jyb_sjzl/moe_177/tnull_2484.html,1993年2月13日。

② 莱登县青泉乡教育志编纂领导小组:《莱登县青泉乡教育志(1949年—2002年)》,未刊行,2011年,第251页。

③ 根据莱登县教育局访谈资料整理得出的数据。

④ 根据莱登县教育局访谈资料整理制作该表格。

第二章　政策空间的出现与市场空间的腾出

续表

编码	学校名称
6	莱登县店砖镇街道小学
7	莱登县店砖镇凯旋双语实验学校
8	莱登县店砖镇南王庄学校
9	莱登县陈典镇新城向阳学校
10	莱登县陈典镇英才双语学校
11	莱登县福葛镇小太阳双语学校
12	莱登县福葛镇南洋双语学校
13	莱登县福葛镇成龙双语学校
14	莱登县廉村镇王围孜优秀生学校
15	莱登县廉村镇童心小学
16	莱登县廉村镇英豪少年学校
17	莱登县塘村镇二龙小学
18	莱登县塘村镇羽丰小学
19	莱登县塘村镇培正小学
20	莱登县塘村镇阳光小学
21	莱登县韩吉镇龙凤学校
22	莱登县韩吉镇袁庄村委霜菊小学
23	莱登县韩吉镇辰阳学校
24	莱登县韩吉镇新世纪双语学校
25	莱登县幸福镇明星希望小学
26	莱登县幸福镇博贤实验小学
27	莱登县幸福镇九龙实验学校
28	莱登县幸福镇辰星少年小学
29	莱登县幸福镇后周庄希望小学
30	莱登县幸福镇侯坡希望小学
31	莱登县礼桥镇回族双语学校
32	莱登县礼桥镇创新小学
33	莱登县礼桥镇新东方学校
34	莱登县古娄镇凤鸣小学
35	莱登县古娄镇群英学校
36	莱登县古娄镇科开小学

续表

编码	学校名称
37	莱登县旬兆镇群兴小学
38	莱登县旬兆镇鸿志小学
39	莱登县鱼店镇飞翔学校
40	莱登县鱼店镇杨帆小学
41	莱登县鱼店镇建民小学
42	莱登县鱼店镇博旭实验学校
43	莱登县鱼店镇育英苑学校
44	莱登县鹤舞乡九七小学
45	莱登县灌进乡育林小学
46	莱登县灌进乡和谐小学
47	莱登县灌进乡聪慧少年学校
48	莱登县灌进乡求知学校
49	莱登县松岗乡南街小学
50	莱登县盾纲乡花蕾学校
51	莱登县盾纲乡崇军学校
52	莱登县盾纲乡蓝天小学
53	莱登县盾纲乡宏博学校
54	莱登县盾纲乡明文学校
55	莱登县青泉乡先锋学校
56	莱登县青泉乡博闻
57	莱登县阳庄湖乡希望双语学校
58	莱登县阳庄湖乡英才少年学校
59	莱登县阳庄湖乡古娄镇群英学校
60	莱登县阳庄湖乡南陈庄村委学校
61	莱登县桦甸乡福星学校
62	莱登县桦甸乡二北希望小学
63	莱登县桦甸乡英才少年学校
64	莱登县桦甸乡朱小庙小学
65	莱登县桦甸乡三里桥小学
66	莱登县桦甸乡七道口红光小学
67	莱登县桦甸乡世纪之光学校

第二章 政策空间的出现与市场空间的腾出

续表

编码	学校名称
68	莱登县寻甸乡中村小学
69	莱登县寻甸乡博才双语学校
70	莱登县寻甸乡申庄小学
71	莱登县寻甸乡徐大庄小学
72	莱登县米驼乡智星学校
73	莱登县米驼乡优秀生学校
74	莱登县米驼乡育博小学
75	莱登县米驼乡红星学校
76	莱登县岳亮街道办事处九七学校

表2.2　　莱登县2017年本地民办初中学校名单[①]

编码	学校名称
1	莱登县育才学校
2	莱登县店砖镇凯旋双语留守儿童学校
3	莱登县廉村镇东方双语学校
4	莱登县塘村镇奎星学校
5	莱登县韩吉镇科达石言中学
6	莱登县幸福镇韶光学校
7	莱登县朝阳石言中学
8	莱登县松岗乡祥龙实验学校
9	莱登县桦甸乡郜营阳光学校
10	莱登县米驼乡圣龙学校
11	莱登县米驼乡曙光学校
12	莱登县鱼店镇交湖新星学校

三　优质义务教育资源供给不足与招商引资民办学校的发展

2006年至今莱登县政府以招商引资的方式引进大资本到莱登县投资

---

① 根据莱登县教育局访谈资料整理制作该表格。

义务教育阶段民办学校的运行机制

教育，招商引资民办学校在这一时期获得迅速发展。这些民办学校既肩负着地方政府增加优质教育资源供给，促进地方教育发展的期待，也肩负着地方政府发展经济的期待。为了鼓励民间大资本投资教育，莱登县政府出台了《关于鼓励民办教育发展的意见》，明确"保证民办学校建设用地需要，将其纳入当地城乡建设和全县重点建设项目及民生用地需求保障范围。凡民间资金一次性固定资产投资5000万元以上的新建扩建民办学校，实行用地优惠政策，均按公益性事业用地优先安排，采取出让方式予以解决，按照城区区片基准地价优先供应，由县政府研究解决"①。

表2.3　　　　　莱登县招商引资民办学校名单②

编码	学校名称	学段
1	莱登县明日中学	十二年一贯制
2	莱登县石言中学	十二年一贯制
3	莱登县津是清华园学校	初中+职高
4	莱登县博旭实验学校	幼儿园+小学
5	莱登县现代双语实验学校	幼儿园+小学
6	莱登县博学希望学校	小学
7	莱登县东方双语学校	幼儿园+小学+初中
8	莱登来州外国语学校	幼儿园+小学+初中
9	顿岗国际学校	幼儿园+小学+初中
10	明德实验中学	幼儿园+小学+初中
11	新时代学校	幼儿园+小学+初中

截至2019年，莱登县共有招商引资兴办的民办学校11所。这类学校具有三个特征。首先是投资规模大，这些民办学校初始投资都在千万元以上。其次是招生规模大，仅仅是计算义务教育阶段的招生规模，截至2019年，民办学校在校生最少的有近1000人。再次是学校占地面积大，这些民办学校占地面积普遍在30亩以上，大多数在50亩以上，比

---

① 资料来源于莱登县教育局。
② 根据莱登县教育局访谈资料整理制作该表格。

第二章 政策空间的出现与市场空间的腾出

一般学校的面积大得多。

与本地成长起来的民办学校分布于乡村不同,这些招商引资兴办的民办学校全部位于县城新城区。这些民办学校遍布于县城新城区的不同位置,彼此之间相距较远。学校周围几乎全部是已经建成的商品房小区和商业中心,或者是在建的商品房小区和商业中心,或者是已经规划为商住用地,已完成征地即将开工的地区。

由上可知,2006年以后,莱登县政府增加了对于民办教育的优惠政策,加大了对民办义务教育发展的支持力度,民办学校发展的政策进一步放宽。地方政府在这一时期的政策调整,既与国家层面在这一时期的政策调整有关,也与地方政府的发展压力有关,还与县域社会农村家庭的教育需求变化有关。

2000年以后,我国在义务教育阶段的发展任务从"基本普及九年义务教育"转向"全面普及九年义务教育"和巩固提高教育质量。[①] 对于各级政府来说,除了增加学位以满足适龄儿童青少年的就学需求外,改造薄弱学校,增加优质教育资源供给量,促进义务教育均衡发展成为这一时期的工作重点之一。[②] 发展和扩大民办教育,可以在不增加国家和政府财政投入压力的情况下,短时期内增加教育资源供给,这是国家继续大力发展民办教育的动力之一。莱登县在1998年完成"基本普及九年义务教育"的任务,自1999年开始,义务教育的工作重点转向继续改善办学条件,提高教育质量。[③] 在此背景下,发展招商引资兴办的民办学校,既能够增加教育资源供给,又能够落实国家发展民办教育的政策要求。

对于地方政府来说,其自身也存在发展民办教育的强大动力,这主要是因为民办教育能够满足政府三个方面的需求。一是增加教育资源供

[①] 《2003—2007年教育振兴行动计划》,http://www.moe.gov.cn/jyb_sjzl/moe_177/201003/t20100304_2488.html,2004年2月10日。

[②] 《用科学发展观统领教育工作全局——教育部党组书记、部长周济在教育部2005年度工作会议上的讲话》,http://www.moe.gov.cn/jyb_zzjg/moe_187/moe_410/moe_458/tnull_7328.html,2004年12月19日。

[③] 莱登县教育体育志编纂委员会:《莱登县教育体育志》,大象出版社2012年版,第81、97页。

给的需求。招商引资兴办的民办学校在办学条件上较公办学校要好很多，减轻了政府改善办学条件的压力。二是促进农民家庭城镇化的需求。莱登县政府提出"以教育城镇化来促进城镇化"的目标，希望通过增加县城教育资源供给，提高县城学校教育质量，吸引农村学生进城读书，进而引导农村家庭进城买房，以此提高人口城镇化率。招商引资兴办的民办学校的到来，正是起到了这一作用。① 莱登县城公办学校处于老城核心区，征地成本高，学校扩建难度大，学校容纳的学生有限。而这些新建的民办学校普遍位于县城新城区，学校基础设施完善，除了教学楼外，食堂、超市、宿舍、操场等一应俱全，对于农村家庭有较大的吸引力。随着子女在县城学校就读，有一部分家庭为了方便照顾子女，在学校附近买房。对于子女还未到读书年龄，但是准备在县城买房的家庭来说，为了方便子女入学，也将小区附近是否有学校作为考虑因素，这些民办学校基本都分布在商品房小区附近，对吸引农村家庭在周边小区购房起了很大作用。三是减轻政府的财政投入压力。如果采取改造薄弱学校，以及扩建或者新建学校的方式来增加优质教育资源供给的话，政府不仅需要投入大量的资金作为学校建设的一次性开支，还需要持续投入办公经费和支付教职工工资以维持学校长期运转。当政府选择以发展民办教育来增加教育资源时，政府就将一次性投资和长期投资的压力转嫁给了民办学校的投资者，减轻了自身的财政支出压力。

农村家庭的教育需求在2006年以后逐渐发生变化，从追求"有学上"转为"上好学"，对学校教育质量开始有一定要求。农村家庭的需求变化，一方面与国家推动完成"普九"有关。"普九"解决了农村家庭让子女接受义务教育的基本需求，使得农村家庭可以在此基础上生发出更高的需求。另一方面与农村家庭家计模式的变化和收入水平上升有关。2000年以后，打工经济成为莱登县农村地区重要的经济形式，农村家庭的家计模式，从丈夫外出务工，妻子在家务农的"半工半耕"模式，转变为中青年夫妻共同外出务工，老年父代在家务农，家庭实行以代际分工为基础的"半工半耕"模式。进入市场的劳动力增加，家庭收

---

① 莱登县人大代表、青泉乡中心校校长ZF访谈，2019年8月17日访谈。

第二章　政策空间的出现与市场空间的腾出

入水平上升，使得家庭增强了对于子女教育的选择能力。农村家庭希望为子女提供更加优质的教育资源，对于学校教育环境和教育质量的要求提高。农村家庭从其教育能力出发，对优质教育资源有明确的具体标准，首先是良好的教育质量；其次是寄宿服务，由学校来承担生活照料和课后学习指导责任；再次是校车接送服务，方便学生上下学。要满足家庭的教育需求，意味着政府需要继续增加财政投入，为公办学校建设宿舍楼，购置校车。2008—2010 年是莱登县农村初中建设寄宿制学校的高潮，这一时期，国家大量项目资金下乡，为学校配备体育器材、实验室、图书室、计算机室、翻修、扩建教学楼和宿舍楼，但是由于很多学校缺乏场地和管理人员，因此出现项目落地困难，或者资源配备下来无人维护、没有使用等问题。即使到目前为止，莱登县公办中小学仍没有配备校车，小学没有寄宿制学校，只有少数学校建有食堂并正常运行。通过鼓励民办教育发展，由民办学校投资者来建设宿舍楼，购买校车，满足农村家庭的教育需求，可以起到减轻政府投入压力的作用。

其实在 2000 年以后，莱登县政府对于民办教育的优惠政策不仅惠及招商引资兴办的民办学校，也惠及本地成长起来的民办学校。这些优惠政策共包括以下几个方面。一是贷款政策。如 2017 年，莱登县教育局提出帮助民办学校联系银行，提供 50 万元无息贷款，有需要的学校可以向教育局申请。二是国家教育经费支持，在生均公用经费、取暖费、学生餐补助等经费上，按照与公办学校同样标准拨付；民办学校和公办学校学生一样使用国家免费教科书。在义务教育办学经费支持上，民办学校和公办学校享有完全同等的待遇，获得同等标准的国家财政支持。三是办学支持。在用地方面，按照公益性事业用地划拨，价格上采取优惠政策，在学校用电、用气、用水等方面，在税收等方面，民办学校与公办学校实行统一标准，享受同样的优惠政策。四是法律支持。民办学校教职工在资格认定、职称评定、业务培训、表彰奖励、科研立项、职业技能鉴定等方面，与公办学校教职工享有同样的权利，政府对之一视同仁。五是教职工支持，对于一次性固定资产投资较大的民办学校，政府选派一定比例的在编公办教师予以支持，目前共向民办学校选派教师 857 名。[①]

政府对于民办教育的大力支持，其目的是通过助推民办学校的发展来增加教育资源供给，以满足这一时期国家制定的教育发展任务，以及满足这一时期家庭对于优质教育资源的需求。

第三节　市场空间的腾出：减负政策下农村公办学校的功能弱化

作为民办学校在县域教育市场中的竞争者，公办学校的发展情况也对民办学校的生存和发展有一定的影响。减负政策是素质教育政策的核心政策之一，也是实施素质教育的前提性政策之一。公办学校严格落实减负政策后，却出现了学校教育功能弱化的意外后果。由此导致部分家长对公办学校的教育感到不满，逃离公办学校。民办学校则获得了一定的市场机会。

一　课程结构改革与活动时间的低效使用

根据减负政策要求，中小学在课程安排上进行调整，一方面减少课时，压缩授课内容，改变授课方式，另一方面要对课程结构进行改革，降低学术性科目课时所占比重，增加团队活动课和综合实践课等课程。国家制定上述政策的目的，一是希望从量上减轻学生的学习负担；二是希望通过采用启发式教学等新的授课方式增强学生的学习兴趣；三是希望学校通过开发校本课程——基于学校自身特色的活动课和实践课——期待丰富学生知识和能力的效果。

然而当农村公办学校落实课程改革的政策后，并未达到预期的效果，却出现了学术性科目课时不够用，非学术性科目课时低效使用的结果。学术性科目课时不够用体现在两个方面，首先是授课进度快，几乎没有安排预习和复习的课时，其次是一般到学期结束才勉强把课上完，学生也少有对整个学期所学知识进行回顾复习的时间。非学术性科目课

[①] 莱登县教育局民办教育科访谈信息。

时低效主要有两种表现，一是农村很多学校开不齐团队活动课和综合实践课程；二是一部分学校将非学术性科目变为自习课或者是游戏放松的课时，学生无所事事。

之所以出现上述现象，与多方面因素有关。学术性科目课时紧张，与课时减少有直接的关系。在整体课时和学术性科目课时双双减少的背景下，学生每个学段所应该掌握的知识点并没有减少，这就要教师要在更短的时间内把知识点传授给学生，所以必然出现授课进度十分紧张，学生没有时间预习和复习的结果。此外，在课时减少以前，农村公办学校普遍开设有早自习，时间在半小时到一个小时之间，学生可以利用这一时间段复习和预习知识点，便于衔接新课，但是减负政策的课时限制迫使学校取消了早自习，也就取消了学生"温故知新"的学习机会。

非学术性科目开设效果不好、利用低效与农村公办学校资源匮乏有关。首先，莱登县农村公办学校普遍存在严重的师资数量短缺和学科结构性短缺，在小学阶段尤为严重。师资数量短缺主要表现为从班师比上看，教师数量存在短缺，一个班配备的教师甚至不足2人。学科结构性短缺主要体现为某些学科教师严重短缺，数量不足。莱登县政府和教育局按照生师比确定学校教师编制，农村公办学校学生数量虽然较以前减少，但是学生仍然分布于1—6年级，于是产生教师数量上无法满足需求的情况。结构性短缺体现在学校只有语文和数学教师，没有专职的音乐、体育、美术、信息技术、英语、综合实践课等课程教师。

  茅营小学是莱登县青泉乡的一所完小，学校同时开设了两年制的学前班。全校共有学生265人，其中小学阶段6个年级共有学生209人。全校在编在岗教师10人，另有4名返聘的退休教师，学校用生均经费支付4名返聘教师的工资。从生师比上看，符合国家的要求，但是从班师比上看，该校在编在岗教师达不到每个班2名老师的标准。当前编制仍然是按照生师比来分配，茅营小学近几年学生数量一直在减少，教师编制也随之缩减，学校虽然急需教师却一直无法补充进来。国家规定的课程如音乐课程、英语课程、实验课程都无法正常开设。（茅营小学校长MXK，2018年11月5日上午）

在师资如此紧缺的情况下，有的教师身兼多个班的教学，工作任务十分紧张，已经少有精力设计针对每个班的团队课和综合实践课程。而且教师年龄结构偏大，精力下降，学习新知识，进行课程创新，开发校本课程的积极性很低。

其次，莱登县农村公办学校普遍存在学校面积无法扩大，不能新建活动室和功能室的情况。莱登县农村公办学校的占地面积现状普遍形成于20世纪90年代的"普九"时期，之后极少有学校再增加面积。近几年国家加强农村土地管理，学校征地和扩建手续十分麻烦，需要莱登县政府和教育局向省一级政府申请，还涉及对众多相关部门的统筹协调。莱登县政府和教育局目前还没有给学校解决征地问题。因此，即便学校可以申请建设活动室和功能室的专项资金，也面临无地可建的窘境。在农村公办学校调研时，校长和教师们普遍反映，国家"改薄项目"和"县域义务教育均衡"等项目都有关于新建活动室的专项资金，申请难度不大，但是大多数却因为没有场地建房，只能放弃申请机会。

减负政策中关于课程调整的要求，对学校教师的调适能力、钻研能力和创新能力都提出很高的要求，也对学校师资资源和物质资源的丰富性有一定要求。农村公办学校教师资源和物质资源短缺，因此会出现学术性科目课时紧张，而综合实践课课时利用效率低下的结果。

二　学习过程的去竞争化与学习强度降低

学生是减负政策的目标主体，因此在政策中直接涉及学生的政策安排也是最为详细的。减负政策从在校学习时间、作业内容和时间、考试次数和公布方式、学生评价等方面都做出了规定，这些要求可以说贯穿了学生在校学习的全过程。国家制定上述方面政策的目的，是希望在减轻学生过重学业负担的同时，提高学生的学习质量，以促进学生健康快乐成长。农村公办学校积极贯彻减负政策后，在实现了减轻学生在校学习负担的同时，也出现了降低学生学习积极性和学习强度的意外后果。

莱登县政府要求缩短学生在校学习时间，根据规定，走读生在校集中学习时间，小学不超过6小时，初中不超过7小时。为了提高学生的健康水平，学校还必须在有限的在校时间内安排1个小时用于学生锻炼

第二章 政策空间的出现与市场空间的腾出

身体。也就是说,学生用于学习文化课程的时间,小学有 5 小时,初中有 6 小时。学习时间的缩短,自然会起到降低学习压力的作用。

在作业时间上,莱登县教育局规定一二年级不布置书面家庭作业,三年级至六年级书面家庭作业不超过 60 分钟,初中书面家庭作业不超过 90 分钟,不得给家长布置作业或让家长代为评改作业。[①] 作业的减少在减轻学生负担的同时,也将学生的学习压力减轻,一二年级由于没有作业,便没有了学习压力。

在考试这件事情上,县政府和教育局采取减少考试次数、减少考试参加人数,以及不对学生进行考试排名等方式来减轻学生的竞争压力。除了中心校和教育局在每学期末组织的考试,学校不得再组织考试。中心校每学期会组织一次全乡镇所有小学的质量检测,但是只抽学生总数的 30% 进行检测,并不涉及全体学生。教育局每学期组织一次全县教育质量检测,但是只针对毕业年级(小学里六年级和初中三年级),也是只抽 30% 的学生进行检测。为了减少考试次数,教育局对 6 年级的成绩检测和中心校对 6 年级的成绩检测放在一起,使用同一次考试的结果。为了让自己学校质量检测的成绩好看一些,各个学校一般把成绩较好的学生放入抽检名单中。虽然其他未参与质量检测的同学也会一起考试,但是成绩却不会被纳入全乡镇成绩、全县成绩的统一分析中。这种只抽取少部分学生参与的质量检测,由于样本选择并不是随机的,因此并不能代表整体情况。中心校和县教育局根据质量检测结果,实际分析的是各学校前 30% 的学生的成绩分布,对于各学校后 70% 的学生成绩的分布情况缺乏了解。因此这两项质量检测具有严重缺陷。

此外,由于减负政策不允许教师向学生公布分数和名次,所有成绩都以等级形式告知学生。虽然学校通过两次质量检测可以掌握学生成绩的分布状况,但是学生自身对于自己成绩的位置却是零认识。由于不知道自己的分数和排名,学生之间没有了比较,也就没有了比较所带来的竞争压力。但是学生也因此减少了学习的动力。由于不清楚自己成绩在班级中的位置,一些同学对自己成绩十分自信,对自己当前状态很满

---

① 莱登县教育局等九部门关于转发和贯彻落实《河南省中小学减负措施实施方案》的通知(莱教文〔2019〕455 号)。

意。自信的状态对于学生学习是有帮助的，但是这种缺乏对自我真正认识基础上的自信，却产生了阻碍学生勤奋学习的作用。

适量的作业有利于学生巩固所学知识，适量的考试有利于学生了解自身的学习情况，并刺激学生产生竞争动力，这些都有利于学生健康成长。减负政策应该减轻的是学生过量的作业负担和过量的考试。但是减负政策在近些年走向了极端，一方面国家在社会舆论的压力下不断出台越来越严格的减负政策，以至于一二年级禁止布置书面作业，考试成绩不排名，且以等级制代替；另一方面，随着教育条线权力的加强，教育系统的下级部门在落实减负政策上的弹性也越来越小，为了完成任务，只得将任务量化，以层层加码的方式下达。结果减负政策本来以减轻学生过重学业负担为本意，却产生了将农村公办学校学生负担基本撤掉的意外结果。

减少考试次数，考试成绩以等级方式向学生公布，减少作业量，等等，是在对学生的学习过程采取去竞争化的努力。学生在此过程中学习压力和竞争的心理压力大大减轻，但是学生的学习动力也大大降低。学生在校学习时，由于相当一部分同学对自身状态较为满意，进一步发奋努力的动力较弱，投入在学习上的积极性很低，在有限时间内的学习强度也很低。

三 教育时间让渡与家庭承接的失败

公办学校严格落实减负政策后，学生的在校学习时间缩短，校外时间相应增加。由于学校教育时间缩短，一些未能在学校空间中完成的学习活动需要转移到校外去完成，如预习、复习活动，以及做家庭作业等。这意味着教育时间从学校向家庭让渡。由于农村家庭缺乏承接教育责任的能力，使得家庭教育时间利用效率较低，学生的学习效率受到较大影响。

（一）教育时间的让渡与娱乐化使用

农村公办学校在缩短教育时间，向家庭让渡教育责任后，家庭成为学生放学后时间的教育主体。但是农村家庭并没有能力承担起放学后的教育能力，农村学生在这段时间里较少做与学习有关的事情，以从事娱乐活动为主。农村学生的时间利用方式虽然给学生带来了轻松快乐的生活,却使得其在与城市学生的学习竞争中处于劣势。

对于县城和城市家庭来说,家长的文化水平相对较高,收入也相对较高,家长自身能够对学生进行学习上的指导,同时也具有经济能力为学生购买市场化教育服务。在缩短在校时间要求下,大部分公办学校的放学时间都集中在两点到四点。在学校放学时间与家长的工作时间相冲突的情况下,城市家长会通过为子女购买市场教育服务的方式,将自己下班之前的这段教育时间填充起来,如购买"三点半课堂"的学习指导服务。也有一些家长选择放弃工作,专门负责子女的教育,这即是目前在城市中产阶级家庭出现的"母职"再造现象。① 在家长下班之后,家长可以辅导子女做作业,指导子女复习白天所学知识,也可以根据子女的兴趣为学生量身定制学习计划。除了自身直接教育外,城市家长在自己不擅长的学科领域,会为子女购买市场化教育服务,以希望子女获得专业的指导。除了购买文化课的教育资源,家长也会出于培养子女多方面素质的意愿,为子女购买艺术类等方面的市场教育资源。城市家庭发挥自身主体性,对学校让渡的教育时间进行了充分利用。

> 莱登县实验小学是唯一的县直公办小学,学生父母大都在国家机关事业单位、国企等工作,或者是做生意家庭较为富裕,可以说学生所在家庭整体上处于中产阶层。ZLS 是该校 3 年级 1 班的班主任,据 ZLS 老师了解,班里学生周六日都会去培训班,学习的内容包括跳舞、弹琴、书法、篮球、乒乓球、游泳等,一个学生最少会报一个。家长们认为,现在学习任务不重,多学点其他的。ZLS 的大女儿同样是遵循这一成长方式。在大女儿读幼儿园时,就给她报了英语班、画画班、舞蹈班、弹琴班,每周都去学习,进入初中后才不再参加这些班。ZLS 自己也喜欢看家教方面的书籍,在孩子的每一个阶段,都会有意识地进行培养。(ZLS,莱登县实验小学教师,2018 年 11 月 16 日下午)

---

① 金一虹、杨笛:《教育"拼妈":"家长主义"的盛行与母职再造》,《南京社会科学》2015 年第 2 期。

对于农村家庭来说，由于家长文化水平和家庭经济能力的限制，农村家庭无法很好地承接学校的教育职能。莱登县农村家庭普遍实行以代际分工为基础的"半工半耕"家计模式，父代外出务工，祖代在家从事农业生产和照顾孙辈。这些祖父母年龄在 50—70 多岁之间，总体文化水平较低，其中有些人甚至不识字。祖父母们虽然认识到教育的重要性，但是由于受教育水平较低，缺乏对孙辈学习进行指导的能力，即使孙辈没有完成作业，也不一定能被发现。这些祖父母也不了解日新月异的教育观念，缺乏对孙辈学习进行规划的能力，普遍认为孙辈做完家庭作业即是完成学习任务。即使有些家长因为自身无力指导孙辈学习，希望为孙辈寻找市场化教育资源，也由于自身收入水平的限制而放弃这一打算。

一位农村公办学校校长这样描述农村学生放学后的教育情况："在村照顾学生的家长普遍是 60—70 岁的老人，60% 以上不识字，识字的也是半文盲，只上过一二年级，会写名字，认识几个常用字。孩子作业根本辅导不了。对孩子溺爱又比父母多太多，孩子要啥给啥。给学生布置适量家庭作业，孩子回家后撒个谎就不做了，老人也不知道。联通的'优学通'教育平台、微信群发作业信息，老人不会用智能手机，老人机上又没有这些功能，（老人）和学校沟通不畅。现在孩子都用智能机，可以上网，家长（爷爷奶奶和父母）都管不了。"（青泉乡申桥小学校长 HXZ，2019 年 8 月 14 日上午）

因此，在农村地区，当公办学校向家庭转移教育时间时，农村家庭并不能很好地掌握对于教育时间的支配权，并充分发挥家庭的教育自主性。对于农村学生来说，这段时间除了完成作业，也就没有了其他学习上的事情可做。很多人会将做完作业之外的时间用于娱乐活动，或者是玩手机游戏，或者是与伙伴做游戏。

教育部希望通过提前放学、缩短学生在校时间来减轻学生的学习负担，家长却面临着学生放学后无人看管的难题，两相权衡之下，教育部于 2017 年开始推出弹性离校制度。2017 年教育部办公厅发布《关于做好中小学生课后服务工作的指导意见》，中小学校开展课后服务工作，坚持学生家长自愿原则。① 2018 年，国务院办公厅印发《关于规范校外培训机构发展的意见》，再次提出各地要创造条件，让中小学在课后服务中发挥主渠道作用。② 不少省市教育行政部门随后也制定了实施弹性离校、开展课后服务的相关政策。2020 年河南省教育厅等六部门也联合下发了《关于做好中小学生课后服务工作的指导意见》，提出了中小学举办课后服务的基本原则、组织程序和保障措施。③

然而，背负着美好期望的弹性离校制度并没有在实践中取得期待的结果，大多数农村地区的公办学校并未落实提供中小学课后服务的政策。之所以未落实，主要是由于以下三个方面的阻碍未解决。一是对提供课后服务的教师该按照什么标准支付报酬？二是为初中和小学教师支付课后服务报酬后，该如何支付高中教师提供课后服务的报酬？三是学生在学校提供课后服务期间的安全问题该如何保障，谁来承担责任？

之所以出现上述问题，是因为自严格落实减负政策以来，义务教育阶段中小学已经持续十几年实行下午提前放学的作息安排，④ 教师们也形成了这样的认知——我的工资就是我每天 6 个（或 8 个）小时的劳动报酬，弹性离校不可避免要延长教师的工作时间，教师们会认为政府和学校要为这部分增加的劳动时间支付报酬。但是政府若为初中和小学教师支付这部分劳动报酬，又会引发高中教师的不满。在高中教师看来，他们按照同样的标准领取工资，但是却额外负担了很多的工作（很多高中学校都提供课后服务，如假期辅导和早晚自习服务），政府和学校长期以来并未就这部分额外的劳动支付报酬，现在如果政府要对初中和小学教师的额外劳动支付报酬，为了公平，政府也需要为高中教师支付报酬。政府该制定什么样的支付标准来保证公平？财政能力紧张的县级政

---

① 《教育部办公厅关于做好中小学生课后服务工作的指导意见》，http://www.moe.gov.cn/srcsite/A06/s3325/201703/t20170304_298203.html，2017 年 2 月 24 日。

② 《国务院办公厅关于规范校外培训机构发展的意见》，http://www.moe.gov.cn/jyb_xxgk/moe_1777/moe_1778/201808/t20180822_345833.html，2018 年 8 月 6 日。

③ 《河南省教育厅等六部门关于做好中小学生课后服务工作的指导意见》，http://www.tangyin.gov.cn/sitesources/tyweb/page_pc/ztzl/wmcx/zcfg/article13a7a4ca47c34de580e05c73fecec237.html，2020 年 5 月 13 日。

④ 莱登县自 2007 年开始落实缩短在校时间的规定，此后学生在校时间随着政策要求不断缩减。

府是否有这样的财力为提供课外服务的教师支付这笔报酬？目前莱登县教师工资主要来自财政转移支付，在县级财政紧张的时候，教师工资都出现过拖欠几个月才发放的情况，县级政府很难拿出资金对教师提供的课后服务支付报酬，教师们也不愿意无偿提供课后服务，政策也就无法落实。即使地方政府和学校为教师提供一定报酬，目前中小学校长和教师提供课后服务的动力也不强，延长学生在校时间，意味着学校的安全监管责任也增加，在学生安全越来越被重视的当下，学校领导和教师担心学生在校内出现安全问题导致自身被追责，在学校掌握是否实行弹性离校的选择权时，学校和教师也会倾向于不实行弹性离校以避责。

（二）教育内容压缩与学生的忽略

在减负政策下，中小学课时安排和授课方式、教材编写出现较大变化，开始对学生的自学能力提出一定的要求。由于文化课课时压缩，但是学习知识点没有减少，学校所有时间基本用来讲授新课，没有时间带领学生预习和复习，为了巩固所学知识，以及提前熟悉新的知识，这就需要学生利用放学后的时间继续学习。此外，由于国家要求授课方式从教师教授为主转为启发式、探究式学习，教材编写也随之发生变化，许多知识点并不直接出现在教材上，而是需要学生自己通过自学找到这些知识点。许多教材会在每一课内容的后面附设拓展学习环节，推荐阅读书目或者是实践活动、实验项目等，学生需要通过学习推荐书目、参与实践活动或者亲自做实验来发现新的知识点，这也是学生为学习新课所要做的准备工作。由于课时紧张，学生自己探究的时间也需要在放学时间内完成。

固铝一完小校长 WXZ 介绍说，2011 版的新课标，对阅读量较以前的要求提高。1—2 年级的课文很长，国学经典、古诗词等传统文化的内容增加。每篇课文后面也会有相应推荐的阅读书目或者是篇章。从 3 年级开始，学生就需要多读书多写作文。这些学习内容仅靠在校时间无法完成。所以学校会给家长布置一定的任务，让家长配合做。（固铝一完小校长 WXZ，2018 年 11 月 15 日下午）

第二章 政策空间的出现与市场空间的腾出

授课方式和教材编写方式的变化对培养学生的自学意识和自学能力有很大帮助。但是考虑到青少年儿童的心理特征、行为习惯和安全问题，学生的探究性学习活动一般是在家长的指导和监护下开展。学生通过自己探究性的学习活动，体会到发现知识的乐趣，学习积极性也会被激发起来。但是这种探究性学习活动对家长的受教育水平和综合能力有较高的要求，也对家庭的经济条件和居住区的市场资源有一定要求。在城市地区和农村地区的家庭条件、市场资源存在较大差异的情况下，以家庭为主导的探究性学习活动会出现巨大的城乡差异。

城市地区的家庭不仅具有相对较高的文化水平，相对丰富的经济资源，也有固定的闲暇时间来参与子女的教育。他们自身能够指导学生阅读推荐书目，寻找知识点，也能够指导学生动手操作，在这一过程中探究知识的生产过程。不论是阅读书目的购买，还是实验仪器的制作和购买，城市的商业中心都能够满足家庭对这些资源的需求。

在莱登县，县城工业并不发达，在县城有房且是县城学校学生家庭来源的，主要是两个群体，一是体制内的工薪阶层，如行政单位、事业单位、国企的工作人员；二是在县域范围内做生意且能够在县城买房居住的群体。这两个群体共同构成了县城的中产阶层群体。对于工薪阶层的家长来说，由于有固定的闲暇时间，普遍会直接对子女的探究性学习活动进行直接参与，配合子女的学习过程。部分做生意没有时间指导子女学习的家长，则会选择购买市场资源的方式来满足这一指导要求。公办教师由于在校工作时间缩短，闲暇时间较多，专业能力很强，在教育市场上很有竞争力。没有时间指导子女的城市家庭多会优先选择公办学校教师提供的教育指导服务。

在调研中发现，目前农村地区的祖辈，也就是学生的爷爷奶奶，还未意识到学校授课方式的变化，更未意识到家庭需要更深的参与。这些祖辈的意识还停留于20世纪八九十年代，即课本包括了所有知识点，学校是传授知识的最主要场所。因此，这些农村家长几乎不会要求学生进行探究性学习活动。极少部分因在家照顾孩子未外出的父母，虽然意识到在新的授课方式下，家长要参与到孩子对知识的探究中去，但他们由于受教育水平比较低，在指导孩子进行探究性学习上十分吃力。农村地区的市场培训机构很少，农村公办学校的教师已经普遍到县城居住，即使想购买市场教育服务也十分不便。

ZL是一位在农村照顾孩子的母亲，1986年出生，读书读到初中三年级就辍学外出务工。结婚后开始在家带小孩，丈夫外出务工。女儿现在读小学五年级，但是ZL已经指导不了女儿的学习了。ZL说，课本上的数学知识点，只是列一个公式出来，没有了对这个公式的介绍。这么多年过去了，自己也忘掉了这些公式的意思，也给女儿讲不清怎么计算图形的周长和面积。疫情期间，女儿在家上网课学习，女儿学不会，ZL指导不了也急得不行。（农村家长ZL，2020年3月25日。）

ZL是笔者之前的访谈对象，在2020年疫情期间又通过电话联系进行访谈。访谈后，ZL向笔者发来教材的照片，笔者发现现在的数学教材与20世纪90年代的教材相比变化较大，数学课本中强调由学生动手测量物体的周长和面积，确实没有对于公式的详细介绍和反复说明，将知识点的介绍留给了教师和家长。由于农村家庭对于探究性学习活动的低度重视（祖辈），或者是囿于自身文化水平，指导孩子参与的能力比较低（父辈），总体呈现的结果是，农村家庭对于探究性学习活动的参与度很低。这部分属于课程大纲内容，本应该由学生通过自学过程掌握的知识点，以及应该培养的素质，成为被农村学生"忽略"的部分。

国家制定减负政策，是希望弱化学校的筛选功能，以减轻学生的竞争压力和学习压力。农村地区公办学校贯彻落实减负政策后，在实现弱化筛选功能这一既定目标时，却产生了弱化学校培养功能的意外后果。农村公办学校的教育功能弱化后，农村家庭由于其教育能力有限无法承接学校弱化的教育职能，更无法对之进行替代。于是，在学校教育功能弱化，家庭教育能力不足这样的家校合力下，农村公办学校的教育质量出现下降趋势，距离家庭的教育期待越来越远。

农村公办学校的教育功能弱化，使得家长对农村公立学校的教育质量出现不满，进而选择让子女逃离。这为民办学校的生存和发展提供了市场机会。

第四节 民办学校投资者的营利动机与学校功能的强化

与地方政府在鼓励发展民办教育时寄予了多重目标一样，民办学校投资者在投资教育时，投资目的也具有多重性。对于民办学校投资者来说，投资办学，除了为社会增加教育资源供给，满足政府和社会的需求这一目的之外，借由投资教育获得营利机会同样是其投资的重要目的。民办学校投资者的营利动机会驱使其办学重点以满足市场需求为优先考虑，甚至引导和强化市场需求。

一 民办学校投资者的营利动机与教育服务的需求导向

由于投资民办教育与投资其他行业一样，需要自负盈亏，因此莱登县的民办学校投资者，以获得营利机会且不亏本为基础。即使国家通过立法和诸多宏观政策为民办教育的发展清除了法律阻碍和意识形态阻碍，为其进入教育市场提供了政策空间，但是这并不能保证投资教育就一定能获利。为了确保投资不亏本且能够获利，民办教育的投资者在办学时，以市场需求为导向，积极去满足家庭的教育需求。由此获得家长口碑，吸引更多的生源，收取更高的学费，以及获得政府的认可，得到政府更多的优惠政策。

调研发现，在莱登县，民办教育投资者的营利方式可以分为以下几种。一是直接通过教育营利，盈利来自学校收取的费用。收入扣除学校办学过程中的各项支出之后，即是投资者所获利润。二是"教育+房地产"方式营利，营利来源是学校办学所获利润和出售房地产所获利润。三是"教育+参股投资"方式营利。其中，选择第一种营利方式的，主要是本地的民办教育投资者群体；选择第二种和第三种营利方式的，主要是政府招商引资来的民办教育投资者群体，以及部分本地民办学校投资者。

对于直接通过教育营利的投资者来说，其最主要的收入来源是学生缴纳的费用和国家拨付的财政性教育经费，最主要的开支是学校建设中的一次性投资、日常维护的开支和教师工资，其盈利就是收入减去支出后的盈余。目前政府拨付的财政性教育经费（生均公用经费、取暖费、学生营养改善计划午餐补助费、免费提供教科书等）基本能够覆盖民办学校正常运转所需要的办公开支。民办学校收取的各种费用扣除教师工资和一次性投资开支后，即是投资者的盈余。为了能够尽快收回投资，获得盈余，这些民办学校投资者一般较为注重改善学校面貌，提高学习和住宿条件，提高教育质量，以此吸引更多学生，获得更多收费。最近若干年，随着招商引资民办学校不断改善办学条件，本地民办教育投资者也感受到了压力，纷纷进行投资，对学校进行重建或者扩建。根据目前的市场行情，五六百人规模的学校，建设全新的教学楼（配备班班通等多媒体教学设备）、学生宿舍楼、食堂，硬化学校的操场校园，一次性投资大概在 500 万—600 万元。根据民办学校投资者的测算，学校建成后，如果学生规模不下降，三四年时间就可以收回投资。

对于通过"教育+房地产"方式营利的民办教育投资者来说，"学校+房地产"组合的正向循环是盈利的关键。投资者除了投资办学外，还会在学校附近建设商品房小区，作为"准学区房"向社会出售。之所以称之为"准学区房"，是因为政府并没有为之划定学区，但是学校在招生条件中提出优先招收小区业主的子女，使这一商品房小区具有了"学区房"的功用。为了让小区的房屋卖出高价，体现出"学区房"的稀缺性，必须让学校的教育质量对家长有足够的吸引力。为了达到这一目标，投资者必须将学校的教育质量提升到全县的中上甚至是上等水平。只有这样，家长们才会在众多小区中"不得不选择"该小区。

对于地方政府来说，只要投资学校的程序和投资房地产的程序符合法律要求，政府并不会设置障碍或者禁止。从地方政府的角度来说，这一类型投资者的上述做法，既满足了政府增加优质教育资源供给的需求，也满足了政府获得土地财政的需求，政府没有理由，也没有动力禁止投资者的行为。

明日中学和明日小区即是这一类型的代表。明日中学目前是从幼儿园到高中的十五年一贯制学校。明日中学的投资者原来在山西从事煤炭行业，后到莱登县投资建设明日中学，2008年莱登县明日中学开始招收初中生，2016年该校小学部建成并招生，2018年高中部建成并招生。明日中学最近十几年的中考成绩一直呈上升趋势，进入中考前100名的学生，从无到有，到现在每年能够有二三十人。其教育成绩在全县处于上游，在全县民办学校中教育成绩最好。随着明日中学的崛起，明日中学提出小区业主子女入读明日中学不受成绩限制（无条件接收业主子女，即使成绩低于入学要求也会接收），明日小区的房价也从两千多元/平方米上涨到了四五千元/平方米。政府在明日小区开发的过程中也获利，明日小区的土地招拍挂价格是200万元/亩。（综合多个访谈对象的信息整理而来）

对于"教育+投资其他行业"方式营利的投资者来说，其投资的其他行业和教育并不一定会有行业关联，可能完全分属不同行业。对于这一类型投资者来说，其投资行业或企业，有的就在莱登县，也有的并不在莱登县。对于这一类型投资者来说，通过到莱登县投资教育这一行为，可以进入该县，并对该县的经商环境和获利机会有所了解，同时结识其他投资者，结成互利合作关系，为在该县投资或者是在其他地区投资打下一定的基础。如有些政府招商引资的民办教育投资者，也参与到了该县商业购物中心、公路等行业的投资。也有一些投资者仅在莱登县投资教育，但是却在其他地区拥有其他投资，如房地产、商业购物中心，等等。

对于这类投资者来说，教育行业如同其他行业一样，因为有营利机会所以才能够吸引其投资。但是民办学校要想能够营利，必须有源源不断的生源。学校也必须有吸引家长和学生的地方，或者是教育成绩，或者是特色化教学，或者是优良的基础设施和住宿条件，总之必须有"卖点"。归根到底，学校的整体办学条件和办学水平必须有保证，至少要处于平均水平。只有这样才能保证有稳定的生源，保证学校能够有稳定的收入，甚至盈利。如果学校教育质量较差，生源持续下降，导致学校盈利减少甚至亏本，需要投资者持续"输血"，投资者一般会选择放弃投资，申请破产或者是将其转手。

> DXF 是莱登县豫才中学和莱登县先锋学校的实际投资者。在投资民办教育之前，DXF 在餐饮行业取得了成功。其投资的来州饭店在当地小有名气，他还组建了本地餐饮协会，并创办了协会的报刊，是当地餐饮界的名人。2014 年、2017 年，DXF 先后从其他人手中买下濒临倒闭的先锋学校和豫才中学，并投资几百万元改善校容校貌，增加教师工资，使得学校办学质量逐渐提升，生源逐渐增多。在 DXF 的规划中，前面几年由在餐饮行业的盈利为教育投资输血，5 年以后要停止对学校输血，进入盈利模式。（豫才中学、先锋学校举办者、校长 DXF，2018 年 11 月 20 日上午）

通过上述分析可以发现，不论民办学校投资者是选择哪种类型的营利方式，都会对学校的教育质量有基本的诉求。因为教育质量是吸引家长和学生的关键，只有持续增加生源，或者是保证一定规模的稳定生源，学校才能维持盈利状态。

但是，对于什么样的教育质量可以看作是好的教育质量？不同的市场主体有不同的判定标准。在县域义务教育市场上的主体包括了县级政府、公办学校、民办学校和家长（学生），这些主体基于各自的角色和立场，对好的教育质量有自身的理解。对于县级政府来说，良好的教育质量意味着学校办学符合国家和地方政府的教育改革理念和教育政策，同时还能够有较好的教育成绩和较高的升学率。对于家长来说，良好的教育质量意味着良好的学生成绩和较高的升学率。对于学校（公办学校和民办学校）来说，将政府和家长期待的教育服务作为良好教育质量的判定标准，是合乎理性的。

政府期待的良好教育质量和家长期待的良好教育质量是一致的吗？从本质上来说，政府和家长对于良好教育质量的理解并不存在冲突，但是对于该如何追求和实现良好的教育质量，政府和家长并没有在这一方面达成共识，也没有协商与讨论。对于县域范围内的农村家长来说，其文化水平相对不高，自身也没有精力去学习和了解与教育有关的专业知识，家长并不会就教育过程的细节与学校进行沟通和协商，将教育的权力委托给学校后，家长最关注的是学校教育的结果。对于政府来说，是通过贯彻执行国家教育政策来追求良好教育质量的，而政策的一线落实者，即是学校。

二 社会评价的成绩导向与学校功能的诉求

从县域义务教育市场上最主要的需求主体——家长——的角度看来，评价学校教育质量最直观的标准是学生成绩和学校升学率。学生成绩好，升学率高的学校，会被家长和社会认为是教育质量好的学校。作为教育服务提供者的民办学校，为了吸引生源，以此获得收费和与之伴随的财政资助，会在办学过程中将提高学生成绩和学校升学率作为最主要的目标。

对于民办学校来说，其作为学校这一组织的基本教育功能即是培养功能和选拔功能。让学生能够获得良好的学习成绩，本身即是学校培养功能发挥良好的表现。提高学生的升学率，则是要求突出学校的选拔功能，要求学校在教育过程中根据目前公认的判断和选拔标准，将学生进行区分，并分配相应的教育资源和教育机会，学校的选拔功能同培养功能一样，贯穿整个教育过程，但是又在中考、高考等教育体系的选拔节点上表现得最为集中和明显。

从学校培养功能和选拔功能的关系来看，这两者并不是对立的，而是辩证统一的关系。学校培养功能是选拔功能发挥作用的基础，学校选拔功能的正常运行又会促进培养功能的实现。学校培养功能的发挥依托于教材、课程设置、班级组织，以及学校管理者和教师。只有人力、物力以及教育组织都具备的情况下，学校对学生进行智育、德育、体育、美育等方面的教育，培养和增进学生各方面的素质，学校的培养功能才能在这个过程中得以体现。学校选拔功能的发挥依托于学校的培养过程，并借助分班、考试、自评、他评等手段来展现选拔结果。这些考试或者是鉴定手段会让学生和教师意识到自身的不足，如学生会发现自己还没有掌握的知识与技能，或者是品行方面需要改正或提高的地方；教师会意识到教学过程中存在的不足，如可能忽视了哪方面的教育，或者是忽视了哪些学生等。由选拔结果展现出学校培养中存在的问题，教师和学生在下一阶段的教育过程进行改进与完善。学校的培养功能发挥良好，最终体现为培养出优秀的学生。

以上是关于学生培养功能和选拔功能关系的简单论述，但是由于教育体系选拔标准的相对单一性，导致了学校教育过程中选拔标准的相对单一性，选拔标准不能够覆盖所有的培养内容。

目前，出于培养学生综合能力和促进全面发展的考虑，学校的课程设置和培养目标较为丰富，涉及智育、德育、体育、美育、劳动教育等方面。然而，教育体系的选拔标准并无法对学生的上述各方面素质都进行评鉴和区分，这主要是由于三个方面的原因，一是有些能力或者是素质并不容易被量化或者客观化，评价的主观性非常强，若将这类能力或素质纳入考核，不仅难以在学生之间进行比较和区分，而且难以保证比较结果的公平性；二是若将上述各方面素质都纳入考核，评价考核所需要的人力、物力成本太高以至于不现实；三是有些能力和素质的培养，如美育、音乐教育等素质，地区之间、城乡之间的学校教育资源差距较大，客观上导致学生所获得的能力相差较大，如果将这些方面的素质和能力纳入考核中去，对教育资源相对落后的农村地区的学生也是极大的不公平。相较之下，教育选拔以考试方式，重点考察智育方面的素质，因为考察内容的客观性，考察结果的可量化、可比较性，更容易被接受，也相对更加公平。当然，由于重点关注于智育方面素质的考核，考察标准不可避免地具有片面性，这是选拔标准为了在公平性和客观性之间寻找平衡所不可避免产生的问题。

教育选拔的标准会影响学校行使选拔功能时所依据的标准，并进而影响学校的培养内容和资源的分配。在教育体系的选拔中，通过教育选拔进而进入更高的教育阶段学习的人，数量上远远少于参与选拔的人，这就是为何中考和高考的竞争非常激烈的原因。而在当前，虽然职业高中就读机会相对较为容易获得，但是由于职业高中毕业生的实际发展现状总体上不如普通高中毕业生，以及受传统观念的影响，社会对于职业高中教育机会的重视程度比较低，仍然更加重视普通高中教育机会。目前国家在高中阶段推行普职分流，限制普通高中教育机会供给比例，在家长对于教育越来越重视的当下，这无疑使得中考竞争更加激烈，家长会将竞争压力下移到小学和初中阶段。为了让子女能够有更大的机会通过教育选拔，家长会希望子女在小学和初中阶段能够围绕着中考的考试内容来学习，早早为中考考察的能力做准备。这就是为什么社会和家长会将教育成绩作为评价义务教育阶段学校教育质量的最主要标准。

对于民办学校来说，将学校的培养内容侧重于考试内容，并强化学校教育过程中的选拔手段，可以起到提高学生成绩的作用，满足社会和家长对于良好的学校教育质量的评价。因此，民办学校是同时强化学校培养功能和选拔功能，只是在教育过程中将培养重点放在考试涉及的内容上。

第五节　本章小结

政府的政策支持、公办教育腾出的市场空间，民办教育投资者对于市场需求的把握，这些是义务教育阶段民办学校在县域发展的政治社会背景。在县域义务教育市场上，正是因为公办学校严格执行国家减负政策才导致了学校培养功能和选拔功能的衰弱，无法满足家长的教育诉求。作为公办学校竞争者和市场机会占有者的民办学校，从生存和发展的理性角度考虑，不可能像公办学校那样严格执行减负政策，否则民办学校也会走向教育功能弱化的结果。

对于民办教育来说，政府允许的政策准入和公办教育腾出的市场空间，这些都是发展的外部诱因，无法决定其是否能够长期生存和发展壮大。只有办学质量获得家长认可，源源不断地吸引生源，民办学校才能够生存下去并发展壮大，这是影响民办教育发展的内部因素。因此，义务教育阶段民办学校是在平衡政府需求和家长需求的过程中发展的。

由于政府与学校的关系结构会影响到学校的内部治理关系，也会影响学校与其他主体的互动空间。为了追求自身的办学目标，民办学校在与政府的互动中，尽力扩大办学自主权，为学校的自主运作奠定基础。

第三章

民办学校运行的权力空间：权利赋予与监管不足

民办学校的运作建立在其自主办学空间的基础上。正是在其自主办学空间下，民办学校才能够围绕设定的学校发展方向和教育目标来办学。民办学校自主办学空间的形成受到多方面因素的影响：国家的法律法规赋予的法定权利，民办学校与地方政府互动所获得的权力空间，以及民办学校在政府监管不足的情况下扩大化其办学自主权。在其办学自主空间下，才会有民办学校相对于公办学校的较大办学自主权，才会有民办学校的策略化行为。

第一节 民办学校的角色演化与权利赋予

为了促进义务教育阶段民办教育的发展，国家层面制定和出台了相关的法律法规，赋予民办学校一定的办学自主权利。随着民办教育的发展壮大，以及在国家社会主义教育事业中的地位不断上升，国家对于民办学校赋予的权利也不断增加，政策工具也不断丰富，这些最终构成了当前民办学校自主办学权的法定基础。

一 民办教育的角色演化

对于义务教育阶段民办教育的角色演化的认识应该包括两个维度，第一个维度是国家在政策和法律中对于民办教育的角色定位，第二个维

第三章　民办学校运行的权力空间：权利赋予与监管不足

度是民办教育的发展现状与实际承担的角色。

国家对于义务教育阶段民办教育的角色定位经历了从补充作用到重要组成部分的变化，① 从相对单一的教育角色到复合型的经济角色、教育角色的转变。1985 年《中共中央关于教育体制改革的决定》要求在基础教育阶段，地方政府要鼓励社会团体和个人办学。② 在 20 世纪 80 年代，国家并未对义务教育阶段民办教育进行明确的角色定位，有学者认为这一时期民办教育主要是起到增加教育投资的作用。③ 国家将发展义务教育阶段民办教育提上教育发展布局是在 1994 年，当时《国务院关于〈中国教育改革和发展纲要〉的实施意见》提出在基础教育阶段改革办学体制，改变政府包揽办学的状况，实行政府办学与社会各界参与办学相结合的体制，④ "社会各界"指政府和企事业单位之外的其他主体。1997 年《社会力量办学条例》进一步提升民办教育的地位，指出"社会力量办学事业是社会主义教育事业的组成部分"，但指出社会力量不能将投资义务教育作为办学重点，而是应该作为国家实施义务教育的补充。⑤ 变化始于 2002 年颁布的《中华人民共和国民办教育促进法》，该法第一章第三条规定"民办教育事业属于公益性事业，是社会主义教育事业的组成部分"，⑥ 民办教育从补充作用转变为组成部分。2010 年《国家中长期教育改革和发展规划纲要（2010—2020 年）》对民办教育的角色期待增加，赋予民办教育促进教育改革的作用："民办教育是教育事业发展的重要增长点和促进教育改革的重要力量。"⑦ 在教育部

---

① 周森：《民办基础教育学校在服务于谁？——基于中国教育财政家庭调查的分析》，载王蓉主编《中国教育新业态发展报告（2017）》，社会科学文献出版社 2018 年版，第 72—73 页。
② 《中共中央关于教育体制改革的决定》，http://www.moe.gov.cn/jyb_sjzl/moe_177/tnull_2482.html，1985 年 5 月 27 日。
③ 孙杰夫主编：《民办教育管理改革》，辽宁民族出版社 2007 年版，第 5—6 页。
④ 《国务院关于〈中国教育改革和发展纲要〉的实施意见》，http://www.moe.gov.cn/jyb_sjzl/moe_177/tnull_2483.html，1994 年 7 月 3 日。
⑤ 《社会力量办学条例》，https://www.guizhou.gov.cn/zwgk/zfgb/gzszfgb/199707/t19970731_70521508.html?isMobile=false，1997 年 7 月 31 日。
⑥ 《中华人民共和国民办教育促进法（2002 年版）》，https://www.gov.cn/test/2005-07/28/content_17946.htm，2002 年 12 月 28 日。
⑦ 《国家中长期教育改革和发展规划纲要（2010—2020 年）》，http://www.moe.gov.cn/jyb_xwfb/s6052/moe_838/201008/t20100802_93704.html，2010 年 7 月 29 日。

2012年发布的《教育部关于鼓励和引导民间资金进入教育领域促进民办教育健康发展的实施意见》,对民办教育的定位提升到了"社会主义教育事业的重要组成部分"的高度。① 此后,国家认为民办教育的作用还包括了推动教育现代化、促进经济社会发展等,并对其"社会主义教育事业重要组成部分"的角色进行事实确认。②

从民办教育的发展现状来看,其发展不仅对于我国的社会主义教育事业建设具有重要的促进作用,对于经济社会发展也产生了很大影响。义务教育阶段民办学校不论是学校数量,还是学生数量所占比例都持续上升,为社会提供了大量的教育机会。③ 有学者通过省级面板数据发现民办教育投入对GDP增长具有正面影响,④ 民办教育投资客观上减轻了省市县各级政府的教育投资负担,⑤ 正因如此,有学者强调国家应该用公共财政支持民办教育发展。⑥ 从社会影响上看,民办教育满足了大量农村流动人口子女接受义务教育的需求,方便了农村劳动力向城市转移。⑦ 可以看出,民办教育的影响一直是综合性的,其不仅是以教育供给者的角色作为"上层建筑"的一部分,同时凭借其拉动教育消费而成为经济增长的强劲动力之一,成为"经济基础"的组成部分。⑧

二 国家对民办学校的权利赋予与政策支持

国家对于义务教育阶段民办学校的权利赋予和政策支持是伴随着民

---

① 《教育部关于鼓励和引导民间资金进入教育领域促进民办教育健康发展的实施意见》,http://www.moe.gov.cn/srcsite/A03/s7050/201206/t20120618_138412.html,2012年6月18日。
② 《国务院关于鼓励社会力量兴办教育促进民办教育健康发展的若干意见》,http://www.gov.cn/zhengce/content/2017-01/18/content_5160828.htm,2016年12月29日。
③ 吴华:《民办教育在中国的前景》,《民办教育研究》2008年第1期。
④ 张智楠:《教育财政、社会投资与经济增长——兼论教育财政的引致效应》,《地方财政研究》2020年第1期。
⑤ 杨刚要:《民办教育对河南省社会经济发展的贡献研究》,《当代经济》2017年第25期。
⑥ 吴华、胡威:《公共财政为什么要资助民办教育?》,《北京大学教育评论》2012年第10期。
⑦ 阎凤桥、张莉娟、于洁、李虔:《民办教育在农村城市化进程中所扮演的教育供给者角色——基于华东某市的调研》,《北京社会科学》2013年第4期。
⑧ 徐梦夏:《社会主义市场经济条件下的教育产业化问题——兼论我国民办教育的发展趋势》,博士学位论文,天津师范大学,2012年。

第三章 民办学校运行的权力空间：权利赋予与监管不足

办教育角色的演化而变化的。这体现了角色重要性与国家和政府支持的匹配性。随着国家对义务教育阶段民办教育重要性定位的提升，国家对于民办学校的权利赋予越来越多，政策工具也越来越丰富。

何鹏程认为我国对民办教育的政策支持经历了四个阶段：破冰发轫期、大力发展期、改革深化期和规范发展期，① 这种按照阶段进行划分的方式可以借鉴到对莱登县义务教育阶段民办教育的研究中。结合国家政策和第二章对莱登县民办教育发展历史的分析，可将莱登县民办教育分为两个时期，第一个时期是破冰发轫期，对应的是普九期间的民办教育发展，即20世纪80年代至2006年前后；第二个时期是大力发展期，对应的是追求优质教育资源时期的民办教育发展，即2006年至今，下面分别从权利赋予和政策支持两个维度进行梳理。

第一个阶段破冰发轫期，时间段是20世纪80年代至2006年前后。这一时期义务教育阶段民办教育主要是作为政府公共教育资源投资的补充者存在。2002年《中华人民共和国民办教育促进法》要求各地政府将民办教育事业纳入国民经济和社会发展规划，并规定了对民办教育的奖励和扶持政策，包括奖励民办教育投资者和举办者，提供经费资助、税收优惠和用地优惠，并鼓励金融机构贷款给民办学校，允许出资人取得合理回报等。② 这是国家第一次提出使用多种政策工具来支持民办教育。2004年颁布实施的《中华人民共和国民办教育促进法实施条例》则进一步细化了民办学校的权利和国家的扶持政策，如对民办学校的招生权就赋予了更大的权利，即可以自主确定招生的范围、标准和方式。③

虽然民办学校在莱登县大量出现，但社会上仍然有对民办教育的反对声音，受此影响，莱登县政府对于民办教育也没有出台支持措施，但给予了社会力量举办民办学校的政策空间，对符合办学规范的学校不查

---

① 何鹏程：《分类管理背景下的民办教育财政扶持政策若干思考》，载王蓉主编《中国教育新业态发展报告（2017）》，社会科学文献出版社2018年版，第56—60页。
② 《中华人民共和国民办教育促进法（2002）》，https://www.gov.cn/test/2005-07/28/content_17946.htm，2002年12月28日。
③ 《中华人民共和国民办教育促进法实施条例（2004）》，https://www.gov.cn/gongbao/content/2004/content_62723.htm，2004年3月5日。

义务教育阶段民办学校的运行机制

封不禁止,[①] 民办教育在 20 世纪 80 年代和 90 年代呈现出野蛮生长的状态。在党的十一届三中全会后,莱登县民办学校即开始出现,甚至早于 1985 年《中共中央关于教育体制改革的决定》出台的时间,并在该文件出台后进一步发展。[②] 在 20 世纪 90 年代末,淮中市政府出台了规范民办教育发展的多个文件,[③] 莱登县政府开始对民办学校的办学进行规范,参照《淮中地区民办小学基本设置标准》和《淮中地区民办初中基本设置标准》,采取分类整顿的方法,分为合格、接近合格和不合格三类进行整顿,从外部督促民办学校提高教育质量。[④] 2000 年以后,莱登县教育局把民办教育纳入全县教育事业发展框架,对全县民办教育机构的办学秩序进行规范。在当时的规范行动中,莱登县将乡镇人民政府纳入工作队伍中,莱登县政府成立了社会力量办学管理领导小组,在该领导小组的领导下,各乡(镇)人民政府具体组织实施,乡(镇)长为第一责任人。县教育主管部门负责对民办教育机构进行评估验收,按照规定的权限颁发办学许可证,纳入教育工作依法管理,切实提高民办教育的办学质量。[⑤]

第二个阶段大力发展期,时间段是 2006 年至今。从国家层面看,这一时期国家不断提升民办教育在义务教育事业中的重要性,并出台了越来越多鼓励和支持民办教育发展的政策。国家层面的表态和支持影响到地方政府对民办教育的支持态度和实际支持行为。2010 年《国家中长期教育改革和发展规划纲要(2010—2020 年)》再一次重申保障民办学校办学自主权,提出清理并纠正对民办学校的各类歧视政策,完善促进民办教育发展的优惠政策,同时还首次提出健全公共财政对民办教育的扶持政策,要求县级及以上人民政府设立专项资金以资助民办学校,

---

[①] 信息来源于对莱登县清泉乡中心校校长 YZM 的访谈,2018 年 11 月 6 日。
[②] 莱登县阳庄湖乡教育志编辑室:《莱登县阳庄湖乡教育志》,未刊行,2011 年,第 186 页。
[③] 淮中市为莱登县的上级政府,此处遵循学术惯例,对市一级地名和信息进行了匿名处理。
[④] 莱登县教育体育志编纂委员会:《莱登县教育体育志》,大象出版社 2012 年版,第 377 页。
[⑤] 莱登县教育体育志编纂委员会:《莱登县教育体育志》,大象出版社 2012 年版,第 377 页。

第三章　民办学校运行的权力空间：权利赋予与监管不足

并提出探索营利性和非营利性民办学校的分类管理方案。① 2012 年《教育部关于鼓励和引导民间资金进入教育领域促进民办教育健康发展的实施意见》对民办学校的招生自主权、课程设置自主权、聘任教师自主权，以及财务管理自主权和学校发展规划自主权等办学方面的自主权利进行肯定与确认，要求在用电、用水、用气、用热等方面与公办学校同价，在税收优惠方面与公办学校享受同等待遇。② 2015 年修订的《中华人民共和国教育法》中删除了"教育不得以营利为目的"，这为民办教育分类管理扫除了法律障碍。③ 2016 年修订的《中华人民共和国民办教育促进法》就以法律的形式确认了对民办学校的分类管理，并规定不得设立实施义务教育的营利性民办学校。④

在国家鼓励民办教育发展的大背景下，河南省政府和莱登县地方政府相继出台鼓励民办教育发展的政策。⑤ 地方政府对民办教育的鼓励和支持主要表现在以下几个方面，一是市场准入支持；二是财政和税收优惠政策；三是师资支持；四是学校办学过程中的营商环境支持；等等。

市场准入支持表现在地方政府主动以招商引资的方式吸引民间大资本到莱登县投资办学，以及允许民间资本收购公办学校。2006 年，莱登县政府通过招商引资的方式吸引江苏教育精英投资办民办学校，2007 年莱登县现代双语实验学校建成并投入使用，这是莱登县第一所招商引资的民办学校，学校总投资达到 5000 万元，学校建成后容纳 6500 名学生。自此之后，新蔡县进一步加大招商引资规模和力度，截至 2021 年，新蔡县在义务教育阶段已经有 11 所招商引资的民办学校。地方政府已经从早期民办教育发展的外部管理者变为主动规划者和布局者。在莱登县

---

① 《国家中长期教育改革和发展规划纲要（2010—2020 年）》，http://www.moe.gov.cn/jyb_xwfb/s6052/moe_838/201008/t20100802_93704.html，2010 年 7 月 29 日。
② 《教育部关于鼓励和引导民间资金进入教育领域促进民办教育健康发展的实施意见》，http://www.moe.gov.cn/srcsite/A03/s7050/201206/t20120618_138412.html，2012 年 6 月 18 日。
③ 何鹏程：《分类管理背景下的民办教育财政扶持政策若干思考》，载王蓉主编《中国教育新业态发展报告（2017）》，社会科学文献出版社 2018 年版，第 56—60 页。
④ 《中华人民共和国民办教育促进法（2018）》，http://www.moe.gov.cn/s78/A02/zfs__left/s5911/moe_619/201805/t20180508_335337.html，2018 年 5 月 8 日。
⑤ 《加强投资服务管理　促进民办教育发展》，http://www.moe.gov.cn/s78/A05/A05_ztzl/s7507/s7511/201309/t20130925_157858.html，2013 年 9 月 25 日。

政府支持下，2008年明日中学投资者收购了公办学校体育中学，将体育中学的公办教师和学生全数纳入明日中学，构成了明日中学的第一批师生。

财政和税收优惠政策是一种变相的资金支持，地方政府制定专门针对民办学校的用地制度减少了投资者的办学开支，税收优惠减少了民办学校的上缴资金，两种做法都增加了留在投资者手中的收入，减少了政府本该从投资者的经营过程中获取的财政收入，这一增一减，反映了政府对民办教育的支持。2011年《河南省人民政府关于创新投融资机制鼓励引导社会资本投入教育领域的通知》（豫政办〔2011〕30号）颁布，该文件明确提出在办学资金方面实施税收优惠，在用地方面对民办学校给予财政优惠政策。2015年，《河南省人民政府关于加快推进民办教育发展的意见》（豫政〔2015〕76号）进一步要求完善对民办学校的税收优惠政策及其他优惠政策。在此背景下，2017年莱登县颁布《莱登县人民政府关于鼓励民办教育发展的意见》（莱政〔2017〕42号），在该文件中，莱登县提出和明确了民办学校所享受的税收优惠、财政优惠和其他方面的优惠。

政府对民办教育的师资支持不仅表现在法律上赋予其与公办学校教师同等法律地位，还表现在政府对民办学校的师资援助。河南省政府在《河南省人民政府关于创新投融资机制鼓励引导社会资本投入教育领域的通知》（豫政办〔2011〕30号）就提出"对社会资本一次性投资规模较大的，政府可给予所办学校一定的资金奖励，并可为其选派一定比例的在编教师予以支持"，这为县级政府的行为提供了政策依据。2017年，莱登县政府提出在三种情况下向民办学校选派公办教师：一是一次性固定资产投资在5000万元以上举办义务教育的；二是一次性固定资产投资在1亿元以上（含1亿元）举办高中教育的；三是一次性固定资产投资在1.5亿元以上（含1.5亿元）举办高中教育并附设义务教育的。民间资金投资职业教育的，参照投资普通高中教育政策执行。一次性固定资产投资在5000万元以下（含5000万元）的民办学校，不予选派公办教师。符合以上条件的，根据其班级和学生数量，按规模、教育质量配备教师，按照"高中每班选派4名，初中及小学每班选派2名"的标准

第三章 民办学校运行的权力空间：权利赋予与监管不足

选派在编公办教师予以支持。对投资规模较大、管理规范、质量较高、社会效益较好、排名靠前的民办学校，全额选派公办教师。政府选派公办教师支持年限为10年。选派的公办教师工资（从招聘之日起）由县财政供给10年，享受与公办学校教师同等待遇。从第11年起，所有支教教师的工资、福利等费用由受支教学校上缴县财政，再由县财政统一发放给教师，其公办教师性质不变。对民办学校选派公办教师采取"预派"方式，根据学校实际招生和发展情况逐步落实到位。[①]

地方政府为民办教育发展营造良好的营商环境，具体体现在荣誉鼓励、政治吸纳与支持性发展环境营造三个方面。在荣誉激励方面，莱登县要求对民办学校办学成绩突出者或做出突出贡献者，优先推荐、参选由各级政府任命的先进工作者、劳动模范、优秀拔尖人才等。[②] 在政治吸纳方面，莱登县将办学成绩突出者优先推荐为各级人大代表、政协委员候选人，纳入地方政治舞台。[③] 在构建支持性发展环境方面，莱登县政府统筹各部门资源，为民办教育发展做好服务工作。莱登县要求相关职能部门在民办学校办理有关登记、备案、许可或证明等业务时，不得设置人为障碍。加强对民办学校的行政指导，坚持处罚与教育相结合的原则，禁止任何单位和个人对民办学校乱检查、摊派、收费和罚款。任何单位、组织和个人不得侵占或非法征用民办学校的合法校产和教学场所。有关部门应当对扰乱学校教育教学活动、破坏校舍和场地、危害师生人身安全等违法行为及时予以查收，保障民办学校正常的教育教学秩序。[④] 不仅如此，在民办学校校舍的建设过程中，政府会及时解决水、电、路等配套设施的建设，施工过程中遇到问题，地方政府也会及时组织多个部门协商解决。

第二节 权力分享与利益互惠：地方政府与民办学校投资者的关系

民办学校与地方政府的政校关系受到两方面因素的影响，一是民办

---

① 莱登县教育局调研资料。
② 莱登县教育局调研资料。
③ 莱登县教育局调研资料。
④ 莱登县教育局调研资料。

义务教育阶段民办学校的运行机制

学校投资者与地方政府的关系；二是民办学校作为教育主体在地方政府发展战略中的地位。在民办学校投资者与地方政府的互动中，政府不断调整对于民办学校管理的权力边界。民办学校逐渐被地方政府纳入地方经济社会发展规划中，并占据越来越重要的战略位置，地方政府对于民办学校的鼓励和扶持政策也越来越多，政策支持力度也越来越大。正是在上述因素影响下，县域民办学校在具体办学实践中能够不断为办学自主权争取空间。

一 权力分享：本地民办学校举办者的参政议政

此处所指的权力是指县域社会运行的政治权力。民办学校举办者分享地方社会政治权力的方式是成为地方精英并参与竞选人大代表和参与推选政协委员，通过乡镇人大会议、政协会议、县级人大会议、政协会议等平台参政议政，走上地方政治舞台。

在莱登县民办学校的发展过程中，民办学校的举办者也逐渐分化。一部分民办学校在教育市场的竞争中失败，举办者转而从事其他行业。也有一部分举办者随着学校的发展和壮大，成长为地方精英。

在 2002 年之前，在莱登县举办民办学校的门槛相对较低。莱登县民办学校绝大多数没有独立校舍、稳定师资，且只开设小学中几个年级的课程，学生规模小。不少举办者利用自家房屋作为教室，再聘用一两个人作为教师。这一时期民办学校的举办者的身份非常多样，有普通村民，也有高考落榜的高中生，有原来在学校做过民办教师的人，有公办教师，也有村干部。当时很多民办学校举办者把举办民办学校作为一项初始投资不高的生意。

博闻学校举办者 GW 就是在这一背景下举办民办学校的。GW1992 年高中毕业，当时考上大学对农民孩子意味着未来生活穿皮鞋和穿草鞋之分。上十几年学没有考上大学，GW 感到非常郁闷。家里人均土地只有一亩一，不论咋干都富不了。1993 年 GW 结婚生子，1997 年之前便一直在外务工，去过深圳和东莞。后来因为孩子要上学便选择了回乡创业，和一个安徽人合伙做农村日用品的铸铝

第三章 民办学校运行的权力空间：权利赋予与监管不足

生意，生产出来后自己再拉到市场上去卖。在卖铝制品的时候，GW 结识了同一个市场的朋友，那个朋友感到他们夫妻俩浪费了自己的高中文凭，因为当时农村高中生相对较少。GW 听从了别人的建议回乡办学，算是对得起自己的文凭。另外，当时村子里的小孩上学特别困难，乡村的路都是土路，一旦下雨，便寸步难行。本着为自己谋一份职业和为村里人服务的想法，GW 2001 年在自己的家中办了村庄中的第一个民办小学——博闻小学。（博闻学校校长 GW，2018 年 11 月 6 日上午）

2002—2008 年民办学校经历了一波发展低潮，这一局面的产生主要源于两个原因。第一个原因是公办学校收费逐渐下降，部分民办学校无力参与低价竞争，20 世纪 90 年代初在乡镇兴起的民办学校就停办了三分之一。2002 年之前，公办学校每学期学费在 100 元以上，民办学校每学期收取 80 元的学费就可以保证盈利，民办学校凭借收费较低的优势吸引农村家庭的学生，大量民办学校迅速发展起来。2002 年春季开始，公办学校学费降到每学期 50 元，部分民办学校无力参与低收费竞争，面临着生源流失、教师工资发不下来的困难，在竞争中倒闭。能够坚持下来的民办学校，大都是学校举办者本身也是学校教师，不用开工资；同时尽量少雇用教师，减少学校支出。

第二个原因是《中华人民共和国民办教育促进法》和《中华人民共和国民办教育促进法实施条例》颁布以后，莱登县教育局开始对民办学校进行规范。当时教育局对学校的硬件有一定的要求。2004 年和 2005 年，教育局到各民办学校了解查看，一看校舍安全情况；二看有无办公室；三看是否家庭作坊。教育局对符合条件的学校颁发办学许可证，对不符合条件的学校采取取缔措施。经过教育局的这一轮整改和规范化运动，生存下来的民办学校都有独立校舍，不再是家庭作坊式的学校。

在经历了发展低潮之后，民办学校的举办门槛提高。莱登县公办学校在 2008 年取消学费，国家也开始逐渐增加教育转移支付，改善学校办学条件。民办学校面临着生源流失压力，民办学校在当时有两个不利的条件，一是收取学费；二是学校硬件条件差。为了改变这一现状，民

义务教育阶段民办学校的运行机制

办学校开始建造独立校舍并不断更新基础设施。2008年以后民办学校的这一波基础设施改造热潮提高了举办民办学校的经济门槛。

2001年GW举办博闻学校时，只办了四个班，招1—4年级学生，拿出自己的4间房子，这4间房是为结婚盖的，花了一万多块。自家房子不够用，邻居外出务工，便向邻居租了3间，一共7间房子。留出一间一家3口住，另外6间用作教室和办公室。学校共4个教师，GW夫妻两人和聘用的2个老师。2003年GW投资10万元建设了独立校舍，是2层的教室，共有6间。之后GW利用滚动发展的资金在2008年扩建校舍。2008年一次性增建了六间，后来又追加了六间，总共花费80万元，很多材料都是自己开货车到村民家里收集不用的建筑材料，比如房顶用的围子。（博闻学校校长GW，2018年11月6日上午）

2002—2008年，是民办学校举办门槛不断提升的时期。在教育市场的竞争中，只有具有较强经济能力的举办者才能够举办具备基本办学条件的民办学校。没有很强经济能力的举办者退出了民办教育行业。

2009年以后，一些民办学校开始将走读制学校改建为寄宿制学校，并提供校车接送服务，再一次提高了民办学校的办学门槛。建设寄宿制学校，必须要有足够规模的学校场地来建设宿舍楼和食堂，购买或者是租赁更大规模的土地也要花很多钱。这一时期，建设民办学校的一次性投资已经从2000年初的几万元变为几百万元。

桦甸乡英才少年学校是YZG于2013年办的学校。2013年之前YZG在县城做汽车维修，生意比较成功。学校前一个举办者欠YZG100多万元，于是将学校以100多万元的价格卖给YZG抵债。当时学校只有两排平房，学生300多人（附设幼儿园50—60人）。YZG接手后，以1500斤/小麦/年的市场价租用当地农民的土地，将学校的占地面积扩大到7000—8000平方米。2019年新建了餐厅、宿舍、报告厅、65米长的4层教学楼，硬化了学校路面和操场。扩

第三章 民办学校运行的权力空间：权利赋予与监管不足

建后可以容纳 700 名学生，其中幼儿园学生 210 人，小学生 490 人。这次新建学校共投资 600 多万元。（桦甸英才少年学校校长 YZG，2019 年 8 月 17 日下午）

随着举办民办学校的经济门槛越来越高，民办学校的举办者身份也越来越具有了同质性。通过调研发现，民办学校的举办者目前主要为两个群体。一个群体是在 20 世纪 90 年代即开始举办民办学校，将民办学校"滚雪球"一样发展起来的举办者，这些举办者随着学校规模的扩大，收入也不断提高，自身成长为地方社会的经济精英和教育精英。另一个群体是中途接手民办学校的投资者，这些投资者中，有一部分是以购买濒临倒闭的民办学校的方式进入民办教育行业，被购买的民办学校普遍属于办学条件很差的学校。一次性购买需要花一两百万元。将学校购买下来之后，再对学校办学条件进行改造，如新建或者是扩建学校，需要再一次性投资几百万元。购买者是本地的经济精英，有自己的生意和收入来源。通过对这两个群体的分析可以发现，在 2002 年，特别是 2008 年以后，投资民办教育行业具有了很高的经济门槛，成为地方精英从事的行业。

这些民办学校举办者除了作为地方教育精英、经济精英外，还在逐渐转变为地方的政治精英。一部分民办学校举办者参选乡镇人大代表、县人大代表、县政协委员。地方为了体现人大代表的广泛性和代表性，一般会设置各个行业人大代表的比例。部分民办学校举办者以教育行业代表的身份当选为人大代表。如桦甸乡部营阳光学校董事长，塘村镇二龙学校董事长，青泉乡博闻学校校长 GW，塘村镇羽丰学校校长，桦甸乡七道口学校校长，交湖新星学校校长，等等。固铝镇开心园教育集团董事长不仅是县人大代表，还是县人大常委会委员。[①] 上述例子中民办学校的举办者既是乡镇人大代表也是县人大代表。政协委员不是选举制，而是推荐制，不会像人大代表那样对各行业设置一定的代表比例。所以一部分民办学校校长以教育界代表身份被推荐并当选为政协委员。

---

① 只是举例，并未将民办学校举办者中的人大代表全部列出。

义务教育阶段民办学校的运行机制

杨集英才学校校长,桦甸英才少年学校校长,福葛成龙双语学校校长,九七学校校长,塘村镇二龙学校校长(董事长的儿子,其父是县人大代表),韩吉科达石言中学校长,凯旋双语学校校长等都是政协委员。[①] 上述例子中的县政协委员都是以教育界代表身份成为政协委员。也有一部分民办学校举办者因为有其他产业(如饭店、工厂等),以其他界别代表的身份被推荐并当选为政协委员。

由于人大代表和政协委员采用不同的产生方式,法律也没有规定要实行家属回避制度,所以可能会出现人大代表和政协委员来自同一家族的情况,如夫妻中一人为人大代表,一人为政协委员;或父子中一人为人大代表,一人为政协委员。这样的比例可能不高,但是在各地却很常见。

人大代表具有提案权,人民代表大会具有提案权、表决权和人事任免权。提案权行使既可以在地方各级人大会期间,也可以在人代会闭会期间,在人代会期间,人大代表可以就共同关注的事项进行联名,形成提案,上交人代会讨论;在人代会闭会期间,地方各级人代会的常设机关——地方各级人大常委会代表人大行使职权,人大代表可以向人大常委会提交议案,人大常委会将议案所反映的问题交转相关职能部门解决,并要求相关职能部门进行回复。表决权则体现在人代会期间,人代会有表决政府工作报告和政府各职能部门工作汇报的权力。人事任免权体现在人大及人大常委会具有选举和罢免"一府两院"政治主官的权力,地方人代会及人大常委会可以选举或罢免政府的县长、副县长、各职能部门的局长,地方各级人大还有选举和罢免法院院长、检察院院长的权力。此外,地方各级人大还有监督权,监督地方各级行政机关的工作情况。

政协委员不可能像人大代表那样深度参与到国家和地方的政治运行中,但是政治协商会议仍然是一个重要的参政议政机会。政协常委是县里的主要领导,这些人主要是从其他县退居二线的官员,其门生故旧仍然在任,在各级行政机关中任职。政协主席一般是其他县退下来的本县

[①] 只是举例,并未将民办学校校长中的政协委员全部列出。

人，且一般担任过县级领导（包括副县级领导）；政协副主席一般从本县的职能部门局长提拔上来。这也就意味着，政治协商会议是政府官员与来自社会各界的代表进行交流、听取意见的场合。对于政协委员而言，这是一个接触官员的机会。地方各级政治协商会议作为地方社会各界代表参政议政的平台，为社会各界提供了行使政治权利，表达政治诉求的场合。

事实上，这些当选为人大代表和政协委员的民办学校举办者，已经开始登上地方政治舞台，并在参政议政的过程中结合自身情况提出一些利益诉求。以桦甸部营阳光学校董事长 LY 为例。LY 在 2017 年当选为村书记，在当选为村书记之前，已经以教育行业代表身份当选为桦甸乡人大代表和莱登县人大代表，在作为人大代表履职期间，LY 参与提出多个议案，内容涉及环境污染、乡镇基础设施建设、学校周边网吧治理、留守儿童、老年人、教师招聘等多方面。其中教师招聘议案是出于民办学校举办者利益角度提出的议案，据 LY 介绍，在议案提出之前，莱登县地方政府教师招考时间在秋季开学后，民办学校的不少教师会参加教师招考，考上者就会离职，导致民办学校出现教师开学后流失，影响教学秩序的局面。民办学校举办者联名提出议案之后，莱登县政府非常重视并协商解决，最终将教师招考时间改在暑假期间，为民办学校在开学之前补充教师提供了时间。（桦甸部营阳光学校董事长 LY，2019 年 8 月 17 日上午）

地方政府和各职能部门对于人大代表的议案都非常重视，积极解决和回复。这主要是人代会和人大常委会有选举和罢免"一府两院"、各职能部门局长的权力。由于存在监督和权力制衡，人大代表的议案都会引起政府和各职能部门的重视，能解决的尽量解决，人大常委会还会定期回访人大代表，了解相关职能部门对议案的回复情况，因此各职能部门不敢怠慢。

通过上述分析可以发现，莱登县本地民办教育经过几十年的发展，已经形成了相对较高的投资门槛。民办学校也逐渐成为只有具有较多资本的人才能进入的行业。不管是将民办学校逐渐发展壮大的举办者，还是从其他行业新进入民办教育行业的举办者，他们都是地方社会的经济精英和教育精英。而且他们也在通过各种方式进入地方政治舞台，开始成为地方的政治精英，与地方政府发生紧密的互动。

二 利益互惠：招商引资民办学校投资者的县域投资

招商引资民办学校投资者基本都不是莱登县人，而是来自县外的教育精英、经济精英。政府在规划招商引资学校的布局时，已经将之与县域社会发展规划联系起来，这些民办学校的发展状况对县政府制定的城市发展规划实现程度会有较大影响。如此一来，这类民办学校的投资者就成为莱登县的重要力量，对于县域的教育事业发展和经济发展都有重要影响。

首先，莱登县招商引资兴办的民办学校分布在城区，不仅起到了缓解城镇大班额的作用，还减轻了政府在教育上的投入负担。县城公办学校因为处于核心区，征地成本高，政府征地困难，扩建学校或者是迁址建设的难度很大。随着城镇化的发展和学生规模扩大，原来的学校面积已经远远不够，学校却无法扩建。这些招商引资兴办的民办学校基本处于新城区，规划建设面积大，学校除了教学楼外，食堂、超市、宿舍、操场等一应俱全，在基础设施上不仅较县城公办学校好，也比本地成长起来的乡村民办学校基础设施要好。莱登县城区面积最近几年增加了一倍，但是公立学校增加缓慢，最近几年，只迁址扩建了一所初中和一所小学，新建一所初中。新增加的县城常住人口中的适龄青少年，除了一部分进入公立学校读书，大部分进入了这些招商引资兴办的民办学校读书。

其次，招商引资兴办的民办学校的建设对于促进城镇化也起到了推动作用。这些分布在新城区的民办学校不仅吸引更多人到城区买房，也增加了人们进城买房意愿。这一影响过程主要是通过以下三种方式实现，一是子女在县城民办学校就读的家庭，有一部分家长为了方便照顾子女，在学校附近买房。二是小区附近是否有学校，是很多家庭在做买房决定时考虑的重要因素。这些民办学校基本都分布在商品房小区附近，对吸引这些家庭在周围小区购房有很大影响。笔者走访了莱登县新城区不少商品房小区售楼处，发现这些售楼处都会将小区紧邻某某民办

第三章　民办学校运行的权力空间：权利赋予与监管不足

学校作为楼房的重要卖点，而笔者在一些商品房小区调研住户了解到，小区附近有学校确实对他们做出购房决定产生了很大影响。三是最近几年，莱登县农村逐渐兴起在县城购买婚房的风气。一些农村女性在找对象时，会要求男方在县城买房，并将之作为结婚必须准备的资源之一，距离县城较近的乡镇这种风气更为明显。这一风气增加了农村适婚男性家庭的经济负担，但是推动了县城房地产的兴起，客观上产生了促进城镇化的作用。这些家庭在购房时，会提前考虑到小区附近的教育基础设施配套问题。县城民办学校的建设，解决了不断增加的县城入学儿童的就学需求。

再次，这些民办学校投资者也参与到县城的商业中，如参与投资房地产、商业街以及建设商业购物中心等，对于城镇消费的丰富性与便利化有促进作用。商业地产的投资，对丰富县域居民的消费场所，刺激居民消费也起了很大作用。县城商业中心的多样化和消费的便利性，也能够增强县城的吸引力，吸引更多人口进城生活，以及进城买房，并由此提升城镇化率，这对于地方政府来说也是明显的政绩。

将发展县城教育与县城城镇化联系起来，即以教育来拉动城镇化，是一些中西部工业欠发达县的县级政府经常采用的做法，[①] 莱登县也不例外。中西部县级政府之所以采取以教育带动城镇化的教育发展趋势和城镇化发展模式，是政府在多重压力和财政约束下的策略行为，也是政府为了筹集发展和建设资金在政策允许的框架内采取的变通做法。具体来说，政府要通过这一发展模式，实现三个主要的目标，一是城乡教育均衡的目标；二是提高城镇化率的目标；三是获得土地财政的目标。

对于县级政府来说，作为中央政府和省市级政府政策的执行者和推动者，在执行政策时面临着多重压力。这种压力一方面源于上级政府的多层级性和政策目标的叠加。中央政府制定单项政策时重点考虑政策的主要目标或者说是单一目标，在政策向下传递和执行的过程中，省市级政府可能会对单一目标的政策逐渐注入附加目标，并最终将之传递到县一级政府，因此县级政府要面临执行一个政策完成多个政策目标的任

---

① 雷望红：《教育城镇化背景下城乡义务教育发展失衡机制与公平改善研究——基于结构分析的视角》，博士学位论文，华中科技大学，2019年。

务。另一方面，上级政府在向县级政府下达政策目标时，并不一定总是伴随着项目和资源输入，或者说是足够的资源输入。县级政府可能面临着依靠自身财政收入完成政策目标的局面。在多重政策目标和财政约束下，县级政府在将上级政策分解落实，并执行更加细化的地方性政策时，会为一个政策的完成设定多个待完成的目标。县级政府以教育城镇化带动城镇化率提高的发展模式就体现了这一特点。

最近十几年县级政府一直面临着推动城乡义务教育均衡发展的任务。莱登县在1998年完成了基本普及九年义务教育的目标，此后义务教育的目标转向了"办一流教育，创一流学校"。[①] 随着2006年修订的《中华人民共和国义务教育法》对义务教育均衡发展的重视，城乡义务教育均衡发展成为莱登县在义务教育发展上的重要目标。

在经济社会层面，县级政府还承担着发展城乡经济，增加就业机会，提高城镇化水平的任务。城镇化不仅是人口聚集在城镇的过程，还伴随着公共服务的集中供给过程和规模效应的产生，这两者的满足有利于提升公共服务的整体水平，方便城镇居民的生活。最近十几年，中国城镇化率快速增加，从东部到西部，各地区的城镇化率都不断上升，在这样的发展背景下，城镇化率的提升不仅是地方经济社会发展的客观结果，也成为地方政府努力追求的政绩之一，成为各地政府工作报告中衡量发展水平的重要指标。

在追求上述目标时，莱登县政府面临着财政能力不足的压力和县城工业不发达、吸纳劳动力少的困境。在1994年分税制改革后，中央获得了财政收入的大头，县级财政收入大大减少。2001年开始的农村税费改革，减轻直至取消了农民的税费负担，县级财政收入进一步减少，此后中央开始采取转移支付的形式解决下级政府特别是县乡两级政府收入减少的问题。但由于项目资金都有明确的使用用途要求，县级政府只能专款专用，无法自由支配。城乡义务教育均衡发展和促进城镇化水平的提升这些任务，都是涉及经济、医疗、教育、商业消费等的基础设施建设，以及县域义务教育布局调整等许多方面的系统性工作，仅靠转移支

---

① 《莱登县教育体育志》编纂委员会：《莱登县教育体育志》，大象出版社2012年版，第81页。

第三章 民办学校运行的权力空间：权利赋予与监管不足

付项目无法将综合性的工作都涉及。为了增加可自由支配的财政收入，县级政府采取了盘活土地资源，获得土地财政的方式来增加财政收入。莱登县工业并不发达，工业企业能够吸纳的劳动力十分有限。如果仅仅依靠县城工业的发展，来实现农村人口就业和收入的非农化，进而实现生活和居住的城镇化，这一过程会十分缓慢。而且由于自然资源禀赋、交通条件、市场机会和区位等因素的影响，工业方面的招商引资难以带动区域经济的全面发展，无法达到大规模吸收劳动力的目标。

对于希望促进城乡义务教育均衡发展和提升城镇化水平的地方政府来说，以教育城镇化作为杠杆，撬动农村家庭送子女进城读书，进而在县城买房，提升了城镇化水平。在这一过程中，县级政府通过土地的"招、拍、挂"程序，将国有土地卖给房地产企业和商业地产企业，政府可以获得高昂的土地出让金收入和税收，政府用这笔钱来完善城市基础设施建设，为房地产企业和商业地产企业进行配套，进而带动土地升值，政府可以获得更高的土地出让收入和土地税收。

在县级政府主动推动的教育城镇化和人口城镇化过程中，在县城大量建设学校是整个过程十分重要的一环，甚至可以认为是过程的起初阶段，因为只有把农村学生吸引进城读书，吸引家长进城买房的目标才有可能继续下去。农村家庭在县城买房后会在县城消费，带动县城服务业的发展，促进县城经济的发展繁荣。招商引资兴办的民办学校投资者，能够在县城投资建设占地面积大、校园基础设施完善、硬件条件都十分良好的学校，能够吸引对学校硬件条件开始有所要求的农村家长。不仅如此，这些投资者还参与到县城房地产开发和商业地产开发，以及其他方面的投资中去，促进了县城生活娱乐消费休闲设施的完善。可以说，政府招商引资来的投资者既帮助政府完成教育城镇化的目标，也有助于政府提高人口城镇化目标的实现，是政府在这一过程中十分重要的倚重力量。这些投资者也在这一过程中获利。

三 政校关系：不断调整的政府权力边界

虽然实施义务教育的民办学校都登记为民办非企业单位，但是民办学校投资者的营利追求表明其实质上并不是按照非营利组织的方式进行

义务教育阶段民办学校的运行机制

运作的,而是按照经营企业的逻辑来办教育的。目前国内学界研究政府与民办学校的关系,也是认为这是政府与提供教育服务的市场主体的关系,[1] 并强调民办学校营利的正当性。[2] 在对民办学校的这一定位下,部分研究者倾向于从公共选择理论等理论视角来分析政府对于民办学校的管理边界,认为政府的主动干预会带来市场失灵,不利于市场主体的利益。[3] 然而通过对县域社会民办教育市场的分析可以发现,政府和市场主体之间的关系面向比高度抽象化的经济学理论要复杂很多:政府与民办学校之间的关系既有政府与市场主体关系的面向;政府与民办学校之间的关系还有政府与市场主体投资者之间政治关系的面向;政府与民办学校之间的关系还有政府与合作者关系的面向。政府为了地方经济社会发展而主动推动义务教育的部分市场化,作为市场主体的民办学校投资者主动参与了这一过程并获得利益。

在民办学校的办学过程中,莱登县政府不仅在政策上进行支持,还提供办学指导。莱登县政府为民办学校提供办学指导主要采取三种方式,一是将民办学校挂靠在优质公办学校所在学区,让民办学校借助优质公办学校的名义招生;二是由公办学校的管理层托管民办学校;三是直接选派优秀的公办学校校长担任民办学校的执行校长,直接指导和参与民办学校的管理。

第一种方式的典型例子是津是中学与津是学区。津是中学是莱登县办学质量较好的县城公办初中,该校自 2009 年以来连续十多年中考成绩全县第一,学校校长 XZS 被公认为十分有能力且对学校取得这一成绩做出了巨大贡献。莱登县政府引进莱州外国语学校和石言中学后,学校起初招生困难,莱州外国语学校的投资者找到县领导,反映自己投资赔本,一生的积蓄就要打水漂了,希望县里能够帮忙。石言中学也面临招生困难、学校办起来后连续几年赔本的

---

[1] 康涛:《论政府对民办学校的再规制》,《高教探索》2017 年第 9 期。
[2] 吴华:《政府对义务教育阶段民办学校提供财政资助的法理分析》,《中国教育法制评论》2015 年第 00 期。
[3] 吴华:《政府对义务教育阶段民办学校提供财政资助的法理分析》,《中国教育法制评论》2015 年第 00 期。

第三章 民办学校运行的权力空间：权利赋予与监管不足

情况，学校董事会十分着急，也找到县里。2016年县政府和教育局商量后将莱州外国语学校和石言中学挂靠在津是学区，对外宣传莱州外国语学校和石言中学组成津是中学教育集团，共享师资和教育资源，以此帮助两个民办学校招生，效果十分显著。莱州外国语学校从原来几近倒闭变为招生逐年增加，石言中学招生数量也从原来的1700—1800人增长到近10000人（幼儿园到高中）。（津是中学校长XZS，津是中学教务主任YZR，2018年11月10日上午、下午）

在民办学校挂靠到津是中学学区这一过程中，津是中学给与了民办学校巨大的支持。首先是教学进度统一，教学所用教材和教辅资料、考试资料等向民办学校开放。其次是公办学校将以自身名义招收的学生拿出两个班的规模放到所支持的民办学校（学生是奔着津是中学的名声去的），学生学籍建在民办学校，但是对外宣传是"津是班"，这些学生是民办学校当年招收的成绩最好的学生。

第二种方式的典型例子是莱登县津是中学托管津是清华园学校。津是清华园学校是由来自江苏的教育集团参与投资建设的学校，学校办学阶段是初中和职业高中。学校建成初期没有口碑，县政府将该学校托管给津是中学，时间是2011—2015年。津是中学托管期间，津是清华园学校初中规模从办学初期的50人增加到了现今的4000—5000人。（津是中学校长XZS，2018年11月10日上午）

第三种方式的典型例子即是思源学校派遣优秀管理者管理博学希望学校。博学希望学校是莱登县政府于2007年招商引资兴办的民办小学。办学初期该校凭借着良好的基础设施和不错的办学质量吸引了不少生源。随着其他招商引资民办学校的兴办和本地民办学校不断更新基础设施，该校的硬件条件不再具有优势。学校的管理和教学质量也出现一定程度的下滑。为了帮助该学校发展，县政府和教育局安排公办思源学校选派优秀的学校管理者到博学希望学校担任执行校长，负责学校管理和教育质量提升。此外，思源学校还以自身的名义招收小学生，将学生学籍建在博学希望学校，学生也放在博学希望学校学习，这些学生与以博学希望学校名义招收的学生的差别在于不用缴学费，费用和在公办学校一样。在思源学校的管理支持下，博学希望学校遏制住了教学质量下滑的势头，学生规模也逐渐扩大，从300多人的规模扩展到现在的1300多人。（思源学校校长JXZ，2018年11月22日；博学希望学校执行校长、学校董事会成员LXZ，2019年8月20日）

正是由于政府和民办学校在现实中关系的复杂性，对于政府与民办学校之间权力关系的分析就需要深入到社会实践中去。从政府与市场主体关系面向看，政府对民办学校行使的市场监管权力，政府行使时需要依据相关法律法规，这是政府与市场主体之间的常规性和法制化互动行为。从政府与民办学校投资者的政治关系看，由于民办学校投资者在经营、营商环境、政府监管等方面存在一些一致性诉求，能够登上地方政治舞台的民办学校投资者会在参政议政的过程中表达所在群体的利益诉求，并通过其具有的政治权力与地方政府进行互动。政府在推动实施其地方社会发展规划时，招商引资的民办学校投资者是以合作者的身份与政府签署合作意向与投资协议。

在政府与民办学校之间存在的多重性质的关系的前提下，政府对于民办学校监管的权力边界并不是固定的，而是不断调整的。政府与民办学校在不同的关系面向下进行的沟通、交流与权力互动，最终以政府对民办学校监管边界的不断调整为表现。政府与民办学校的关系，总体上以一种相对宽松的调整性的关系状态。

第三节　监管不足与经营自主权的扩大化

虽然国家赋予民办学校自主办学权利，地方政府也在与民办学校投资者的互动中调整其权力边界，但是这并不意味着就已经框定了民办学校的实际办学空间。在政府对民办学校就教育事务进行管理时，民办学校还会因为政府监管不足，扩大化其办学自主权。

一　民办学校的产权私有化与政校关系的非科层性

第二节是从民办学校举办者在地方社会经济中的角色和影响来理解

第三章　民办学校运行的权力空间：权利赋予与监管不足

民办学校与政府的关系。这一节从产权的视角来理解民办学校与政府的关系。

产权理论是新制度经济学中非常重要的一个理论。产权的直接内容是人对财产的一种行为权利，而这种行为权利又体现了人们之间在财产的基础上形成的相互认可的关系，这是产权的本质特征。[①]

要准确理解产权的含义，需要对作为产权客体的财产的性质加以说明。所谓财产，是与主体相分离或相对分离、能够被人们拥有、对人们有用的、稀缺的对象，是人们建立产权关系的客观基础。并非物理学上的一切物质或自然界和社会的一切客观存在都是财产，作为财产必须同时具有四个条件：一是必须独立或相对独立于主体（人或人的群体）的意志而存在的对象，即财产必须与财产主体分离开来；二是必须是能够被人们所拥有并被人们所控制和利用的对象；三是必须对人有使用价值；四是必须有稀缺性。[②]

产权是一种客观的经济关系，其直接内容是人们对财产的权利，由于构成财产权利的内容十分丰富，因此产权权利由一束权利构成。对于构成财产权利的具体权利究竟有哪些，目前有两类相异观点：广义产权权利构成和狭义产权权利构成。持广义产权权利构成观点的学者，将产权与人权等同起来，认为人权和产权是统一的，代表人物是巴泽尔、阿尔钦。巴泽尔认为："划分产权和人权之间的区别，有时显得似是而非。人权只不过是人的产权的一部分。"[③] 持狭义产权权利构成的学者，将产权界定为财产所有权，并进一步将财产所有权归结为包含人对物的多方面权能的权利束。代表人物如阿贝尔。阿贝尔认为产权包括了："所有权，即排除他人对所有物的控制权；使用权，即区别于管理和收益权的对所有物的享用或收益权；管理权，即决定怎样和由谁来使用所有权的权利；分享剩余收益或承担负债的权利，即来自对所有物的使用和管理所产生的收益和成本分享和分摊的权利；对资本的权利，即对所有物的

[①] 袁庆明：《新制度经济学教程（第二版）》，中国发展出版社 2019 年版，第 121 页。
[②] 袁庆明：《新制度经济学教程（第二版）》，中国发展出版社 2019 年版，第 122 页。
[③] [以] 约拉姆·巴泽尔著：《产权的经济分析（第二版）》，费方域、钱敏、段毅才译，格致出版社、上海三联书店、上海人民出版社 2017 年版，第 16 页。

转让使用、改造和毁坏的权利；安全的权利，即免于被剥夺的权利；转让权，即所有物遗赠他人或下一代的权利；重新获得的权利，即重新获得业已失去的资产的可能和既定保障；其他权利，包括不对其他权利和义务的履行加以约束的权利、禁止有害于使用权的权利。"[1]

由于产权本质是以物的存在及关于它们的使用所引致的人们之间的关系，所以产权要以一定的物和财产为对象。因此在新制度经济学领域内，狭义的产权权利构成的观点是较为被认可的观点。国内教育学界的研究者在将产权理论引入教育领域分析中时，也是使用狭义的产权权利构成的观点，这也是本文在使用产权理论时使用的产权含义。

产权权利束的构成要素有很多，但却包括一些最基本的要素。不同学者对于产权权利构成的基本要素，存在不同的观点。如张五常认为产权权利要素包括四个，分别是所有权、使用权、收入享受权和自由转让权。[2] 黄少安认为产权权利四要素包括所有权、占有权、使用权、支配权。[3] 刘诗白则认为产权权利四要素是所有权、占有权、收益权和处置权。[4] 虽然学者们未形成一致的观点，但是在这些论述中，却包含了一些共同的要素，如所有权、占有权。袁庆明认为一个完整的产权结构，体现了主体对客体拥有一种法定的、最高的、排他专属的占有关系（所有权），支配使用关系（占有权），收益占有关系（收益权）和任意处置关系（处置权）。[5]

产权作为一种财产权利，有其归属的主体。根据产权归属主体的不同，即是归属于某一个特定的个人，还是归属于一个共同体的所有成员，可以将产权从根本上分为两种形式或类型，即私有产权和共有产权，这是两种极端形式。在这两种极端形式之间，还有一些介于完全的私有产权和完全的共有产权之间的中间形式。张五常认为："产权结构可以分为不同的形式，私人产权为一个极端，共有产权为另一个极端。

---

[1] 参见刘伟、李风圣《产权通论》，北京出版社1998年版，第11页。
[2] 张五常：《制度的选择》，载张五常《经济解释：卷三》，香港花千树出版有限公司2002年版，第172—178页。
[3] 黄少安：《产权经济学导论》，山东人民出版社1995年版，第69—70页。
[4] 刘诗白：《主体产权论》，经济科学出版社1998年版，第23页。
[5] 袁庆明：《新制度经济学教程（第二版）》，中国发展出版社2019年版，第127—128页。

第三章 民办学校运行的权力空间：权利赋予与监管不足

大多数产权安排都处于这两种之间，这两者很少以纯粹的形式出现。"[1]

从产权的角度看，政府对于民办学校的教育管理，既受到产权制度的影响，也受到产权关系的影响。需要明确的是，产权制度与产权关系并不一样。产权制度是产权关系的法律硬化形式，当客观的产权经济关系获得法律上的认可和保护时，就成为具有法定意义的权利关系，即产权获得了法权形式，但是产权并不都及时地、充分地获得法权形式。有些产权权利虽然没有获得法权形式，但是照样客观存在。[2] 笔者在讨论产权时，主要是从产权关系层面来讨论民办学校的产权，以及民办学校与政府的关系。

莱登县民办学校的举办者，在举办民办学校时，其所有形式是通过三种方式实现。第一种是个人独资举办，出资者是自然人，也是学校的法人，如莱登县青泉乡博闻学校。第二种是，学校有几个自然人股东共同出资举办，推举其中一人为学校法人代表，如莱登县豫才小学。第三种方式是数量不一的股东共同出资成立公司，由该公司出资举办民办学校，该公司以机构法人的形式作为民办学校的法人，该民办学校的所有权属于公司，如莱登县津是清华园学校。前两种形式主要见于本地成长起来的民办学校，第三种形式主要见于招商引资进来的民办学校。

因此，莱登县的民办学校，从产权主体的角度讲，可以认为是一类，产权主体属于某一特定个人或者某一特定的群体（数量不等的几个人），因此学校的产权形式属于私有产权。这与公办学校的产权主体属于国家和全体人民，产权形式是公有产权，形成了明显的对比。民办学校和政府之间并没有产权上的联系。因此民办学校的举办者基于所有权而对民办学校形式的权利，政府不能进行干预，也不能代为行使。

莱登县的民办学校产权形式是私有产权，学校的举办者拥有对学校的使用权、收益权和处分权，且拥有对于学校的剩余索取权和剩余控制权。从宏观的角度来看，民办学校举办者拥有规划和制定学校发展目标的自主权。从微观的角度来看，民办学校举办者拥有学校的人事权、财

---

[1] 张五常：《经济解释》，商务印书馆2000年版，第427页。
[2] 袁庆明：《新制度经济学教程（第二版）》，中国发展出版社2019年版，第123—124页。

政权和管理权等权利，且这种权利是独立自主，只要在法律范围内行使，其他主体不能干涉。

民办学校举办者基于产权而拥有的权利，是学校运行过程中十分重要的权利。一、独立自主的人事权，民办学校可以自主聘请教师和辞退教师，自主决定教师激励制度和工资标准。二、独立自主的财政权，民办学校可以自主决定学校资金的使用方式和资金用途。三、独立自主的管理权，民办学校可以自主确定学校的管理架构、学校的管理方式，以及学校的管理目标。民办学校的自主权决定了民办学校的组织目标是由学校的举办者，也即产权主体自主决定的。

因此，由于政府并不拥有民办学校的产权，与民办学校也不具有行政体制内的上下级关系，所以政府并不拥有对学校的人事权、财政权和学校管理权。政府与学校的关系，是法律民事关系，政府对于学校的监管，主要是基于该关系的底线监管。在民办学校不违反法律法规的前提下，政府并不会对民办学校的内部运行进行干预。

二 民事法律关系下的间接监管与监管不足

县政府和教育局对于民办学校的教育管理，主要受到两方面因素的影响：一是法律法规赋予的管理权利和管理内容；二是基于政府与民办学校举办者的关系而采取的管理方式和管理强度。

地方政府对于义务教育阶段民办学校的管理主要依据两大方面的法律法规，一方面是对义务教育阶段民办学校作为一个普通社会组织可以适用的法律法规、规章条例，等等，另一方面是对义务教育阶段民办学校作为专业的教育机构和教育场所应该适用的法律法规。在第一个方面，地方政府依据国家的法律法规和地方政府颁布的规章条例等，对民办学校的消防安全、食品安全、厨房安全、建筑物安全、环境安全等方面行使其管理权力和监督权力。

在对义务教育阶段民办学校作为专业教育机构和教育场所进行管理方面，虽然国家出台了《中华人民共和国民办教育促进法》和《中华人民共和国民办教育促进法实施条例》等法律法规，但是关于义务教育阶段民办学校的法律规定仍然不够完善。目前国家法律对于义务教育阶段

第三章 民办学校运行的权力空间：权利赋予与监管不足

民办学校的财务、校车、师德师风等方面的规定不足，地方政府缺乏明确的法律依据对民办学校进行上述方面的监管。在当前依法治国的背景下，政府在没有明确法律依据的情况下不会对民办学校行使其在这些方面的监督权力。义务教育阶段民办学校是否遵守《中华人民共和国民办教育促进法》规定的"非营利性"，只能依赖于民办学校举办者的个人自觉。这种依靠举办者内心自觉的事情有极大的不稳定性，以校车安全为例，有些民办学校为了节省成本，存在校车不按时审验，不按规定及时办理校车标牌，使用过期标牌校车接送学生等情况。地方教育局只有在组织校车专项检查行动或者是接到群众举报时才能够发现这些问题，并进行处理。而教育局所依据的只是由教育局针对校车安全管理发布的文件，只能是采取督促整改，而缺乏更为严格的监督措施。①

其次，民办学校对于地方教育行政部门管理的配合程度，受到具体因素的影响而具有很大的不确定性。对于招商引资兴办的民办学校投资者来说，由于其是通过莱登县政府的招商引资工作而到莱登投资办学的，这类学校更愿意与县政府进行沟通，并不情愿接受教育局的监管，对于教育局的监督检查实行选择性配合的做法，教育局也就无法做到真正深入学校了解学校的办学细节，教育局对此也无可奈何。相比之下，本地成长起来的民办学校对教育局和乡镇中心学校②监督检查的配合程度会高一些。

再次，教育行政部门在与民办学校的互动中会存在"主动避开"的时候。这种情况主要是教育行政部门向学校安排行政任务时，教育局或者是乡镇中小校将行政任务安排给公办学校，因为公办学校会完成得比较好，且不讲条件。如果把任务安排给民办学校，教育局和乡镇中心学校需要对民办学校做说服工作；也有民办学校会直接拒绝。一位乡镇中心学校校长说："（对民办学校）管理（上）一视同仁，但行政任务基本上都安排给公办学校。"而一位民办学校校长的话也能印证这一现象："教育局、中心（学）校管理的对的，我听。不对的，我不听。公办学

---

① 莱登县教育局访谈资料。2018年11月5日教育局访谈信息。
② 本地成长起来的民办学校都位于乡村，受双重管理，一重是学校所属乡镇的乡镇中心校，另一重是县教育局。

校不听话，（教育局、中心学校）可以拿校长的帽，为了保护既得利益，（公办学校）就会听。（教育局、中心学校）欺负民办学校的事，（民办学校）不会容忍，一般情况下，也不会闹。（中心学校校长）对他的下属会指手画脚，对我这儿缺乏这种权力。他缺约束力，不敢来我这里指手画脚，怕驳了他的面。他们很少事。他来这里"骚扰"不多。我们可以有选择的参与，骚扰的可以拒绝，或者'软抗'。"

民办学校校长所指的"骚扰"和"指手画脚"，主要指三类工作。一是为了配合上级检查而进行的迎检活动；二是教育局、乡镇中心去学校检查，并要求按照教育局、中心校的要求来办学；三是教育局、乡镇中心校将其他行政任务安排给学校。其中"迎检活动"和行政任务非常耗费学校教师的精力，甚至会影响学校的正常教学节奏。有许多迎检活动具有很强的形式主义，如某一个公办学校为了迎接来自省级教育厅可能的抽查，为确保检查时不出差错，市教育局、县教育局、乡镇中心校、乡镇政府连续多次到该校检查，提前进行演练，每次迎检演练，学校就要投入精力、物力和人力，学校的教学节奏也被打乱，校长苦不堪言。行政任务的源头不只来自教育行政部门，还包括了团委、关工委、法院、检察院、政法委、食药监局、文明办等各种条线和部门的工作，安排的任务既包括了各类"××进校园"活动，也有一些是这些部门本身的工作，但这些部门完成起来较为费力，于是将任务通过各种方式转移到教育局，再由教育局、乡镇中心学校安排给学校。这些行政任务中绝大部分与学校教育无直接关系，但是学校却要腾出精力来完成，这也是公办学校十分苦恼又无奈的地方。教育局、中心学校要求学校按照要求来办学，则指的是教育局、中心校要求学校落实素质教育政策，根据各级政府关于素质教育政策的规定来办学。

由于民办学校不是政府行政组织的一部分，教育行政部门缺乏在管理公办学校时常用的治理手段，如人事权、纪律监督、财务监督权等，教育行政主管部门的干部在对民办学校进行管理时也就缺乏了"底气"。如此一来，教育行政部门对于民办学校办学过程的管理和介入就远没有公办学校那么深。有些政府部门在对学校管理上存在滥用管理权力的现象，如多次演练迎检活动和布置大量与教学无关的行政任务，民办学校可以通过各种方式拒绝完成这类任务。对于落实素质教育相关政策一事，民办学校并不会完全听从教育行政部门的要求，而是根据学校自身的发展方向和教育目标，选择性执行。由此看来，民办学校在与教育行政部门的互动中，一直争取学校的自主办学空间，并事实上获得了较大的自主办学空间和权力。

三 投资者的营利驱动与办学自主空间的争取

通过前面的分析可知，民办学校的产权私有化使得其具有独立制定学校发展目标的权利，在法律法规并不完善的情况下政府对民办学校的教育监管具有底线管理的特点，总体来看，政府对于民办学校的办学过程的管理和介入较少，民办学校在实践中具有较大的办学自主权。

国家为了扶持民办教育，在《中华人民共和国民办教育促进法》和《中华人民共和国民办教育促进法实施条例》中对民办教育赋予了较公办教育更大的办学自主权。因此可以说，不论是办学实践，还是国家法律规定，民办学校确实具有远较公办学校更大的办学自主空间。

需要明确的是，国家赋予民办学校的办学自主权并不是无限的，国家赋予其办学自主权的目的是希望民办学校能够较少受到外部干扰和歧视，在尊重教育规律的情况下办学。民办学校投资者在营利驱动下，会倾向于将经营自主权扩大化，扩大办学的自主性。

第四节 本章小结

办学自主权并不等于经营自主权，办学自主权是政府对于民办学校赋予的权利和给予的政策空间。经营自主权是民办学校投资者基于其作为私有产权的所有者而享有的经营权。由于义务教育是公益性事业，国家希望将义务教育阶段民办学校纳入政府管理之下，对民办义务教育的运行进行规范和监督，所以才会有相关法律法规的颁布，其实是希望对民办学校的经营自主权进行一定的限制，使之追求教育公益性。因此，从范围上来说，办学自主权的范围要低于经营自主权的范围。

对于民办学校投资者来说，大多数都将举办民办学校作为投资，管理学校时也带着很强的营利诉求。因此民办学校会将提高学生的成绩作为学校重要的办学目标，并围绕这一目标制定来管理学校。为了实现其目标，民办学校会突破国家赋予的办学自主权范围，将办学自主权进行扩大化。

第四章

民办学校运行的资源基础：师资、生源结构与教育时间结构控制

在教育资源的分析中，既有研究多关注物质性的教育资源，且更多集中于教育资源的数量上，缺乏对非物质性教育资源的关注。然而，学校中的师资资源、生源情况和教育时间等资源对于学校的运行过程和教育质量也发挥着重要的作用。在学校之间和地区之间物质性资源差距不大的情况下，非物质性资源对于教育质量的影响会显得更加突出。当前莱登县民办学校和公办学校之间的物质性教育资源虽然不能做到完全均衡，但是总体上的差距并不大，并未形成明显的年代差距。因此对于民办学校运行过程中的资源考察，就不能局限于对物质性资源的分析，而需要对民办学校运行过程中的非物质性教育资源——师资、生源、教育时间——进行深入分析。

对于学校教育资源的分析，需要超越对教育资源进行数量分析的取向，而需要考察教育资源的结构及其利用方式。对于学校发展来说，在具备基本教育资源的情况下，教育资源的结构和特征，也会成为影响教育质量的重要因素。对于学校非物质性教育资源来说，对教育质量有重要影响的资源结构主要是以下三个：教师资源的年龄结构和优劣机构、学生资源的优劣结构、教育时间的家校分配结构。

学校的非物质性教育资源并非一成不变，而是可以人为控制的。民办学校投资者通过扩大化使用其办学自主权，对学校的师资结构、生源结构和教育时间结构进行控制，形成有利于教育质量提高的优质结构。

义务教育阶段民办学校的运行机制

第一节 学生选拔与生源结构的"底限"控制

根据《中华人民共和国民办教育促进法》的规定，民办学校具有招生自主权，可以自主确定招生的范围、方式，可以跨区域招生。在实践中，国家和地方政府也给与了义务教育阶段民办学校自主招生的空间，允许民办学校自主制定招生标准和招生方式。与此相比，公办学校则几乎没有招生自主权，公办学校执行《中华人民共和国义务教育法》规定的招生要求，执行免试就近入学政策，对政府划定的片区内的学生无条件接收。国家赋予民办学校招生自主权，是为了让义务教育阶段民办学校在进入原先由公办义务教育学校垄断的教育市场时能够多招一些生源，得以生存下去，同时也是为了给家长以择校的机会。

然而，民办学校在发展运作过程中，将国家赋予的招生自主权进行扩大化，在招生过程中采取选择性招生的策略，重点招收成绩优秀的学生和家庭经济社会背景优良的学生，排斥后进生和家庭经济社会背景较差的学生。民办学校的生源结构由此呈现出整体优质化特点。

一 策略化宣传与生源供给最大化

为了尽可能增加招生，民办学校在招生宣传时采取了许多宣传策略，以扩大学校信息的传播广度和深度。

民办学校采取的招生策略主要包括以下几种：一是入校宣传招生信息；二是与公办教师"合谋"，在学生咨询学校信息时进行有意引导；三是制作宣传车或者是张贴宣传海报，在乡镇和村庄人口密集、人流量大的地方进行宣传；四是选择性地对外宣传信息，或者是夸大宣传。

入校宣传招生信息是民办学校应用最普遍的招生方式。实行这种招生方式的学校主要是办了初中教育的民办学校，在小学生六年级毕业前一段时间到公办小学做宣传。由于经过了公办小学的同意，在学生和家长的认知里，会认为民办学校获得了政府和公办学校的背书，对其宣传内容的认可度与接受度都很高。也正因此，刚刚创建的民办学校或者是急需扩大影响力的民办学校，经常采用这类宣传方式。

第四章 民办学校运行的资源基础：师资、生源结构与教育时间结构控制

与公办教师"合谋"，让公办教师充当民办学校的宣传员是不少经济实力较为雄厚的民办学校采取的招生策略。对于学生来说，教师是教育信息的权威来源之一，也是值得信任的信息提供者，因此有较大的概率去选择就读教师推荐的学校。民办学校正是利用了这一点，通过向教师输送一定利益，由教师来进行宣传，达到事半功倍的效果。据米驼乡米驼中学校长 ZXZ 介绍，目前教师推荐学生去民办学校就读，教师从民办学校那里获得的报酬，一般情况下，最高可以达到 500 元/生，少则有 200 元/生。报酬的差异，与民办学校自身的财力有很大关系，招商引资兴办的民办学校，财力较为雄厚，给教师的报酬也高；而本地成长起来的民办学校，在财力上相对弱一些，给与教师的报酬会少一些。

通过公办教师进行招生的方式，属于不规范的招生行为。但是因为外部人很难获得公办教师和民办学校的私下交易证据，政府也就无法禁止这种行为。于是这种招生方式就以"大家都知道，却又都默认"的方式存在。

在公共场所进行宣传是基本上所有民办学校都会采用的宣传方式，其好处是成本低，且宣传范围广。这种宣传方式常见于刚刚创办的民办学校，或者是增加教育服务的民办学校。对于刚刚创办的民办学校来说，面临着招生压力，但是学校信息却又不被社会和家长所知。在乡镇集市、乡镇主干路和村庄人流量大的地方，利用发传单、张贴宣传海报、宣传车上高音喇叭循环播放等方式，可以起到快速传播的效果。明日中学 2006 年刚建校时，就曾连续几年采用这一宣传方式。2019 年 8 月笔者调研期间，明德中学也正采用这一宣传方式在农村宣传，村民们说，"一出门就能听到他们宣传的喇叭声"。明德中学是一所县政府招商引资兴办的民办学校，虽然学校还未全部建设完成，正在紧张施工中，但学校计划 9 月份正式开学，招生工作在暑假期间如火如荼地推开。对于增加教育服务的民办学校来说，通过在公共场合进行宣传的方式，可以使自身的优势快速被社会所知，达到极好的宣传效果。青泉乡博闻学校是 1997 年由当地村民 GW 创办的民办小学，2008 年有几位家长向 GW 提出了让子女寄宿的诉求，联想到当地外出打工潮，GW 认为这会是一个十分普遍的需求，于是在这一年决定将学校改为寄宿制学校。计划制

订下来之后，GW 印刷了许多宣传单，在青泉乡及周边乡镇张贴，很快将学校的特色和知名度打出去，生源从限于本乡镇一下子扩大到周边四五个乡镇。

选择性地宣传信息，主要是指民办学校只宣传对自己有利的信息，而略去对自己不利的信息。制造虚假信息则是指民办学校在向家长宣传时，会利用家长对教育过程的不了解，对学校进行夸大宣传。从塑造正面形象的目的出发，选择性地宣传正面信息，不仅存在于民办学校，也存在于公办学校。但是利用信息不对称，对学校进行夸大宣传，确是民办学校相对独特存在的现象。其主要方式是，在即将开展新学年招生的那一学期，民办学校会在组织月考时，故意将试题出得简单，打分放宽松一些，使得学生整体的成绩比较高。在向家长进行宣传时，民办学校会用这类成绩向家长进行宣传，并让家长与公办学校的学生成绩进行对比，家长会在对比中发现民办学校的学生成绩远远优于公办学校的学生成绩，对民办学校的教学成绩十分认可，进而做出送子女到民办学校就读的决定。

通过上述分析可以发现，民办学校的招生过程，既存在合法招生策略，又存在不规范的招生行为，所有这些都被服务于扩大学校影响力，增加生源供给这一目的上。事实上，民办学校的上述招生策略也确实能够达到其目的，因此这些招生策略也就时常出现在招生过程中。

相比之下，公办学校的招生策略就少很多，且其招生行为被政府严格监视。根据《中华人民共和国义务教育法》规定，义务教育阶段学生实行就近免试入学政策，公办学校是这一政策的执行者。目前，就近免试入学政策在落地执行中体现为划片入学，划片入学又分为"单校划片"和"多校划片"。但是不论是"单校划片"，还是"多校划片"，都对公办学校的招生区域设置了一定的边界，招生方式也进行了严格限定。因为在就近免试入学政策中，"单校划片"政策一般是直接根据户籍所在地和家庭居住位置限定了学生的入学学校，不再需要专门的招生方式。在"多校划片"政策中，可能会涉及志愿填报、电脑派位或者是摇号等方式，这些招生方式并不是由学校自主决定，而是由制定具体招生政策的县（区）级教育行政管理部门来决定，学校并不具有决定权。

第四章　民办学校运行的资源基础：师资、生源结构与教育时间结构控制

在此背景下，公办学校缺乏主动宣传以扩大招生范围的动力。目前"多校划片"政策主要在大中城市推广使用，一般的县乡地区仍然以"单校划片"政策为主，莱登县的公办学校全部实行"单校划片"政策，在招生方式严格限定的背景下，公办学校缺乏扩大宣传的动力。

在公办学校和民办学校的招生策略对比中，可以发现民办学校的灵活性与优势。民办学校在招生政策上更多的是遵循《中华人民共和国民办教育促进法》所规定的招生方式，具有招生自主权，可以跨区域、自主招生。民办学校的招生范围并不像公办学校那样受到"划片"的限制，而是扩大到全县范围内，只要扩大在县域范围内的影响力，民办学校就可以扩大其招生范围。正是因为这种招生范围和招生方式的差异，民办学校具有极大的动力去进行宣传，扩大学校的影响力。

二　奖学金激励与优秀学生的吸纳

扩大学校在社会上的知名度是民办学校招生策略的第一步，第二步则是在可以允许的招生范围内筛选生源。成绩优秀的学生，或者是学习基础较好的学生，对于学校成绩的提高具有较大的作用。因此民办学校在招生中，会将选拔优秀学生作为重要的招生策略。

设置各种等级的奖学金是民办学校吸引优秀学生的重要方式。在这一过程中，民办学校将学生成绩等级化，对成绩处于不同等级的学生给与不同的经济奖励，通过这种方式吸引优秀学生，留住优秀学生。莱登县郜营阳光学校是一所建立在村庄中的九年一贯制民办学校，村庄位于本省和邻省的交界处，地理位置十分偏僻，但是该校有90%左右的小学毕业生都升入本校初中，余下10%的学生进入县城的明日中学、津是中学和石言中学就读，这些10%的学生中也有部分学生因为各种原因再转回来，或者是跟不上县城学校的节奏，或者是县城学校收费太高（县城民办学校收费较农村民办学校要高）。该学校留下的90%左右的学生中，学生成绩好、中、差都有，分布较为均衡。郜营阳光学校之所以能够留住学生，特别是优秀学生，与学校严格管理和使用奖学金激励有关。学校对于成绩优秀的初中学生，前10名免收学费，每次考试还会有奖学金激励。对于成绩处于前100名的初中学生，对家庭有一定困难的学

生，每月提供100—200元不等的助学金资助，这些措施得到了优秀学生和家长的青睐。此外，学校在管理上较为严格，严禁学生在校使用手机等电子设备，并要求初中学生全部寄宿，上下学由学校提供校车接送，保障学生安全，这些严格管理的措施获得了家长的认可。通过上述努力，在地理位置上并不具有优势的乡村民办学校实现了吸引优秀学生的目的。

与乡村民办学校相比，县城招商引资民办学校在财力上更加雄厚，其奖学金激励也更加丰厚，奖助学金发放形式更为多样。莱登县明日中学对于六年级期末质量检测成绩（由于莱登县已经取消小升初考试，六年级期末质量检测成绩被当作小升初成绩使用）在全县处于前10名的学生，给予3年全免学费和住宿费的待遇，并给予5万元的一次性奖励。对于成绩在全县处于前50名的学生，则给予3年全免学费和住宿费的待遇，并给予3万元的一次性奖励。对于成绩处在全县前100名的学生，给与3年全免学费的待遇。对于成绩处于全县前100—200名的学生，给与免一年学费和住宿费的待遇。最近两三年，随着学校生源竞争白热化，明日中学对报名其学校的优秀学生，组织暑假夏令营活动，带学生去北京游玩。除了根据入学成绩来评定奖学金之外，民办学校在平时也经常组织月考，每次月考、期中考试和期末考试后，学校都会组织成绩表彰仪式，并对优秀学生进行荣誉激励和物质激励。如明日中学会在每次月考后组织表彰大会，对成绩优异的学生颁发奖状和奖品以表示鼓励；在每个学期的期中考试和期末考试后，对于成绩优异的学生，除了颁发奖状外，还会发放数额巨大的奖学金，从几百元到上万元不等。

通过上述分析可以发现，乡村民办学校和招商引资民办学校在吸引优秀学生上存在不同的侧重点。乡村民办学校主要是通过学校设置的奖助学金体系留住本校的优秀学生；招商引资民办学校则以吸引全县成绩最优秀的学生为目的，因此其奖学金设计分两部分，在招生时用高额奖学金将优秀学生吸引进来，在学生入学后，用高额奖学金将优秀学生留住，避免学生转学。

奖学金激励制度对于民办学校扩大优质生源来源起了十分重要的作用。从另一个角度来看，这种做法改变了优质生源的流动规律。在此之

第四章 民办学校运行的资源基础：师资、生源结构与教育时间结构控制

前，学校必须通过良好的教育质量才能够吸引优秀的学生，并以此维持或者是提高教育质量，形成优秀生源和优秀学校的循环。在民办学校普遍使用奖学金体系吸引优秀学生之后，优秀学生前往能够给予其奖学金的学校，越优秀的生源，前往的越是财力雄厚的民办学校，形成了优秀生源与财力雄厚学校共同促进的循环。

优质生源流动规律的变化，对于农村公办学校的打击是巨大的。公办学校教育经费的使用受到县教育局和财政局等相关部门的严格监管，并且有严格的使用用途规定。在公办学校教育经费中并没有用来支付学生奖学金的费用，公办学校也就没有能力为优秀学生提供高额奖学金，优秀学生的流失十分明显。莱登县青泉中学是一所位于青泉乡的乡镇初中，为了能够吸引本乡镇小学毕业生选择该学校，该校教师已经连续几年利用暑假在辖区村庄进行招生宣传，但是效果却有点差强人意，该校副校长 LJF 说，"小学毕业会考（后），私立学校有成绩单，（他们）会做工作，直接去（学生）家里，给家长优惠，（提出）给家长多少钱，前几名的学生，给家长 2 万—3 万元。（家长：）孩子去（私立）上学，我咋不干呢。这种做法，确实能找到一部分好学生。公立学校现在优势不再，公立学校可以免费，但是缺乏私立的力度。我们去招生，家长会问，'你们能给俺家孩子多少钱？'，一下就把我们给难住了。我们没钱给奖学金，吸引不来好学生。"（青泉中学副校长 LJF，2018 年 11 月 3 日晚上）

奖学金激励制度，使得民办学校不仅吸引了不少优秀学生，还将成绩处于中等甚至靠后的学生也一并吸纳。当前，农村家庭经济收入普遍提高的背景下，大部分家庭都能支付起一定额度的教育费用，家长选择学校的标准，已经从之前（20 世纪 80—90 年代到 2000 年初）的低收费这一最主要的标准，转变为看学校教育成绩这一最主要的标准。公办学校的"免费"和低成本已经不再成为部分家长择校时考虑的唯一因素，家长还会将学校的生源情况、教师情况等各种影响学校教育成绩的因素都纳入考虑。在很多家长（子女并没有资格获得奖学金）看来，那些能够花重金吸引优秀学生的学校，意味着对学生重视，能够吸引很多优秀学生，学校的学习氛围会比较好，自己的子女若在这样的学校就读，学

校有良好的氛围,成绩能够获得提高。① 家长在为子女择校时既有理性考虑,也有非理性的跟风因素。民办学校正是利用了家长在选择时的跟风心理,付出一定经济代价吸引优秀学生,让子女成绩处于中等和中下的家长,也跟随着优秀学生的选择,将子女送入这些民办学校就读。

通过上述分析可以发现,民办学校和公办学校在招生环节并不是公平竞争,民办学校具有更大的招生权利,并且可以使用更多的招生策略,民办学校显然处于更加有利的竞争环境之下。

三 "考试"招生与"差生"排斥

民办学校的招生策略并不是一味地扩大生源,而是在扩大生源的同时尽量将学校的生源结构优化。因此除了通过前面的措施来扩大学校招生范围,增加优秀生源,丰富生源类型外,民办学校还设置一些进入门槛,将不符合学校期待的学生拒之门外,或者是排斥出去。

对民办学校来说,要在增加生源和维持生源质量之间寻找平衡点。对学校来说,学生多意味着学校收费多,也意味着学校获得的来自政府的相应财政资助比较多,因此民办学校是十分希望能够不断扩大学校生源的。但与此同时,为了维持一定的学校教育质量,学校也希望生源质量能够有一定的底线,而不是将增加的招生规模主要用于招收后进生。在民办学校看来,后进生主要有两类,一类是成绩非常差且进步十分困难的学生,这一类学生主要是存在一定先天智力缺陷,或者是有精神缺陷的学生;另一类是较为顽皮不好管教的学生,这类学生要花费教师更多的精力,如若管理不好可能会成为班级里的"刺头",将整个班级的风气带坏。因此,民办学校在招生过程中会十分注意甄别。即使在招生过程中没有甄别出来,民办学校也会在开学后找机会将学生劝退,让其另觅其他学校。

民办学校招生主要有两种方式,一种是根据笔试成绩招生,另一种是根据面试结果招生。使用笔试成绩招生,比较常见于招收插班生和初一新生。使用面试成绩招生,则主要用于招收插班生,或者是规模不大

---

① 莱登县青泉乡曹庄村李姓家长访谈,其女初中就读招商引资的民办学校津是清华园学校。

第四章　民办学校运行的资源基础：师资、生源结构与教育时间结构控制

的民办学校招收新生。基本上所有的民办学校都会明确表示接收插班生，插班生的学生数量不多，也使得学校有足够的时间和精力对插班生进行测评。民办学校对于插班生的学习成绩一般都有一定的要求，并且学校越好对学生的成绩要求越高，希望插班就读的学生，只有通过学校的测评才能够进入民办学校就读。2019年8月笔者在莱登博学希望学校调研期间，恰巧碰到一个希望插班就读的学生正在认真做试卷。通过对插班生提出成绩要求，民办学校一方面可以提高招收学生的质量，另一方面也在向社会传递信号，即学校质量很好，对入学门槛有要求。此外，在初一新生招生时，民办学校为了筛选学生，在前几年普遍采取集中笔试的方式招生，后来随着国家政策的变化，莱登县政府禁止民办学校组织专门的大型招生考试，最近三四年民办学校普遍将六年级质量检测的成绩作为招生时的成绩依据，划定最低分数线，以此进行招生。民办学校采用面试方式招生的目的是了解和观察学生及其家长，由于耗费的人力、物力较大，一般在招生数量不大时使用，所以目前只有插班生招生和中小规模民办学校使用，规模较大的招商引资民办学校在统一招生时较少使用。民办学校通过面试，其目的是观察学生的行为习惯，了解学生是否调皮，是否存在先天智力缺陷或者是精神缺陷，家长是否通情达理。学生较为调皮不好管教，在班级中容易带坏风气，甚至会欺凌他人；学生若是存在先天智力缺陷或者是精神缺陷，更容易成为被欺凌的对象，甚至因为无法照顾好自己而出现安全风险。这两类学生的存在都可能对民办学校的日常管理带来较大的负担，为了减轻自身负担，民办学校会在招生时"不动声色"地提出一些理由将这两类学生拒之门外，也将管理风险拒之门外。对于家长较为我行我素，不通情达理的学生，民办学校也担心家长不配合学校工作，给学校管理带来困难，因此也会将这类学生拒之门外。

根据笔者在全国多个省份对农村民办教育的调研经验，最初国家通过法律赋予民办学校招生自主权，其目的给民办学校招生提供一定的政策空间，避免民办学校的招生权利被地方政府和教育主管部门限制。但是在当下，民办学校却扩大化使用了国家赋予的招生自主权，将其转化为"生源选择权"，这也成为民办学校与公办学校不公平竞争的表现之一。

义务教育阶段民办学校的运行机制

古娄镇群英学校是一所位于古娄镇邢庄村的本地民办学校，学校提供学前教育和小学教育。该学校办学已有十几年的历史，学校的教学成绩也不断提升，在教育局和中心学校主持的质量检测中，该校的成绩能够排到全乡镇的第二名。群英学校在当地家长中具有一定的知名度和口碑，越来越多的家长将子女送入该校读书。但是该校在招生时也有一定要求，会借报名之机对家长进行面试。对于十分蛮横、具有混混样子的家长，学校一般会以各种理由拒绝录取该家长的学生。该校校长 LXZ 说："我不能把家长在道上混的学生招到学校里来，这样我怎么管学生？我管不了这个学生的话，其他学生我也无法管了。"（古娄镇群英学校校长 LXZ，2018 年 8 月 18 日下午）

除了在招生时对学生进行筛选以外，民办学校还会在教学过程中继续对学生进行甄别和筛选，将不符合学校期待的学生"劝退"。民办学校在这一过程中"劝退"的学生类型与在招生时劝退的学生类型非常相似。对于有些不符合民办学校期待的学生或者家长，民办学校在招生时没有甄别出来，也会在以后的教学过程中将其"排斥"出去。民办学校对于劝退的学生，也会提出十分合理的理由，如学生多次违反校规校纪，给予多次严厉批评后仍然不悔改；或者是在学校组织或参与聚众打架，等等。由于学生自身违反学校规则在先，家长也无话可说，只得把子女领回家转学到公办学校就读。

民办学校在教学过程中劝退的学生不论在总量上还是在比例上都很低，但是对于学校秩序的稳定却具有十分重要的作用。一方面，学校将那些需要教师投入大量精力进行管教的学生劝退开除，可以让教师有更多精力来关注其他学生。另一方面，这些被劝退开除的学生，多是因为违反校规校纪，扰乱班级或者学校正常教育秩序，学校通过劝退开除的方式表达了对这类学生的惩罚，维护了学校校规校纪的严肃性和神圣性，并对其他同学产生了很大的威慑作用。

明日中学教师 CLS 介绍了一起学校开除学生的事件。703 班学生 WH 在全校班里贴 A4 纸，带头当老大，分片区收保护费，学校发现后认为这是有目的有组织的行为，遂将 WH 开除，扣班级量化分 30 分。不是挑头的，但是参与了这件事的同学，扣班级量化分 20 分。（明日中

第四章　民办学校运行的资源基础：师资、生源结构与教育时间结构控制

学初中部 7 年级班主任 CLS，2018 年 11 月 12 日下午)

民办学校通过招生和教学过程中的"差生"排斥行为，对学校的生源进行了控制，使其总体处于办学者和教师接受的水平线之上。对生源质量进行控制的结果是，学校可以将成绩上的后进生、行为顽皮的学生，自身存在智力或者精神缺陷的学生，家长不配合学校管理的学生全部拒之门外，避免了教师的精力过多投入这些学生身上，避免这些学生给学校管理和学校成绩拖后腿。

相比之下，公办学校就没有民办学校在生源选择上的自主权。这主要是由两方面的原因导致，一方面是国家对于青少年受教育权利的保护不断加强，限制了公办学校的权力。随着《中华人民共和国义务教育法》《中华人民共和国教育法》等相关法律法规的不断完善，国家对青少年受教育权利的保护也越来越重视，公办学校管理日渐规范，学校不会做出选择性接收辖区范围内学生的行为，而是必须对符合入学条件的学生无条件接收，以保障这些学生的受教育权利。另一方面是国家加强了对学校和教师教育行为的介入程度，限制了学校和教师对学生进行惩戒的权力。《中华人民共和国义务教育法》第二十七条明确规定："对违反学校管理制度的学生，学校应当批评教育，不得开除"；第二十九条规定："教师应当尊重中学生的人格，不得歧视学生，不得对学生实施体罚、变相体罚或者其他侮辱人格尊严的行为，不得侵犯学生合法权益。"[①] 由于把握不好教育惩戒和体罚之间的度，公办学校教师已经多年不采取惩戒手段，学生出现问题只采用批评教育的手段。但是这类教育手段对于少部分十分调皮、行为恶劣的学生并不具有很好的教育效果。2020 年 12 月 23 日教育部发布了《中小学教育惩戒规则（试行）》，明确赋予教师在一些具体情境下的教育惩戒权。但由于前些年时常出现的家长举报教师体罚现象，以及层出不穷的"校闹"，让不少教师寒了心，即使现在赋予教师惩戒权，教师们的心理状态也难以快速改变过来。《中小学教育惩戒规则（试行）》颁布后，笔者随访了一些之前访谈过的教师，教师们表示仍然不敢使用惩戒手段，觉得最保险的做法还是使

---

① 《中华人民共和国义务教育法（2006）》，http://www.moe.gov.cn/s78/A02/zfs__left/s5911/moe_619/201001/t20100129_15687.html，2006 年 6 月 29 日。

用批评教育这一方式。公办学校和教师为了不惹事，不敢行使惩戒权，同时为了遵守《中华人民共和国义务教育法》等法律规定，更不可能将学生劝退开除，管理手段依然较少，教师依然会被调皮学生花去大部分精力，被折腾得疲惫不堪又无可奈何。

由于缺乏生源筛选的权利，公办学校的生源走向劣质化趋势。一方面，被民办学校拒之门外的调皮学生、存在先天智力或者是精神缺陷的学生，家长不配合的学生都到公办学校就读，公办学校成为上述学生的"收容所"。另一方面，公办学校由于学生管理日渐规范化和法制化，学校缺乏较为严厉的管理手段，不敢使用惩戒手段，更不敢开除学生，学校的教育秩序维护起来十分困难。

通过与公办学校的招生过程和生源筛选过程进行对比，可以发现民办学校在招生过程中和教学过程中都具有较大的自主权，这种自主权可能是以不遵守国家相关法律法规为代价的。但这种生源选择的自主权，使得民办学校对生源质量进行了控制，为其学校管理打下了一定的资源基础。

四 学生结构的多层性与"底限"控制

研究民办学校教育优势的学者，在提及民办学校的生源时，多认为民办学校能够获得优质生源，是其能够具有良好办学质量的原因。[①] 然而，通过对民办学校的生源选择过程可以发现，争夺优质生源只是民办学校导致民办学校生源优势的一个原因，排斥不符合民办学校期待的生源，人为控制民办学校的生源质量是民办学校维持其生源优势的重要举措。在同一年级内，优质生源是有限的，也是稀缺的。民办学校的投资者是为了通过扩大生源，增加收费和政府资助，以此获得办学盈余。因此民办学校就不可能只招收优质生源。民办学校既要凸显其教育质量，又要有一定的生源来源，于是选择了采用高额奖学金吸引优质生源，综合运用笔试和面试，以及劝退开除等手段排斥"差生"的做法，优质生源为民办学校装点门面，甚至吸引非优质生源跟风就读，对"差生"进

---

① 黄河：《私立学校：竞争优势与教育公平——经合组织（OECD）的研究与启示》，《教育发展研究》2019 年第 6 期。

第四章 民办学校运行的资源基础：师资、生源结构与教育时间结构控制

行排斥的做法则是在保障生源丰富性的同时维持其基本质量。由此可以看出，民办学校办学过程中，生源选择的复杂性，以及生源竞争的多重考虑。

基于对民办学校生源结构控制过程和控制策略的分析，可以发现民办学校与公办学校并不是处于公平的竞争环境中。民办学校在招生和留住生源等环节都具有更大的自主权利，并可以采取更灵活的手段，最终促成了民办学校在招生与生源选择上的优势地位。

第二节 选聘教师与教师结构的相对优质化

除了生源，师资也是学校教育过程中非常重要的基础性资源，民办学校在这一方面也十分重视，充分利用其招聘自主权和政府的政策扶持，构建起相对优质的师资结构。

民办学校招聘教师主要有两种方式，一个是由民办学校相关负责人到人才市场上自主招聘，另一个是由民办学校提出招聘需求，由政府组织招聘。第一个是所有民办学校都会采用的方式，第二个则是只有县级政府招商引资兴办的民办学校才会采用的方式。

一 按需招聘与能力至上

按需招聘也即民办学校的相关负责人通过市场交易的方式招聘教师。采用市场渠道进行招聘的好处是，民办学校可以根据自身对于教师的需求，自主设定招聘时间、招聘条件和薪资待遇等。从民办学校的角度来说，一旦民办学校出现临时性的师资需求，也能够及时得到满足。

经过多年发展和政府对于民办学校基本办学条件的规范，民办学校的师资质量已逐步提升。初中及以下学历的人当民办学校教师的情况已经没有了，大专毕业生和本科毕业生开始充实到民办学校教师队伍中。与这一过程相伴随的是民办学校师资来源的变化。早年本地人创办民办学校时，主要是从本村村民中聘用教师，教师学历普遍不高，且质量参差不齐。随着国家对民办学校办学条件要求的提高和民办学校之间竞争的日趋激烈，提高教师学历和质量被提上日程。近些年，民办学校投资

· 123 ·

者主动提高招聘教师的条件，对小学教师开始要求中专和大专学历，初中教师则要求大专和本科学历。县城招商引资民办学校的财力雄厚，对于小学教师也要求大专和本科学历。民办学校的整体师资水平出现了较大提升。

目前莱登县民办教师投资者及学校相关负责人在市场上招聘教师时，主要有两种更加具体的操作方式，一是县域社会内的熟人推荐；二是到高校参加校园招聘。采用熟人推荐招聘的教师主要是非应届大学生，其中有一些将民办学校作为找工作的跳板，在还没有考上公务员或者是考上有编制的公办教师之前，将在民办学校工作作为积累工作经验和获得一份收入的机会。通过这一渠道应聘的教师，一般是本县人，有的会长期在一个民办学校工作，也有的则因为之前工作的民办学校裁员或者是破产倒闭而失去工作，不得不另谋一份工作。民办学校对于这类具有一定工作经验的教师比较喜欢，而且因为熟人推荐，相当于有熟人背书，教师的人品和基本能力有一定的保证。到高校参加校园招聘也是目前各民办学校广泛采用的方式。民办学校一般到师范类的大专院校和本科学校进行招聘。乡村民办学校和县城招商引资兴办的民办学校在财力上有一定差距，两者所开出的工资也有差距，因此两者招聘所去的高等院校也有一定差距。如乡村民办学校去汝南幼儿师范学校、驻马店幼儿师范高等专科学校这一层次的学校招聘教师。县城招商引资民办学校派学校主管人事副校长去南阳师范学院、信阳师范学院、洛阳师范学院、商丘师范学院、周口师范学院、安阳师范学院、河南师范大学等学校招聘。

由于乡村民办学校和县城民办学校在工资待遇上的差距，所以两类学校招聘的教师也存在一定的质量分层。乡村民办学校招聘的教师，不论是招聘的非应届毕业生，还是应届毕业生，在学历上都较县城招商引资兴办的民办学校要低一些。在非应届生招聘上，县城招商引资民办学校凭借其相对丰厚的工资待遇，将乡村民办学校中的优秀教师吸引过来，客观上形成了对乡村民办学校师资的"吸血"，这就导致乡村民办学校的教师流动性远远大于县城招商引资兴办的民办学校。

民办学校采取的按需招聘和公办学校的按需招聘有所不同。公办学

第四章 民办学校运行的资源基础：师资、生源结构与教育时间结构控制

校招聘教师时的限制条件较多，如年龄、学历、专业、教师资格证等。相比之下，民办学校除了对学历和年龄有一定程度（低于公办学校）的要求外，并不对教师资格证等条件进行限制。相反，民办学校对于教师的实际工作能力更为看重。可以说，民办学校在招聘教师时遵循能力至上的原则。此外，为了最大限度地发挥教师的效用，民办小学更倾向于招聘胜任多个学科的全科型教师，这也是为什么乡村民办小学会去幼儿师范这类学校招聘。一方面是这类学校教师的学历相对低一些，更容易去乡村民办学校工作，另一方面原因是幼儿师范学校培养的多是全科教师，能够胜任小学低年级的教学任务。

相比之下，公办学校的教师招聘程序就显得有些僵化，并在师资需求满足上存在两个方面的时间差。一是需求出现和满足的时间差；二是需求紧急程度与满足的时间差。需求出现和满足的时间差，主要有两种情况，第一种情况是公办学校从出现师资需求到满足这一过程，存在较长的时间。这种情况的出现与公办学校每年的教师招聘时间固定在暑假期间有关。即使是暑假开学后出现了某方面的师资需求，最快也要等到第二年暑假才能满足。第二种情况是公办学校刚刚将新的需求上报，但是暑假期间出现的新的师资需求因为错过了上报时间，而无法及时给予满足。这种情况最近频繁出现在乡村公办学校，导致乡村学校的师资需求一直无法得到满足，教师短缺十分严重。每学年乡村学校会将自身的师资需求上报给县教育局，县政府和教育局据此制定教师招聘计划。但是教师招聘计划一般在四五月份即已经列出，也就意味着需求上报的截止日期只会更加提前。最近几年，县政府一直在为招商引资民办学校选拔公办教师，公办学校不少年轻教师会报名参加，并成功进入民办学校工作。政府为招商引资民办学校选拔的公办教师招考都是在每年暑假公布计划，组织笔试和面试，并公布录取结果。经由上述两个原因导致的教师流失，使得乡村公办学校的师资需求根本无法在暑假期间及时满足，甚至出现原来本就师资紧缺的学科更加紧缺的困难现象。

米驼乡的公办米驼中学就因为上述原因，在 2018 年第二学期竟然没有了数学学科的教师，全校只有一个英语教师。该校校长 ZXZ 迫不得已安排地理老师临时学习，改教数学；英语老师的外出培训机会也被校

长扣下,让其他老师代替,否则,英语老师一走,该校也面临无英语老师的窘境。

通过将民办学校和公办学校在师资招聘上的对比可以发现,民办学校在教师招聘上的自主权和灵活性,使得民办学校能够及时满足自身的教育需求,而且还较少受到外界因素的干扰,确保了学校的正常运转和教学秩序的稳定。

二 政府选拔与骨干教师的补充

对于招商引资民办学校来说,其获得的政策扶持较乡村民办学校要多一些,最典型的政策扶持即是选派公办教师到招商引资民办学校工作。截至2019年9月,莱登县政府共为招商引资民办学校选派了857名"支教"教师。这些教师极大地充实了民办学校的教师队伍,并凭借其良好的业务能力和低流动性,成为这些学校教师队伍的中流砥柱。根据莱登县政府的招商引资计划,已经有其他几家教育投资公司与县政府签署了投资协议,在接下来的几年里会有几所民办学校陆续开工建设,这些民办学校也同样能够获得政府的公办教师支持。①

政府为招商引资兴办的民办学校选拔和派遣公办教师,可以看作符合政府和学校双方诉求的行动。对于政府来说,通过向这些民办学校派遣经验丰富且业务能力优秀的公办教师,可节省新建民办学校培养教师的时间,帮助学校将教学质量尽快提升起来,从而实现政府希望的"县城教育质量较农村好"的设想,吸引农民送子女进城读书,并在县城买房,向"以教育城镇化推动人口城镇化"的目标迈进。对于民办学校来说,可以低成本地雇用大量优秀教师,且保持教师队伍的稳定性。

县政府为民办学校选拔的公办教师都来自乡村公办学校。这一选拔行为为部分希望进城工作的公办教师提供了一个机会,所以每次的实际报名人数都远远超过计划招聘人数,竞争十分激烈,能够脱颖而出者都是综合素质非常优秀的骨干教师。乡村公办教师进城主要有以下三个方面的原因,一是进城后收入增加。在招商引资民办学校工作的教师收入

---

① 莱登县教育局访谈信息。

第四章 民办学校运行的资源基础：师资、生源结构与教育时间结构控制

包括两部分，政府发放的财政工资和民办学校发的绩效工资，财政工资的发放标准与在公办学校没有差别，民办学校的绩效工资则是与每个民办学校的绩效工资计算方法有关，这两部分收入加起来，远远多于在公办学校的收入。二是大多数教师都在县城安了家，在县城工作上下班更方便。最近十几年，特别是2008年以后，随着住房公积金制度落实，中西部地区乡村公职人员普遍在县城买房，莱登县的教师也不例外。不论年轻教师还是中老年教师，基本上都在县城安了家，县城便捷的生活条件对于教师们有很大吸引力。三是希望子女在县城学校读书，在县城工作后更方便子女就学。教师普遍重视教育，县城有更多的教育资源，可以为子女培训体艺特长，开阔眼界；还可以让子女在自己工作的民办学校就读，享受良好的教育环境。综合上述原因，进城对公办教师，特别是其中的中青年教师具有较大的吸引力。

政府选派的公办教师成为招商引资民办学校教师队伍的主力。这些公办教师依然保留事业单位编制，并享受事业单位教师的所有福利，由政府为其缴纳五险一金。这些没有失业之忧，也没有养老担忧的公办教师具有极低的流动性，降低了民办学校的教师流失率。作为从乡村公办教师中选拔出的业务骨干，这些教师进入民办学校后多承担最主要的教学工作，担任学校的管理者和中层干部，如校长、教务主任、德育主任、年级主任等职务，以及承担重点班的教学任务、担任备课组长等。这些教师凭借其在公办学校训练出的工作能力能够很快适应民办学校的工作，甚至能将一所刚刚创办的民办学校管理架构充实起来，让其走上正常运转的轨道。可以说，这些公办教师成为民办学校快速发展的重要力量。

明日中学2008年建校，当时成冠中学全体师生（学生800多人，老师60人左右）都搬进明日中学，2010年县政府从乡下公办学校选调教师将近50人补充进入明日中学，2017年、2018年连续两年县政府再次为明日中学选调补充接近60名教师。以初中部为例，200名教师中公立教师100余名。据了解，该校2015年才开始自聘教师，之前全部是公办教师。与此类似的还有石言中学，2014

年建校时县政府从乡村选调公办教师95名，2016年公立津是中学托管后由津是中学选派21名公办教师到石言中学"支教"，2018年县政府再次为石言中学选调23名公办教师，截至2018年底，该校共有公办教师203名。（综合教育局、学校负责人等多个访谈对象信息）

政府为招商引资民办学校选派教师的行为对公办学校教师队伍造成了抽血式打击，严重影响公办教师队伍的稳定，以及公办教师的身份认同感。县政府是从已经有一定工作经验的乡村公办教师中选拔，这就导致每到政府组织选拔考试时，乡村公办学校就要流失一批教师。一些乡村公办中小学校长抱怨："刚刚培养出来的教师，就被县城的民办学校挖走了。"[①] 虽然政府会在第二年为师资流失严重的公办学校补充一批教师，但是中间一年的时间，学校要忍受教师严重紧缺的局面。特岗教师待到服务期满（三年），政府招教师（没有三年服务期限制）工作一两年，也会通过政府组织的选拔考试进城工作。乡村公办学校成为县城民办学校优秀公办教师的培养基地和输出基地，培养出的优秀教师不断被县城民办学校"掐尖"。长此以往，乡村公办学校教师队伍不断平庸化、均质化，学校培养教师的积极性严重下降。

乡村公办学校在政府选拔过程中遭受的打击最为严重。公办米驼中学2012年有30多名教师参加选拔考试进入民办学校工作。2018年又调走2名教师，8名教师被选拔离开。现在全校教师编制68个，实际在岗30个。据了解，原本七年级152个人，在学生刚入学时分为三个班，但由于老师分工不均合成了两个班，后来因为实在找不到老师上课又合成了一个班。校长说："三个年级23门课，只有22个老师干活，还没有一个数学老师，历史老师和英语老师马上要外出培训，学校真的非常困难。"（米驼乡米驼中学校长ZXZ，2018年11月21日）

此外，政府不断选派公办教师的行为也引发了仍然留在乡村公办学校教师的不满，导致了教师身份认同上的混乱。政府为民办学校选派公

---

① 米驼乡米驼中心小学校长HXZ访谈，2018年11月21日下午。

第四章 民办学校运行的资源基础：师资、生源结构与教育时间结构控制

办教师的行为属于省和县的地方性政策，并没有明确的法律法规依据，民办学校作为民办非企业单位，在理论上和程序上不会有事业编制，政府也不可能将公办教师的人事和组织关系放到民办学校，县政府于是将一部分选派的公办教师的编制和人事及组织关系挂靠在县城两所县直中小学和城关镇的中小学里，一部分暂时无法调动的教师编制和人事及组织关系仍然留在原单位。在县政府的规划中，已经选派的教师不管编制是否调动，不管将编制挂靠在哪里，都视为与原单位、与挂靠单位只是存在纸面上的编制关系，并不存在实际占用其编制的情况。但是很多仍然在公办学校工作的教师并不这么认为，在他们看来，政府将已经去民办学校工作的公办教师编制放在公办学校，会占用原单位或者是被挂靠公办学校的编制，使得学校进人受到限制。此外，教师的职称评定、评优评先、教学业绩等也是以编制所在单位核算，但所获荣誉又可以使用在民办学校所得的荣誉。因此，在公办学校教师看来，在民办学校工作的公办教师"两头通吃"，"两边的好处都拿"，某公办学校校长说，当前公办学校教师对于这种现象十分不满，但是又无可奈何。[①]

实际上，公办学校教师的不满和担忧不一定完全正确，但是也不无道理。县政府是从全县教师的总编制中切出一部分用来扶持招商引资民办学校，从这个意义上说，所有的公办学校都要减少编制数，都受影响，而不是具体某个调动的教师与编制挂靠单位或者是原单位之间才存在影响关系。在职称评定、评优评先、教学业绩核算时，都是以选派教师实际工作的民办学校为核算单位。

然而，政府选派公办教师的做法，确确实实对招商引资民办学校和公办学校都产生了重要影响。对招商引资民办学校来说，提高了教师队伍的整体质量；并且由于较高的收入水平，公办教师对于自身工作的满意度较高，对教师工作有较强的职业认同感。对于公办学校来说，教师队伍的稳定性受到破坏，并且由于政府为了选派公办教师所实行的一系列复杂操作，公办学校教师对政府和在民办学校工作的公办教师都心生不满，影响了公办学校教师对于教师群体的认同感。

---

① 莱登县城关镇固铝中学校长 XXZ 访谈，2018 年 11 月 22 日下午。

县政府对于招商引资民办学校的师资支持,客观上也对本地民办学校造成了不公平。本地民办学校并没有机会获得政府的公办师资支持,县政府在县域范围内的民办教育事业发展上,对不同类型的民办学校采取了差别化的扶持政策,这不利于教育市场的公平发展,反而是在破坏教育市场的公平。

三 年龄限制与教师队伍的年轻化

民办学校的师资结构具有年轻化的特点。这种特点的形成既是民办学校主观控制的结果,又是民办学校高时长高压力工作下的客观结果。年轻的教师群体成为民办学校的宝贵资源,为民办学校的高效运转提供了人力资源基础。

民办学校对于教师的年龄限制典型体现在教师招聘过程中。民办学校在市场上自主招聘的教师时,倾向于招聘中青年教师,刚毕业几年的,以及应届的中专生和大专本科生最受民办学校的青睐。即使这些教师中有很多人将民办学校作为找其他工作的跳板,流动性较大,民办学校也选择他们,而不是选择有丰富教学经验的退休公办教师。在政府为民办学校选拔公办教师时,民办学校也提出年龄需在40岁以下的限制条件。

民办学校青睐中青年教师,是其经过多方权衡后作出的最有利于民办学校运作的理性选择。首先,中青年教师具有较好的身体素质和旺盛的精力,更能够适应民办学校的高时长高压力工作节奏。其次,中青年教师普遍处于家庭生命周期中的家庭形成阶段、家庭扩展阶段和家庭收缩阶段,[1] 在这一时间段内,这些教师要经历结婚、生育并抚育子女、为子女婚嫁提供支持等阶段,同时还要承担起赡养老人的责任。中青年时期也是一个人或者家庭需要大额经济开支的时期,从刚毕业时被欲望支配的消费,到为了结婚而积累资金,以及后来为了抚育子女、赡养老人而投入大量开支。中青年教师是人生任务最为繁重的群体,却也是相对来说对收入更为敏感,对工作机会更为看重的教师群体。民办学校给

---

[1] 杜鹏:《中国城乡家庭生命周期的初步分析》,《中国人口科学》1990年第4期。

第四章 民办学校运行的资源基础：师资、生源结构与教育时间结构控制

出的薪资待遇在县域范围内具有一定的吸引性，具有相对的高薪特点，并不缺乏应聘者，这就使得民办学校的工作机会具有了稀缺性和竞争性。因此这些中青年教师会愿意留在民办学校努力工作。再次，年轻教师学习能力强，愿意在教学过程中实验新思想，应用新技术，对职业发展有一定的追求。民办学校最近几年普遍推广了班班通等多媒体教学手段，并经常实验并推行新的教育思想，这样做的目的，一是提高学校教育质量；二是创造学校特色，吸引社会和家长注意，以扩大生源。民办学校在教学过程中的创新活动都需要教师来落实，年轻教师更愿意尝试和学习，能够相对更好更快地将工作推进下去。

  CLS（25岁）是明日中学初一12班的班主任，2018年7月毕业于河南师范大学。CLS毕业后即在明日中学工作，入职的第一学期就担任了班主任，初一有32个班，其中一半以上的班级都是刚毕业的年轻教师当班主任。班主任工作琐碎、压力大，工作时间长，CLS描述其一天的工作：早上5：00起床；5：45到校；5：50到6：20跟着班里的学生跑操；6：20班主任跟着进班；6：30到7：05学生早读，班主任在教室监督，称为"守班"；7：05到7：30学生去食堂就餐，班主任陪餐；7：30到8：10是上课前的时间，班主任依旧守班。开始上课后，班主任若没有课可以去办公室备课，但是不能一上午都在办公室，还有在班级"坐班"的任务，即在班级后排坐着，了解和监督学生的行为，学校政教处和级部都会检查。11：30放学后学生去食堂就餐，班主任陪餐；12：30到下午1：20，是午自习时间，学生在教室学习，班主任要在教室坐班，"守学生静"；1：20到2：00可以回办公室休息一下，下午如果没课可以在办公室坐班备课，并在5：05坐班结束。5：05到5：30学生去食堂就餐，班主任陪餐；5：30到6：15继续去班里坐班；6：15到8：30是夜自习时间，班主任若没有夜自习的课默认可以离开回家。除了上述日常工作外，班主任还有查寝任务，每一大周（两个星期工作日放在一起，即10天）查3次晚寝，负责查寝的教师须在8：40之前签到，9：00之前不能离开，中间要间隔至少半小时，

签到和离开都需要录入指纹。若有查寝任务，9：00才能离开学校，回家已经九点半多。（明日中学教师CLS，2018年11月12日下午）

除了工作时间长，班主任还要负责班级里学生生活费的收取和打卡工作。明日中学要求学生手里不能有超过20元的零花钱，所以家长都将生活费转给班主任，班主任再将钱取出来分别打到学生校园卡中。除此之外，班主任还要承担其他内容繁多但是也十分重要的工作，如学生行为管理、卫生管理、成绩管理、家校沟通等工作。

虽然工作辛苦，但是CLS也表达出对于收入的满意之意。作为刚入职几个月的教师，CLS到手工资可以有3900元/月，学校提供寝室，还给买了养老保险（但没有买其他四险一金）。这一收入虽然没有在东部地区的务工收入高，但是在消费水平、工资水平并不高的中部县城也算是中上等的收入水平了，养活自己没有问题。并且这一收入与该县公办学校有事业单位编制的同龄人相比，已经算是"高薪"，公办学校刚入职的年轻教师虽有五险一金待遇，但其可支配工资收入（扣除五险一金）在2000元/月左右。CLS这一收入水平已经接近于有二十多年教龄、中学中级（中一）职称教师的可支配工资收入了。

乡村民办学校教师工资（没有事业编制）与县城招商引资民办学校教师（没有事业编制）相比，略低一些，但是收入水平也比刚入职的公办学校教师工资要高。民办学校非事业单位编制教师的福利差距在于没有完善的社会保障（五险一金），好一些的学校给教师买养老保险（如明日中学），差一些的学校则任何社会保险都不会购买。由于编制十分难考，一些年轻教师努力多年仍然无法考上公务员或者是事业编，就放弃考试，选择做一名没有编制但是可以获得较高收入的民办学校教师。

然而，如果对民办学校和公办学校的教师工资项目进行更加具体的分析，可以发现民办学校教师收入并不比公办学校教师高太多，有的学校两者基本上持平。公办学校教师的一部分收入以社会保险、公积金的形式储蓄起来，延迟发放；民办学校大多数不给教师缴纳完整的社会保险，更不用说公积金，而是将钱直接以工资形式发放给教师，成为教师们的可支配收入。所以，民办学校教师的短期可支配收入要比公办学校

第四章 民办学校运行的资源基础：师资、生源结构与教育时间结构控制

教师高。下面以莱登县桦甸乡教师工资项目为例进行分析。

表4.1　　　　　　　　公办学校教师工资项目构成　　　　　　　　单位：元

人员类型工资项目	A1 中三（专科，招教，刚专正）	A2 中二（本科，特岗刚转正）	A3 中二（转正几年的教师）	A4 中二（教龄长，薪级高）	A5 中一	A6 中高（副高职称）	A7 中高五档（副高，薪级高）
职务工资	1935	2009	2414	2846	3954	5660	6664
绩效工资70%	634	634	764	764	1023	1147	1147
绩效工资30%	272	272	328	328	438	492	492
农村教育津贴			100	100	100	100	100
劳模津贴							
农村工作补贴			220	240	200		300
物业服务补贴			160	160	180	230	230
应发合计	2840.90	2914.60	3986.00	4438.00	5935.00	7629.00	8933.00
取暖费							
住房公积金	340.91	349.75	432.72	484.56	661.60	887.88	1008.36
医疗保险	56.82	58.29	72.12	80.76	110.30	147.98	168.06
养老保险单位20%部分			626.6	736.6	942.4	1302	1519.8
养老保险个人部分			250.64	294.64	376.96	520.8	607.92
职业年金个人部分			125.32	147.32	188.48	260.4	303.96
失业保险	8.52	8.74	10.82	12.11	16.55	22.20	25.21
批工资	2568.9	2642.6	3278	3710	5077	6907	7911
实得	2162.65	2225.81	2766.38	3090.61	4142.92	5297.74	6327.49

该表格是笔者根据调研期间获得的调研资料整理得出的。笔者没有将该学校所有教师的工资情况列出，而是选择了具有典型性的案例信息整理出来。目前公办学校招聘教师主要通过两种渠道，一是特岗教师计划；二是县政府组织的招教考试。通过特岗教师计划招聘的教师，服务期为三年，服务期满后自动转正，教师在服务期期间的工资由省政府制定统一标准，以固定年薪制的形式发放，工资由省级财政承担。莱登县2016—2019年的特岗教师年薪为3.16万元，这一年薪中包括了医疗保

· 133 ·

义务教育阶段民办学校的运行机制

险、事业保险、工伤保险、生育保险、住房公积金等五项内容。特岗教师服务期满后被纳入事业编制管理，工资由县财政承担。县政府组织的招教考试招聘的教师，工资由县财政承担，试用期1年，试用期满后自动转正，被纳入事业编制管理。在上述表格中，笔者选择了几类教师：特岗教师计划服务期满刚转正的教师（A2中二，学历本科，职称是中学二级），招教方式刚转正的教师（A1中三，学历专科，职称是中学三级），转正几年的教师（A3中二，有一定年限的教龄），工作多年的教师（A4中二，教龄长，中学二级里薪级高），工作年限长的中学一级教师（A5中一），副高职称但薪级较低的教师（A6中高），副高职称且薪级较高的教师（A7中高，评上副高的年限长，薪级高）。通过对不同职称、不同教龄的教师工资项目进行分解和对比，可以发现职称和教龄（教龄影响职称中的薪级）对于教师工资水平的重要影响，同时也可以看出教师的全部收入、不可支配收入（以社会保险、住房公积金和职业年金形式存在）和可支配收入（每月到手工资）的划分及其比重。

通过将上表中的公办教师收入情况与民办学校教师收入情况进行对比可以发现，刚入职的公办教师在收入上略低于刚入职的民办学校教师。转正后公办教师实际总收入呈现上升趋势，总收入逐渐追平民办学校教师，只不过公办教师的收入有一部分以不可支配收入的方式被强制储存起来，教师的可支配收入低于民办学校教师的可支配收入。

民办学校通过其财务自主权，制定了在县域劳动力市场上具有竞争力的薪酬，吸引了大量优秀教师到民办学校任教，并对教师的年龄结构进行自主限制，形成了较为年轻化的师资结构。

公办学校的教师队伍结构则具有一定程度的中老年化特点。许多中青年教师将乡村公办学校作为培养之地和跳板，积累一定工作经验后就通过政府组织的选拔考试进入县城招商引资民办学校工作。不愿意进入民办学校工作的教师和不能进入民办学校工作（能力不足没有被选拔上或者是超过年龄限制没有被选上）的教师成为乡村公办学校教师的主力群体。主动留在乡村公办学校的教师中，除了部分中青年教师外，其中有很多是家庭经济负担不大的教师，这些教师大都接近完成，或者是已经完成主要的人生任务——结婚成家、抚育子女、帮助子女成家，家庭

第四章　民办学校运行的资源基础：师资、生源结构与教育时间结构控制

经济压力较轻，不愿意去民办学校辛苦工作，这些教师的年龄结构也多处于40岁以上。

相比之下，民办学校的教师队伍总体上更加年轻化，教师不论是自身发展还是家庭发展压力都相对较大。教师压力大，驱动其工作的动力也会大，这种来源于教师自身的压力反而有利于教师在职场上更好地工作。

四　教师结构的相对优质化

民办学校与公办学校相比，在教师结构上具有相对优质化的优势。这种优质化可以从三个维度进行分析，一是学科相对齐全；二是年龄结构年轻化；三是教师数量的相对均衡。

由于所需教师可以通过市场招聘或者是政府选调的方式及时进行补充，民办学校在师资补充上的便利性使得所需学科教师基本能够满足。相比之下，公办学校教师补充要经过层层审批，并且只有特定的补充时机，不可避免地出现一定时间内某些学科教师极度短缺的现象。

以民办明日中学为例。明日中学的师资由两部分组成，县政府选调的公办教师和学校通过市场招聘的教师。虽然教师的流动性较高，但是学校全年随时在市场招聘教师，学校师资基本能够满足需求。以明日中学小学部为例，小学部可以做到每个主课教师（语文、数学教师）都只带一个班，副课教师带的班级略多一点。小学的科目中语文、数学课时量最大，一个主课教师只带一个班，有利于保证教师的精力。（明日中学小学部教务处老师 WLS，2018 年 11 月 11 日上午）

公办学校的师资就十分捉襟见肘。一些学校实际在岗教师数量严重不足。如青泉乡张营小学 2017—2018 学年第一学期有学生 130 人，在编教师 9 人，实际在编在岗教师 6 人，不在岗的 3 个老师或者是因为被县城借调，或者是考到县城民办学校手续还未办完，所以编制仍在原单位，生师比为 21.6∶1，这一生师比高于国家规定的 19∶1 的标准。[①] 教师不仅数量不足，而且学科也严重不足。有

[①]《中央编办　教育部　财政部关于统一城乡中小学教职工编制标准的通知》，http://www.moe.gov.cn/s78/A10/tongzhi/201412/t20141209_181014.html，2014 年 11 月 13 日。

的学校生师比数量符合要求,但是学科配备不足,学科结构型短缺十分严重。如青泉乡中学2018—2019学年第一学期有学生812人,教师87人,生师比为9.3∶1,生师比标准低于国家规定的13.5∶1的标准,①然而该校英语、数学教师紧缺,音乐、体育、美术等课程则大多由其他课程教师兼任。青泉乡中学位于青泉乡,青泉乡属于靠近县城的乡镇,师资情况与偏远乡镇相比已经算是较为不错的了。师资紧缺更加严重的是前文提及的米驼中学,米驼中学的师资紧缺情况是偏远乡镇公办学校师资情况的典型代表。(综合青泉乡中心学校、青泉乡中学、米驼乡中学访谈信息整理)

教师年龄结构的年轻化是民办学校有意控制的结果。年轻化的教师具有较好的工作精力,能够承担较强的工作压力,这有利于民办学校开展高强度的教学安排。相比之下,公办学校教师在年轻教师被民办学校抽血后,教师队伍已经偏向于中老龄化和平庸化。

以青泉乡为例,目前青泉乡所有公办中小学实际在编在岗师资共有246名,其中年龄在40岁以下的教师有111名,比例为45%,年龄在40岁以上的教师有135名,占比为55%。②这只是教师年龄结构的整体情况,在偏远村庄的学校和教学点,教师年龄结构的中老年化更加突出。

教师数量的相对均衡,表现在民办学校的生师比和班师比总体上相对合理,基本能够确保学术性科目和部分非学术性科目的正常开设。相比之下,公办学校则因为教师数量不足,出现不得不合并班级的情况。

第三节 教育时间的自主安排与学术性偏重

教育时间是学生学习的基础性资源,也是学校开展教育教学活动十分重要的资源,民办学校通过扩大化行使其办学自主权,延长了学校教

---

① 《中央编办 教育部 财政部关于统一城乡中小学教职工编制标准的通知》,http://www.moe.gov.cn/s78/A10/tongzhi/201412/t20141209_181014.html,2014年11月13日。
② 根据莱登县青泉乡中心学校调研所得信息分析整理而来。

第四章 民办学校运行的资源基础：师资、生源结构与教育时间结构控制

育时间。同时，在学校教育时间的分配上，也将之主要用于与考试有联系的学术性科目上。因此，民办学校的教育时间安排具有学校偏重和学术性偏重的特点。

一 多样化服务与教育时间的延长

（一）全托、日托、走读与寄宿：民办学校多样化服务

民办学校为农村家庭和学生提供了多样化的服务，学生可以分为全托生、日托生、走读生、寄宿生四类。全托生是民办学校对在学校寄宿学生的一种称呼，意即在上学期间，学生的学习、吃饭、住宿、上下学接送全部托管给学校的学生。日托生是学校对于这样一个群体的称呼，即在上学期间，学生的学习、早餐、午餐、上下学接送全部托管给学校的学生（本地民办学校）；或者是在上学期间，学生的学习、午餐（或包括晚餐）全部托管给学校，但不在学校住宿，由家长接送的学生（招商引资民办学校）。走读生是只有中午在学校食堂就餐、不住宿，家长自己接送或学生自己上下学的学生（本地民办学校）。寄宿生是在上学期间，学生的学习、吃饭、住宿全部托管给学校，但由家长接送或者是自己上下学的学生（招商引资民办学校）。

通过描述可以发现，两类民办学校在提供的服务上既有共性又略有差异。共性是这两类民办学校都没有中午回家就餐的学生。本地民办学校提供三种服务，全托、日托和走读。招商引资民办学校提供两种服务，日托和寄宿。本地民办学校将是否使用校车服务作为区分日托生和走读生的标志，日托生有校车服务，走读生没有校车服务。招商引资民办学校不提供校车，仍然将不住宿但在学校就餐的学生（不管是每天一餐，还是每天两餐）都称为日托生。

虽然民办学校对上述学生群体的分类与大部分人的日常理解不一定完全一致，但为了保证对于上述现象的精确理解，在论文的分析中，使用民办学校常用的称呼。

对于使用不同服务的学生的比例，会因为民办学校类型和学段的不同而存在差异。首先讨论小学阶段的情况。在中小规模民办学校，一二年级学生的全托生比例极低，以日托生和走读生为主；三年级到六年

级，全托生比例开始增加，也同时存在相当比例的日托生和走读生。一二年级全托生比例极低的原因在于，学生年龄太小，还缺乏足够的自理能力，学校照顾起来不方便，所以学校会主动拒绝这一年龄段学生家庭的全托需求。从全校的总体情况来看，总体的比例大概呈如下分布：全托生占1/3，日托生占1/3，走读生占1/3。①

在小学阶段，招商引资民办学校的情况如下。一二年级的住宿生比例极低，原因同本地中小规模民办的一样，因为照顾不方便，学校主动拒绝家庭提出的住宿需求。三年级到六年级学生中，住宿生和日托生的比例大概分布如下，住宿生占40%，日托生占60%。②

初中阶段的本地民办学校，全托生比例在90%以上，甚至有的学校能达到100%。③在招商引资民办学校，住宿生的比例与乡村极为相似，也是在90%以上，多的能达到100%。④

(二) 教育时间的延长

不管是全托、日托、走读还是寄宿，客观上都会产生延长教育时间的作用。民办学校在自主办学空间内，根据学校教学计划自主制定学校的教育时间安排。虽然不同学校的作息时间存在差异，但是所有民办学校学生每天在校时间都远远大于减负政策所要求的时长上限。

在莱登县，本地民办学校的全托生和招商引资民办学校寄宿生的在校时间是基本一致的，即学生连续上课10天，放假4天，学生在第二周的周四早上离校，周日下午返校上晚习。学生在校期间，全部上早自习和晚自习。

本地民办学校小学阶段的日托生，早晚由学校安排的校车接送。校车一般6点多就开始去各个村庄接学生，下午4点半开始送学生返回。学生早上、中午都在学校食堂就餐。因此学生早餐结束后，会有一段早自习时间。学生在校时间多于9个小时。本地民办学校的日托生，虽然是由家长接送，但是早上到校时间和下放离校时间与日托生相似，每天

---

① 信息来源于在大量本地民办学校的访谈。
② 信息来源于在多个招商引资兴办的民办学校的访谈。
③ 信息来源于在大量本地民办学校的访谈。
④ 信息来源于在多个招商引资兴办的民办学校的访谈。

第四章 民办学校运行的资源基础：师资、生源结构与教育时间结构控制

在校时间多于9小时。

表4.2　　　　　　　　　　曙光学校①冬季作息时间表

早晨	中学起床	5：40
	第一节自习	6：00—6：30
	小学起床	6：10
	早操	6：30—6：50
	第二节自习	6：55—7：35
上午	预备	8：20
	第一节课	8：30—9：15
	第二节课	9：25—10：10
	课间操	10：10—10：30
	第三节课	10：30—11：15
	第四节课	11：25—12：10
下午	校静	1：20—2：00
	预备	2：10
	第一节课	2：20—3：05
	第二节课	3：15—4：00
	大课间	4：00—4：20
	第三节课	4：20—5：05
夜晚	看电视	5：50—6：20
	第一节自习	6：30—7：15
	小学熄灯	7：35
	第二节自习	7：25—8：10
	学生自习	8：20—8：50
	中学熄灯	9：10

招商引资民办学校在小学阶段的日托生，全部由家长接送。学校

---

① 曙光学校是位于莱登县米驼乡的一所九年一贯制民办学校，属于本地成长起来的民办学校。

对日托生不安排早自习。日托生一般在 7 点 50 左右到校，8 点开始上课。下午 5 点多放学后，学生在食堂就餐，晚餐后在学校上晚自习，时间是 6 点到 7 点。虽然学校并未强制要求学生上晚自习，但参加晚自习的学生能够占日托生的 50%，这些学生每天在校时间多于 10 小时。

由上可知，虽然本地民办学校和招商引资民办学校在学校作息时间上并不完全一致，提供的服务并不完全相同，但是这些学校都通过学校自身的时间安排，延长学生的在校学习时间。

（三）多样性服务与家庭需求的契合

民办学校的全托、日托、走读、寄宿等服务，在延长教育时间的同时，也满足了不同家庭的教育需求。目前这种局面的形成，既与农村家庭的不同需求有关，也与民办学校的利益考量有关，是这两者经过磨合之后形成的局面。

初中阶段的高寄宿率（或全托率）现状是家庭和学校共同追求的局面。从农村家庭的需求来看，一方面是在子女的初中段，父母双方普遍外出较为普遍，无法指导和监督子女学习；另一方面，进入初中后，学生会在几年后面临中考选拔，升学的压力即将出现；在这两方面因素的考虑下，家长希望学校能够提供寄宿，增加教育时间，更多地承担教育责任。从学校的需求来看，优秀的中考成绩对于提升学校的知名度十分重要，而知名度提升有利于学校的招生，所以学校也有动力通过实行寄宿制度来延长学生的学习时间。农村家庭和学校在初中生寄宿问题上形成了共识。

小学阶段的全托（或寄宿）、日托和走读的多样化类型，是家庭和学校既相互合作，又相互博弈后的现状。从农村家庭的需求来看，希望学校能够通过延长学生在校时间和严格管理提升学校的成绩，所以对于寄宿或者是日托这两类增加学校教育时间的做法，家长都十分支持。但是考虑到低年级学生自理能力较低，照顾起来不便，所以民办学校都会主动拒绝三年级以下学生的全托（或寄宿）需求。但是对于三年级及以上学生的全托（或寄宿）需求，学校则不会设限制。

民办学校学生的在校时间与农村家庭的劳动时间相吻合。目前留在

第四章 民办学校运行的资源基础：师资、生源结构与教育时间结构控制

农村的主要群体是老年人，即家庭中的祖辈。这些父代除了从事农业生产，还会在家乡附近打零工。从早上六七点到下午五六点时间是他们的主要劳动时间。民办学校通过延长学生在校时间，避免了学生放学后无人监管的问题，也避免了部分家长为照顾孙辈放弃打零工机会。因此民办学校的教育时间安排使得农村家庭在抚育子女的同时也能兼顾家庭的生产功能。

民办学校通过延长教育时间而扩张了教育责任，满足了农村家庭对于学校的教育需求。农村家长文化水平普遍不高，没有能力指导学生学习；而且农村家庭也大都没有能力为子女购买市场教育服务。民办学校主动延长教育时间，增加课程或者是早晚自习，其实是增加了教师指导学生的时间，满足了农村家庭的需求。

二 课程结构的自主安排与学术性科目偏好

学校教育时间需要划分为课程时间才能够真正发挥教育作用。民办学校的课程设置受到两方面因素的影响，一是国家对于义务教育阶段基本课程设置的要求。国家为了促进义务教育阶段课程设置的规范化、标准化，不断摸索和进行课程改革，并颁布了《基础教育课程改革纲要（试行）》、《体育（1—6年级）、体育与健康（7—9年级）课程标准》和《义务教育阶段课程设置实验方案》等多个文件，作为地方政府和学校进行课程设置的基本参照。在这些政策文件中，国家对于开课周数、开设科目、不同科目开设课时等都提出了原则性要求。二是利用自主办学权利，结合自身特色而开设的课程。《中华人民共和国民办教育促进法实施条例》第四章第二十二条规定："实施高级中等教育、义务教育的民办学校，可以自主开展教育教学活动。但是该民办学校的教育教学活动应当达到国务院教育行政部门制定的课程标准，其所选用的教材应当依法审定。"[①] 在民办学校的实际运行中，民办学校也充分利用了这一自主开展教育教学活动的权利，在开设课程时，将国家的课程设置要求与学校既有资源、办学目标综合考虑，既兼顾国家的课程设置要求，同

---

① 《中华人民共和国民办教育促进法实施条例（2004）》，http://www.moe.gov.cn/s78/A02/zfs__left/s5911/moe_620/tnull_3183.html，2004年3月5日。

时还要考虑自身的诉求。

　　民办学校的课程设置会具有显明的自主性色彩。为了促进素质教育的实施和减轻学生负担，近些年的国家课程改革一直在减少学术性课程的课时数，压缩课程学习内容，增加综合课程如音、体、美、思想与品德、科学课、安全课等，同时还要求学校增设综合实践活动课，如劳动课、科技实践、信息技术课等。国家的课程改革目标是为了减轻学生学业压力，同时又促进学生的全面发展。① 若要根据国家要求开齐开足课程，学校需要满足两个基本条件，一是有足够的各学科师资；二是有便于开展课程的丰富资源，包括场地资源和设备资源。然而目前县域范围内的民办学校并不具备上述条件。民办学校有学术性科目师资，但是非学术性科目师资，如音、体、美、信息技术、科学课等师资非常缺乏。因此在课程设置上民办学校结合自身既有资源，开齐开足学术性科目的课时，将余下的课时分为两部分，一大部分仍然开设学术性科目，另一少部分则开设学校自主设置的课程和自习课。民办学校自主设置的课程，主要是国学经典课程，如阅读《三字经》、《千字文》等蒙学书目，自习课则又转化为学术性科目的学习时间。

　　对于民办学校投资者来说，办学的目的是获取利润，即使是为了实现自身的教育理想，也要保障不能亏本，保持盈余状态。因此民办教育投资者具有极强的营利动机，并围绕着有利于提高学生成绩来设置课程。民办学校通过多样化的服务延长了教育时间后，就将教育时间向学术性科目倾斜，以此来增加学生学习学术性科目的时间。通过这种课程设置方式，在有限的学校教育时间内充分发挥了既有师资的效用，又避免了缺乏非学术性科目教师所带来的教育时间闲置。然而民办学校的做法是以选择性执行国家发展素质教育的政策和减轻学生负担的政策为基础的。

---

　　① 《教育部关于印发〈义务教育课程设置实验方案〉的通知》，http://www.moe.gov.cn/srcsite/A26/s7054/200111/t20011121_166076.html, 2011年11月21日。

第四章　民办学校运行的资源基础：师资、生源结构与教育时间结构控制

表 4.3　先锋学校①五年级一班 2018—2019 学年度第一学期课程表

星期＼课次	星期一	星期二	星期三	星期四	星期五	星期六	星期七	星期八	星期九	星期十
第一节	语文	语文	数学	语文	语文	语文	语文	数学	语文	数学
第二节	语文	英语	数学	语文	语文	语文	语文	数学	语文	数学
第三节	语文	数学	国学	数学	语文	语文	国学	语文	语文	数学
第四节	数学	数学	语文	数学	音乐	语文	英语	体育	数学	品德
下午第一节	体育	数学	语文	英语	数学	国学	阅读	国学	数学	
下午第二节	数学	数学	阅读	英语	阅读	语文	数学	语文	数学	
下午第三节	数学	班会	数学	国学	读书交流	数学	数学	数学	班会	
下午第四节	读经	读经	读经	读经	读经	读经	读经	读经		

相比之下，公办学校在课程开设上的自主性就要小很多。虽然县域范围内的公办学校特别是农村公办学校，也普遍存在非学术性科目的师资短缺问题，以及学校用于非学术性科目的场地资源和设备资源不足的问题，但是为了贯彻国家政策，却不得不在"课程表上"开齐开足国家规定的课程。虽然课程开设了，但是乡村公办学校教师队伍由于年龄趋向于中老年化，教师精力下降，学习新知识的意愿不强，就地取材开设综合性课程和综合实践课程的动力也不足。于是体育课多是教师们带领学生在校园里转圈，音乐课则是学生们听听教师放的音乐放松一下，美术课程成为学生们的无所事事的课堂。在国家课程计划中，被用来扩展学生视野、锻炼学生观察能力、动手能力，锻炼学生综合素质的素质教育课程，在农村公办学校的实践中成为低效的课堂。

民办学校则是充分利用国家法律赋予的自主开展教育教学活动的权利，又利用政府对其监管较为宽松的优势，将学校教育时间大部分划分为学术性科目，或者是与学术性科目有关的课程。增加学生在学术性科目上的学习时间，学生可以增加知识积累。这为维持和提高学生的考试成绩，提高学校教育质量奠定了时间基础。

---

① 先锋学校是位于莱登县青泉乡的一所民办小学，为本地成长起来的民办学校。

三 以校为主：课业负担分布的时空结构

虽然"减负"和"减轻学生课业负担"、"减轻学生负担"、"减轻学习负担"等一直是基础教育领域的热门话题，但是国家和学界对于课业负担、学生负担等一直没有明确的定义，对于概念的内涵和外延也没有形成统一的认识。如对于课业负担与其他几个概念之间的关系，有的学者认为内涵一样，[①] 有的学者则认为存在明显的上位概念和下位概念之分。[②] 对于课业负担与课业负担过重的关系，学者之间也存在不同的理解，有的学者认为课业负担是中性词，指代的是"学生在学业方面应该承担的责任、履行的义务和承受的压力"；[③] 也有学者认为课业负担是贬义词，与课业负担过重是同一个意思。[④] 对于课业负担的衡量，学者们也持不同的意见，第一种观点认为课业负担是主观感受；[⑤] 第二种观点认为课业负担是相对独立于学生的客观实在，即学生负担属于学校、家庭等外在主体施加到学生身上的，学生为了完成学业所承担的客观的学习任务；[⑥] 第三种观点认为课业负担既包括主观感受部分，也包括客观实在部分，是这两部分的简单之和。[⑦]

国家的官方文本曾经使用过学生学习负担、学生负担、课业负担等多种表达，但目前逐渐统一表达，一般使用"课业负担"这一说法，在《国家中长期教育改革和发展规划纲要（2010—2020）》中的义务教育部分时，也使用"减轻中小学生课业负担"的表达。[⑧] 胡惠闵、王小平对国内学界500篇关于课业负担的文章进行分析后指出，政府官方文件

[①] 谢利民：《顺境下学生负担问题的社会学思考》，《集美大学学报》2005年第2期。
[②] 鲁林岳：《综合辩证论"减负"》，《教育研究》2007年第5期。
[③] 娄立志：《关于学生学业负担的理性思考》，《教育理论与实践》1999年第9期。
[④] 杨兆山、陈旭远：《关于普通教育学习负担问题的理性思考》，《现代中小学教育》1996年第3期。
[⑤] 郑逸农：《高中生的学业负担与教育对策》，《上海教育科研》1998年第7期；代其平：《不应片面提倡"减轻学生学习负担"》，《教育评论》1987年第5期。
[⑥] 邬志辉：《关于学生负担问题的深层次思考》，《课程·教材·教法》1998年第1期。
[⑦] 顾志跃：《中小学生课业负担问题——中小学教育改革热点问题导读之十一》，《教育科学研究》2004年第11期。
[⑧] 《国家中长期教育改革和发展规划纲要（2010—2020）》，http://www.moe.gov.cn/jyb_xwfb/s6052/moe_838/201008/t20100802_93704.html，2010年7月29日。

第四章　民办学校运行的资源基础：师资、生源结构与教育时间结构控制

对于课业负担的理解是广义的，具有以下特点：将课业负担作为中性概念，不带价值判断；课业负担既包括客观负担，即学校、家长、课外补习机构所施加给学生的学习任务，也包括主观负担，即学生因为上述学习任务而带来的心理负担。① 马健生、吴佳妮在分析学生课业负担的时间分配本质时，也是从广义角度来理解，认为学业负担和课业负担是相似的概念，认为课业负担是学校、社会、家庭及学生自我要求下，由学生自身所承担的所有学习任务。②

本文在研究中也是使用广义上的课业负担概念，即课业负担是学校、社会、家庭及学生自我要求下，由学生所承担的学业任务。在完成学业任务的过程中，学生会出现不同的心理感受，或者是紧张，或者是轻松，或者是积极，或者是消极，这些心理感受是客观存在但又无法客观衡量和比较的，因此本文提课业负担这一概念时并不将学生的心理负担作为重要的分析对象，而是将分析重点放在学生课业负担的客观部分。

对于学生来说，只要从事学习活动，就可能会伴随着课业负担。不过，学习学术性科目和非学术性科目，学生所体验到的学习任务并不等同。学术性科目属于相对规范性的科目，具有系统的知识体系，学习内容多，学习和掌握的过程会面临一定的压力，是学生在校期间课业负担的主要来源。非学术性科目属于相对非规范性的科目，学习起来相对轻松，因为不必考试，也就没有了学习必须掌握的知识与技能的压力，因此学习过程压力很小，所以非学术性科目的学习和课余时间不是学生课业负担的来源。

民办学校学生课业负担的分布结构具有"以校为主"的特点。这种分布结构的形成与民办学校的教育时间延长和课程结构有关。民办学校通过走读、日托、全托等多样化的教育服务延长了学校教育时间；在学校课程设置上，将大部分教育时间用来安排学术性科目，以及学习、预

---

①　胡惠闵、王小平：《国内学界对课业负担概念的理解：基于 500 篇代表性学术文献的文本分析》，《教育发展研究》2013 年第 6 期。

②　马健生、吴佳妮：《为什么学生减负政策难以见成效——论学业负担的时间分配本质》，《北京师范大学学报》（社会科学版）2014 年第 2 期。

习学术性科目。通过这一做法，民办学校将学生的课业负担集中于学校这一物理空间中，在学术性科目的学习上，学生可以充分利用在校的时间完成预习、学习、复习的整个过程，甚至也有时间参加学校组织的考试，检测自己的学习状态与知识掌握情况。如此一来，学生放学或者是放假后的学习任务能够相应减少，学习压力减轻。林小英曾经在一次演讲中用图示的方式表示公办学校贯彻减负政策后学生课业负担分布的时空结构和空间结构，非常直观明了。① 笔者受到这一方法的启发，用图示来表示民办学校课业负担分布的时空结构。

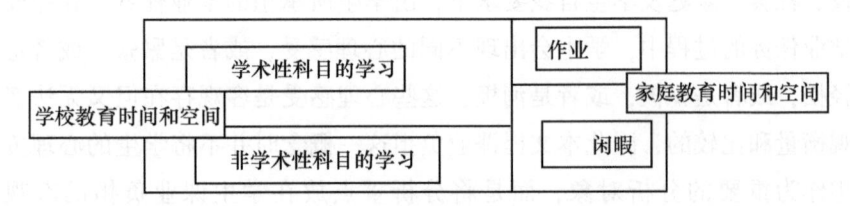

图 4.1 民办学校中学生课业负担在学校和家庭中的分布

在农村公办学校严格落实素质教育政策和减负政策后，课业负担的分布具有了"家校并重"的特点。这一特点体现在以下方面，首先是学术性科目学习的时间不仅分布在校内，也分布在校外。其次是在校学习时间缩短，校外学习时间延长。再次是学习内容的家校并重，在校学习时间内，学术性科目的学习时间压缩，非学术性科目学习时间增加；校外学习时间内，学术性科目的学习时间增加。

这一"家校并重"的课业负担分布，与国家实施素质教育课程，以及减负政策以缩减在校时间有关。减负政策以缩短在校时间的方式来减轻学生的在校学习时间，又通过课程设置要求来减少学术性科目的学习时间，增加非学术性科目的学习时间。由于学术性科目的学习具有系统性，要掌握这些知识花费的时间较长。如果学生的在校时间无法完成学习任务的话，必然就需要在校外继续进行学习。包括学术性科目预习和复习、阅读推荐性书目、做家庭作业，等等。如此一来，原本是在校内

---

① 林小英 2019 年 12 月在文化纵横杂志社举办的线下沙龙上做了题为《自由时间和空间的分配：中小学"减负"政策和实践的分析》的演讲，笔者从这次演讲中受到启发。

的课业负担就转移到了校外。

经过与农村公办学校的对比可以发现,民办学校在课业负担分布上"以校为主",实际上是把家长的教育责任转移到学校身上。民办学校教师相比于家长来说,在教育上更加专业。民办学校承担主要的教育责任,特别是学术性科目的指导责任,有利于提高学生成绩。

第四节 本章小结

生源、师资、教育时间是学校教育过程中的基础性资源,属于不可或缺的非物质性资源。在学校具备基本的基础设施和硬件条件后,上述三类资源是教育过程的"原材料",又是教育过程展开的前提条件。民办学校通过控制基础性资源的结构,为学校的运作打下良好的基础。

民办学校对这三种基础性资源的控制,涉及权力运作和学校竞争。为了竞争优秀生源和控制生源结构,民办学校充分利用政府赋予的招生自主权,甚至扩大化使用这一权利,用高额奖学金吸引优秀学生,用灰色的、未充分贯彻义务教育相关法律法规的做法来排斥"差生",实现生源质量控制目标。为了获得相对优质的师资结构,民办学校一方面充分利用其财务自主权和招聘自主权,用优厚待遇吸引优秀教师前来工作;另一方面也利用政府的扶持措施,从公办学校获得了大量优秀的中青年教师。为了争取相对自主的教育时间控制权,民办学校展开多样化的教育服务,既满足了家长的照料和寄宿需求,也顺理成章地实现了延长教育时间的诉求。

第五章

民办学校教育时间的利用：高度动员与总体性发展

　　为了提高学生的学习成绩，民办学校除了控制学校教育过程的基础性资源及其结构，还通过学校内部的治理过程激发学生、教师的行动积极性，真正激活上述资源。具体说来，民办学校在学校教育时间和空间内，通过对学生和教师的高度动员，提高教学过程和学习过程的效率，增加学生在单位教育时间内的课业负担强度，进而让学生在延长的教育时间内增加学习总量，最终实现提升考试成绩的目标。

　　本章是对学校教育过程中教育时间利用的分析。既有研究普遍将教育时间的使用看作是静态的过程，即教育时间的有效使用建立在学校对教育时间的精细计算、分割与制度化基础之上。[1] 这种观点注意到了学校教育时间不同于日常生活时间的关键特征在于精密的时间分割与制度化、同步化。[2] 学校教育时间的这一特征与学校教育目的的未来指向有关，即学校通过对当下和教育时间的分配和控制，让需要经历社会化的学生在这样的环境中被培养和被规训，以此减少对未来生活的不确定感和不安全感。[3] 这一视角突出了学校这一承担教育功能的时空场域在时

---

　　[1] 桑志坚：《作为一种规训策略的学校时间》，《湖南师范大学教育科学学报》2014年第5期。

　　[2] 黄进：《重塑时间生活：幼儿园时间制度化现象审思》，《中国教育学刊》2019年第6期。

　　[3] 桑志坚：《超越与规训——学校教育时间的社会学研究》，博士学位论文，南京师范大学，2012年。

第五章　民办学校教育时间的利用：高度动员与总体性发展

间使用上的独特性，给人很大的启发。然而，在研究民办学校的教育时间利用的独特性，特别是在与公办学校进行对比的情况下，既有的研究就无法给以充分的解释了，因此需要推进在学校教育时间领域的研究。

笔者认为，学校教育时间的有效使用与使用者的状态有很大关系。学生、教师是学校教育时间使用的两大主体，这两个主体在教育过程中保持较高的行动积极性，充分地利用和激活学校教育资源，提高教育效率，学生的课业负担强度提高，也就实现了对教育时间的有效使用。因此，教育时间的使用是一个动态的过程，建立在具有主观能动性的教育主体的有意识行动基础上。

第一节　分层次教学与学生积极性的高度动员

为了激发学生的学习动力，民办学校十分重视分类管理和高度动员。民办学校采用分类管理的思路，将学生分为不同层次，采取分层教学与分层竞争的方式来安排学校事务。在教学过程中，采取强化考试竞争的方式，并配以具有吸引力的激励措施，激发学生的竞争意识。

一　分层配置资源与分层竞争

民办学校对学生采取分类管理的措施，是建立在年级生源规模相对较大和生源具有一定结构层次的基础上。虽然民办学校以扩大化使用招生自主权的方式对生源质量进行了底线控制，但其生源结构仍然存在优秀学生、中等学生、后进学生的层次分布。优秀学生是学习好、品行好、能力强，对学校和班级纪律遵守意识比较强的学生。中等学生是学习勤奋、品行良好、能力相对一般的学生，对学校和班级纪律一般也较为遵守。后进生是学习成绩差、学习不积极，能力不突出、对遵守学校和班级纪律表现淡漠、行为缺乏自律的学生。民办学校对这三类学生采取了分类管理和分类教学的措施，并与传统的班级授课制结合，在同一年级内部划分不同类型的班级，或者是"实验班+普通班"的组合，或者是"精英班+实验班+普通班"的组合。在上述班级组合中，实验班和精英班是由优秀学生所组成的班级，也就是俗称的重点班。虽然国家在

义务教育阶段民办学校的运行机制

义务教育阶段严格禁止设立重点班①,但民办学校却将办学自主权扩大化使用,普遍设立重点班。

在民办学校,对学生进行分层的最主要依据是考试成绩。小学阶段的分班依据是入学时由学校组织的考试成绩,初中阶段则是6年级结束时的质量检测成绩(俗称的小学毕业考试成绩)。

与学生分层相伴随的是师资分配的分层。民办学校会根据班级层次的不同,而设计不同的教学进度、分配不同的师资。一般情况下,精英班和实验班的学生基础好、学习新知识比较快,教学进度也较其他类型班级快,如此一来,能够节省出一些时间用于复习,增加了考试前的准备时间。在师资配置上,精英班和实验班的教师经验丰富,是既往教学成绩较为出色的教师,且多是时间较长、流动性不大的教师。为了保证教师和学生之间的相互磨合与了解,精英班和实验班教师一般是将学生从一年级带到六年级,从初一带到初三,即所谓的大循环。普通班的情况则与之相反。普通班的学生基础相对差一些,对于新知识的接受能力相对较慢,教学进度也就比精英班和实验班慢。在师资上,普通班的教师有不少是刚入职的年轻教师,这些教师一方面教学经验并不是很丰富,另一方面流动性也较大,有一些教师会在入职的最初几年中由于考取事业编或者是公务员而离开学校。学校不断补充新教师到普通班中,学生要经常经历和新教师的了解、磨合过程。

民办学校在分层教学的基础上,在学生管理和学习竞争方面也采取分层的做法。在学校晚自习时间安排、考试比较、班级管理和教学经验总结时,都是在同一层次内部进行。民办学校也普遍设计了适合进行分层竞争的指标,如班级优秀率、及格率、进步率、平均分等,这些指标既可以直观展现不同班级学生的初始成绩差别,也可以体现不同班级学生成绩的进步情况。对于成绩好的班级来说,可以从良好的班级成绩中受到鼓励;对于基础相对较差的班级来说,在看到与成绩较好的班级的差距而受到打击时,也可以从与自身比较而发现的进步中,重拾一部分自信。学校将处于同一层次的班级放在一起比较,既有可比较性,也更

---

① 《中华人民共和国义务教育法(2006)》,http://www.moe.gov.cn/s78/A02/zfs__left/s5911/moe_619/201001/t20100129_15687.html,2006年6月30日。

第五章 民办学校教育时间的利用：高度动员与总体性发展

有激励作用。

> 明日中学初中部 8 年级分为三个层次：精英班、实验班和普通班。精英班是成绩最好的学生组织的班级，只有 2 个班。实验班是成绩较精英班学生差一些，但是仍然很不错的学生组成的班级，共有 6 个班。普通班数量 24 个。8 年级 32 个班共分为两个级部，其中精英班、实验班、普通班都是一分为二到两个级部中，表示两个级部的起点相似。在比较时，仍然是相同层次班级进行比较。每个级部设一个级部主任，两个级部副主任。莱登县教育局在就中考对学校工作进行评价时，高分率占的权重比较大。私立学校比较看中招评价，所以在平时的考试中十分重视高分率，但是也注意学生基础差异，所以是以分数段、平均分对班级进行评比，处于优秀层次的有多少人，处于及格层次的有多少人，处于不及格层次的有多少人，平均分是多少。（莱登县明日中学 8 年级二部主任 LLS，2018 年 11 月 12 日上午）

对于民办学校来说，采取分层次教学与分层竞争有其现实因素考虑。优秀学生是民办学校的招牌，良好的 6 年级毕业检测成绩和中考升学率是招生时的有利宣传材料，因此民办学校要想办法保住并提高优秀学生的成绩，提高优秀率，所以民办学校会集中优良的师资来培养优秀学生。此外，民办学校追求教育效率，在班级授课制下，让基础相似、学习能力相似的学生组成一个班级，可以根据其接受能力制定教学方法，设置教学进度，实现因材施教。如果把基础差异较大、学习能力差异也较大的学生放在一个班级中，教师无法兼顾所有学生的接受能力，可能会出现"优秀学生吃不饱""学习基础差的学生吃不下"的局面。

民办学校分层教学的组织方式与公办学校形成了对比。自 2006 年《中华人民共和国义务教育法》规定禁止在义务教育阶段设置重点班以来，莱登县的公办中小学已经取消了重点班，所有学生均衡分班。均衡分班做到了形式上的公平，但是在教学上却带来了新的问题。由于好学生普遍流失到民办学校和县城最好的公办学校，生源质量受到很大影响，具有较强自律、自觉学习的学生比例较低，有一定学习积极性、具有一定自律，但是仍需要很强外在监督的学生占一部分，还有一部分是学习比较消极、成绩较差、比较调皮捣蛋的学生。若将这两部分学生放在一个班级中，在教学过程中会出现两方面的问题。一是有一定学习积极性但是自律能力不够的学生极易被另一群体影响，学习积极性变差，行为习惯变差，班级的纪律变差，教师在教学时花在维持纪律上的时间会大大增加，影响了教学任务的完成。二是学生的基础差距较大，教学计划和教学进度不好安排。从应试的角度来说，反而不利于分类管理的效率高，不利于快速提升教学成绩。

民办学校从有效提高学生成绩的目标来分班和组织教学，表明民办学校能够拥有学校发展权，学校发展权指的是学校发展导向和学校发展目标确定的权力。① 民办学校可以根据市场需求和家长需求来制定学校的发展目标，并围绕着这一目标组织学校教学活动。公办学校的发展目标由政府和教育部门指定，当政府和教育部门要求学校转向素质教育、减轻学生学习和竞争压力时，学校就必须立刻向素质教育、减轻学生负担转向，学校的教学安排也就必须调整，设置重点班等教学组织方式就必须被禁止。

二 考试强化与强结果激励

有研究者认为，基础教育阶段学校组织的考试是应试规训的一个环节，学校通过考试的方式对学生的学习兴趣进行塑造，并培训应试技巧。② 这种观点对于考试作用分析过于简单化。事实上，考试在学校的教育过程中具有多重作用，在民办学校，除了进行分层教学以提高教育效率外，学校还增加考试次数，以强化考试来检验学生的学习成果、增加学生学习压力，激发竞争意识，以及让家长来获知学校的教学成果，增加对学校的认可。

民办学校将考试比较作为激发学生学习动力的重要手段。考试的本

---

① 雷望红：《谁在投资民办学校》，微信公众号："行业研习"，2019年12月12日。
② 陈彬莉：《学业分类过程及其组织制度基础——高考升学率统摄下应试体制的微观运行机制》，《北京大学教育评论》2010年第2期。

第五章 民办学校教育时间的利用：高度动员与总体性发展

质是一种学习检测，是教师借此了解全体学生对于知识的掌握情况，并为下一步的授课重点做一定参考的手段。考试也是学生借此了解自身知识掌握情况，发现学习不足的手段。比较的重点在于排名和竞争。民办学校的考试次数多，且包括全体学生，每学期全校性的考试有月考、期中考试和期末考试。民办学校将考试和公布排名联合起来，将学生成绩在班级内或者校园公告栏内张榜公布，是在发挥考试功能的同时，更加突出考试的比较功能。

八年级第一学期期中考试结束后，明日中学将该年级成绩处于前600名的学生在校园布告栏内张榜公布（该年级共有2200名学生），在这份榜单中，学生所在的班级、姓名、成绩和年级名次都十分清晰地列出来。在成绩榜单的前面，学校还张贴了一份公告，向学生表明张榜的原因，表明这是对成绩优秀学生的表彰，也是对其他同学的鞭策与激励。

公告内容：这份榜单呈现的，是半个学期以来，那些取得优异成绩的人群。他们用他们的努力，获得了应属于他们的骄傲。

这些人，有些是常客，相信他们阅读到自己名字时，已经学会了从容、坦荡和自信；有些人，则是新人，小心翼翼，而又慷慨进取。

还有些，大概就是此刻站着的你们了。怀揣着希望，执着着前行，等待着有一天，梦想照进现实。

我们并无意于渲染一种应试的死板与唯成绩论的功利，但我们同样认为，在我们的学生时代，需要一个一以贯之的主旋律，在通向光荣与梦想之路上，督促我们奋勇争先。我们更愿意，你把这份榜单当作一部励志的大片，自诫，自省，自勉。

倘能如此，这份榜单，便是有意义的。

祝贺所有取得好成绩的同学，也期待此刻的你成为下一个上榜者。（明日中学，2018年11月11日）

民办学校通过张榜公布学生分数和排名，激发起学生的竞争压力。

贴在教室里的成绩或者是学校公告栏光荣榜上的成绩，对于成绩优秀的学生是一种无声的表扬，对于成绩落后的同学则是一种无声的鞭策。成绩优秀的学生会受到鼓励继续努力，成绩落后的同学也会因为不甘落后而激发出努力学习、提高成绩的动力。

除了通过张榜公布在学生中塑造竞争气氛外，民办学校还通过表彰大会和奖学金强化荣誉激励和物质激励。民办学校会在大型考试后对成绩优秀和进步较大的学生进行表彰，并给以数额较大的奖学金。学校的大型考试包括了月考、期中考试和期末考试，期末考试后学校会放假，学校会将上一学期期末考试结果的表彰放到下一学期进行，作为开学仪式的一部分。荣誉奖励主要是上台领取奖状和学校颁发的奖品，物质奖励则是学校发放的奖学金。奖学金数额视学校财力而定，学校财力强的，会给学生发放几千元到几万元不等的奖学金；学校财力弱的，也会发放几十元到几百元、几千元不等的奖学金。大会表彰本就是学生巨大的精神激励，高额奖学金则是对学生的巨大物质激励。

将考试成绩通报给家长，也是民办学校和家长沟通的一部分。不少民办学校通过开家长会的方式和家长沟通，并向家长展现学生在校表现和学习成绩。也有部分学校通过微信和QQ等社交媒体与家长沟通，通报学生成绩。大部分民办学校都会在每个学期尽力召开家长会。其召开家长会的目的有两个，一是向家长介绍学校的教育理念、教学活动安排情况，展现学校努力，塑造学校形象，借此获得家长的理解与教育上的配合；二是向家长通报学生的表现和考试成绩，展现学生入校后的进步，争取获得家长对学校办学情况的认可。

对于考试和考试成绩，家长、政府和民办学校有不同的定位，这也是当前家长、政府、公办学校和民办学校对考试采取不同态度的重要原因。对于县域社会内的大部分家长，特别是农村家长来说，他们并不像城市中产阶层家长那样不断更新教育理念，强调培训多方面才艺和全面发展，而是仍然将学校安排的科目作为最主要的学习内容，将考试成绩作为学校教育质量的最主要的呈现。对于政府来说，学校是培养学生综合能力的专业性机构，智育教育仅仅是学校教育过程中的内容之一，德育教育、劳动教育、体育教育等都是学校教育的内容，特别是在强调素

第五章　民办学校教育时间的利用：高度动员与总体性发展

质教育、减轻学生学习负担的当下，政府对于学校教育过程中的智育学习压力不断降低要求，如减少考试次数，将部分考试由全体学生参加改为抽考，禁止考试排名等。政府希望通过降低教育过程中对考试的过度重视现象，让学校不要围绕着考试来组织教学活动，而是将注意力放在全面综合地培养学生素质上。在政府和教育部门的教育发展目标下，教育部门为学校制定了详细的发展目标和发展细则，用以指导各个学校的日常运作。在莱登，县教育局自2016年开始实施星级学校管理评估，并制定了《莱登县中小学校星级管理综合评估办法》《莱登县中小学校规范化管理实施意见》《莱登县中小学校规范化管理量化评估内容》等文件来指导各个学校的运作。在上述文件中，并没有对学校的考试成绩提出很高的要求，在《莱登县中小学校规范化管理实施意见》中，只是在第四章二十一条提出"加强对中小学教学质量的监测和管理，促进全县中小学教学质量不断提高。从教育局到各乡镇中心学校，要加强对学校教学质量的过程性监测与考核"。在具有操作性的《莱登县中小学校规范化管理量化评估内容》中，则没有对学校教学成绩赋予任何分值。政府和教育部门为学校指定的发展目标实际上只影响到了公办学校，公办学校作为政府的组成部分，贯彻落实了政府指定的学校发展计划，并根据政府要求从强调和重视应试转向淡化应试和考试成绩。民办学校投资举办者并不会将政府和教育部门制定的学校发展目标作为自身的发展目标，而是会根据市场需求（家长要求）来判断学校的发展方向与赢利点。莱登县桦甸部营阳光学校的投资者兼校长 LY 说："星级评估对（学校）招生影响不大，（家长）不看几星，老百姓看的还是成绩。"民办学校根据家长教育需求和自身的营利需求组织教学活动，并不会完全贯彻教育局制定的规范化办学要求，在星级评估中也很难评上高分，获得比较高的星级。然而，民办学校只要学生的考试成绩好，就会在家长和群众中有非常好的口碑。以桦甸部营阳光学校为例，虽然该校在星级评估中排名并不高，但是该校最近几年凭借良好的小学和初中教育成绩，在桦甸乡获得了非常好的口碑，生源不断增加，生源质量也不断提升。

三　越轨学生的治理与教学秩序维护

对行为越轨学生进行教育，纠正其越轨行为，维护教学秩序，有利于保证学校教育效率。当前国家为了保障青少年权益，避免青少年受到侵害，对教师的惩戒权进行了限制，教师正常行使教育惩戒权的行为极易被部分家长认为是违法行为，为了避免与家长发生冲突而被追责，公办学校的教师普遍放弃教育惩戒，教育学生十分克制。民办学校在教育惩戒权受到限制的情况下，也积极寻找新的替代教育方式。民办学校充分利用了其招生自主权和办学自主空间，对于不认同其教育理念和教育方式的家庭与学生，采取拒绝招生或者是劝退的方式，通过这一筛选过程，民办学校确保招收到的学生，其家长普遍认同其教育理念和教育方式，支持学校的教育惩戒行为。

民办学校在家长支持的基础上获得了行使教育惩戒权的自主空间，并根据学生特点和学校资源情况，采取灵活教育惩戒手段。因此，虽然在培养学生规则与纪律意识，治理学生越轨行为，维护教学秩序上，不同学校的具体方式很不一样，但是普遍能够起到维护教学秩序的效果。总体来看，民办学校主要采取三种做法，一是占领学生的课余时间用以规训学生，二是鼓励学生在自治过程中习得规则意识和自律能力，三是对部分越轨学生进行集中教育以磨炼心性。

（一）课余时间监管与行为约束

民办学校监管学生的课余时间可以达到两种效果，一是将学生的课余时间置于教师的监控之下，二是在这一时间段内让学生以学习的方式来获得规则意识。在监管学生课余时间的具体方式上，民办学校根据自身教育理念和资源差异，采取不同的方式。

第一种方式是对学生的课余时间采取监控的方式。这类学校一般秉承严格管理和高压监控的教育理念，会派教师对学生课余时间的行为进行监控。实行这一做法的学校，在教师资源上相对丰富。

莱登县明日中学通过政教处巡查和班主任陪餐制将学生的课余时间置于教师的视线之内。政教处巡查制，政教处教师会在课余时间在教学楼内巡查，发现学生打架斗殴，或者是做出其他的越轨行为，会及时制止并记录下来，并及时将信息反馈给班主任，由班主任对学生进行批评教育。班主任陪餐制，在学生去食堂就餐的过程中，班主任全程陪同，班主任在这一时间段内对学生行为进行直接监督。

第五章 民办学校教育时间的利用：高度动员与总体性发展

将课余时间全部置于教师监控下的管理方式，不可避免地会向学生传递很大压力，甚至对学生的正常娱乐活动也造成影响，压抑了学生的活泼天性。在调研中发现，在使用严密监控方式来实行校园治理的民办学校，学生的精神状态显得紧张、畏缩，活泼不足。

第二种做法是以国学学习为代表的方式，将课余时间转化为特殊的学习时间。部分民办学校将《三字经》、《弟子规》、四书等蒙学教材和儒家经典引入校园，要求学生在课余时间背诵其中内容，并指导学生按照其中的要求来规范自己的言行。在跑操的排队等待时间，在学生前往食堂的排队时间，都是学生排着队伍背诵这些蒙学教材和儒家经典的时间，值班的教师则不时随机抽取学生进行提问。

学校对引入校园的儒家经典有自己的选择性，许多经典都会涉及个人行为规范、在群体生活中行为规范的论述。除了给学生直接买书之外，学校也会对一些内容庞杂的儒家经典进行选择性摘取，摘编成册，印发给学生。学校会根据学生的学习能力，以及蒙学教材和儒家经典的难度，制定分年级学习计划。教师和学生一起学习，教师边学边指导学生。

民办先锋学校位于莱登县青泉乡，学校创办者李某于2007年创办，2014年，CH和DXF两人合伙将学校买下来。CH之前在其他民办学校当过教师，DXF之前有在公办学校工作的经历。DXF在公办学校教了三十多年语文，对于国学比较了解，买下学校后在学校设置国学课程。幼儿园学生背蒙学类经典，小班背《三字经》，中班背《弟子规》，大班背《孝经》。小学一年级背唐诗，二年级背宋词，三年级学《论语》，四年级学《大学》，五年级学《孙子兵法》，六年级学《论语》。学校课程表中，下午最后一节课是读经课，属于全校学生学习国学课程的时间。（莱登县先锋学校副校长WQ，2018年11月5日下午）

通过课余时间读经，学校治理实现了两个效果，一是学生部分精力被引导到背诵典籍上去，没有时间和精力去做越轨的行为；二是通过学习和背诵,以及教师的讲解,学生逐渐习得了一些个人行为规范。

此外,国学学习还可以回应家长对于孩子扩展阅读面的焦虑。在基础教育阶段授课内容改革和考试改革的背景下,有许多的知识点不是在课本上,而是在学生阅读推荐书目的过程中获得,而阅读、作文等题型的变革也不断要求学生增加阅读面。学校将读经活动宣传为扩大学生阅读面的做法,能够获得没有能力辅导又外出务工的家长的支持和认可。

(二)学生自治与规则内化

除了占领学生闲暇时间,部分学校也采取了鼓励班级自治和校园自治的做法。学生在教师指导下,主动承担起维护班级秩序、学校秩序的责任。在这一过程中,学生熟悉了学校的规章制度,形成规则意识,在相互监督中将学校规则和纪律内化。

莱登县桦甸郜营阳光学校也是将蒙学教材和儒家经典引入校园的民办学校之一,但是该校创造性的做法在于,从典籍中提炼出个人在社会关系处理中应该遵循的行为准则和在社会中应该遵守的社会规范,并作为校训让学生将之操作化,以之作为学生开展自治的基础。学校的校训是"孝亲、尊师、友学、立志、长善、救失、守法、践行《弟子规》",学校称其为"新八德教育"。

孝亲是在父子关系中作为子女应该遵守的行为规范;尊师是指在师生关系中学生应该遵守的行为准则;友学是在同学关系中个体应该遵守的行为准则;立志是指人应该要有远大的志向,并为之奋斗;长善是指增长道德修养和知识,要去帮助他人;救失,补救过失之意,强调发自我反省,反思自己做的不对的地方并改正;守法,则是指要遵守规范,这个规范在学校是指学校规范,在社会上则是国家法律和社会规范;践行《弟子规》,则是要求学生学习国学经典,并在生活中践行弟子规中对个人行为的要求。

学校引导学生将"新八德"在生活中操作化和情境化,即让学生思考在学校的情境中和家庭生活情境中该怎样落实"新八德"要求。每个班级经过学生充分讨论后,形成体现"新八德"要求的班级公约,以此作为班级学生共同遵守的规范性要求。学校还要求每

第五章　民办学校教育时间的利用：高度动员与总体性发展

个学生写个人行为公约和个人反思日记，对自己的行为提出要求并不断反思自己。

在班级内部的治理中，只设置道德班长和学习组长两类班干部职务，且由学生们轮流担任。道德班长和学习组长在当值期间在学习和遵守"新八德"上起模范作用，并对其他学生进行监督。每个学生都有机会担任班干部，也就有机会加深对于规则的理解，并增强自觉遵守的意识。

在校园治理中，也要求每个班级轮流值周。在值周期间，当值的班级会在内部组织学生分组值班，每个小组负责不同的事项，如校园卫生、行为举止、食堂纪律等。不同小组各有分工，在监督他人的同时，加强对自我的要求。（莱登县桦甸鄢营阳光学校6年级1班班主任WL，2019年8月18日上午）

在校园治理中发挥学生自治，将学生从校园行为规范的被动接受者转换为主动的创造者和守护者。这种角色的转变促使学生去将行为规范内化为身体化的行为，在监督他人的同时首先对自身进行了规训。

此外，在校园治理中发挥自治也是培养学生，锻炼其综合素质的重要手段。学校将学生的课余精力引导到关注行为规范要求，并对照反思自身上来，以及组织班级自治和学校自治的事务中。将精力耗散在这些事情上之后，学生们也就减少了做出越轨行为、破坏教学秩序的精力。

（三）越轨学生的集中教育与心性磨炼

对于采用常规惩戒手段，仍然无法抑制其做出越轨行为的学生，民办学校一般有两种策略，一种是与家长沟通后将学生劝退开除，这是一部分民办学校的选择；另一种是对这部分学生进行专门集中教育，这也是一部分民办学校的选择。

虽然《中华人民共和国义务教育法》第三章第二十七条规定，"对于违反学校管理制度的学生，学校应当予以批评教育，不得开除"，[①] 但

---

① 《中华人民共和国义务教育法（2019）》，http://www.moj.gov.cn/Department/content/2019-01/17/592_227073.html，2019年1月17日。

义务教育阶段民办学校的运行机制

是民办学校在实践中却会做出开除学生的决定。家长一般将自身与学校的行为默认为市场交易行为,因此当学校做出开除决定后,家长并不会举报学校。

也有一部分民办学校选择对有严重越轨行为学生进行集中教育。学校在集中教育时所使用的并不是暴力手段,而是心理教育和行为引导。学校采取这一手段,是因为其秉持的是学生做出越轨行为,且不易被纠正,与学生的认识不足和性格有关,而非学生本身品质有问题。[1]

莱登县古娄镇群英学校开设的国学班就是在这一背景下开设起来的。国学班是借用传统文化的力量对行为上有一定偏差的学生进行教育的场地。学校选取的学生往往是成绩比较差、比较调皮的学生,从本质上来说并不具有人格的好坏。学校将这批学生送往国学班面临一个问题,即差生身份被污名化的问题。为了解决这一问题,学校从三个方面入手解决。一是在选取学生时,校长询问学生。"你想不想获得更大水平的进步?""想!""好,那派你做代表去国学班学习学习。"在挑选学生的时候就遏制了被污名化的风险。

二是在教师选取上具有特殊性,国学班一周一节课,讲课的教师大部分是当地社会的知名人士和中层精英,这些人士既有官员,也有初中、高中的教师,还有各行各业的爱心人士。之所以能够请到这些人前来授课,是因为校长夫妇本身是当地很多爱心组织的负责人,同时校长夫妇还分别是县人大代表和政协委员,丰富的社会资源为该民办学校创办国学班提供了源源不断的师资。

三是国学班教室设置在教学楼一层,整体环境较为复古,讲台上有黑板,周边墙壁上挂着古代名人的挂像,走进教室,像是走进了传统课堂。虽然多媒体设施不断告诉我们这是个现代课堂。在这样的学习环境下,学生学习的不是课本上的知识,而是这些社会上各行各业具有丰富社会经验的中层精英分享的人生经历和人生价值观,以及一些传统技艺,如围棋、书法等,在人生经历的分享过程中,在各种事情的处理中,他们会习得这些有社会经验的人的是非观;在学习传统技艺的过程

---

[1] 观点来源于莱登县古娄镇群英学校校长访谈。

第五章　民办学校教育时间的利用：高度动员与总体性发展

中训练耐心，沉淀心境。懂是非，明事理，看未来，是国学班的主要学习任务。

每一期的国学班持续的时间不定，往往是一个月到两个月的时间。结束后，学校会主持毕业典礼，下面则摘取一段毕业典礼上国学班学生的讲话：

"感激老师给我指出错误，我现在对待老师再也没有以前那么不礼貌了，对待同学也比以前友好了，虽然偶尔也会发生一些矛盾，但是很快就会认识到自己的错误，这一个月的学习使我的性格也转变了很多，原来的我要是别人说我一句，我就会和他发生矛盾，现在的我会冷静下来思考一下到底是什么原因使我发生矛盾的，这样可以使我避免发生一些不必要的矛盾，感谢老师和学校给我这些机会，让我们像蝉一样学会蜕变，使我成为一个崭新的自己，我也明白一个道理，不经历风雨哪里能够收获彩虹，我上课不认真听讲，对于知识也是一窍不通。"（第一期国学班在2018年5月12日母亲节当天举行，这是会上国学班代表的讲话。）[①]

对于越轨学生的集中教育，实际是在治理中采取了分层教育的做法。采取这种做法的学校，可以在短期内集中资源投入到这些学生身上，发挥资源的聚集效应和规模效应。将学生小规模的集中，又处于教师监管下，实际上是在短期内再造了一个班级空间出来，在这个短期班级里，学生在认真改变，相互影响的积极氛围中，越轨行为逐渐得到纠正。

对于越轨学生进行重点关注，并花费精力进行教育主要是乡村民办学校。县城招商引资民办学校学生规模较大，一个年级有一两千人，校长和中层领导对学生都认不全，直接参与纠正越轨学生的动力不大；学校更多的是以高门槛来筛选相对优秀学生入校，对于违反校规校纪的学生采取开除措施，开除措施对学生有极强的震慑作用，但不是教育行

[①] 莱登县古娄镇群英学校校长LXZ，2019年8月13日下午。

为。乡村民办学校在规模上相对于招商引资民办学校要小,学生规模一般在500—800人。这样规模的学校,可以进行一定的教育教学实验,学校也有精力对调皮学生进行管理和开展教育实验。

虽然说本地的乡村民办学校有采取这一方式进行教育的条件,但并不意味着所有学校都会对调皮学生进行耐心教育。学校对于调皮学生的教育方式和教育态度与学校举办者或者是学校管理者的教育理念有较大关系。

四 分类教育与高度动员

民办学校对于学生进行激励,提高学生学习积极性的做法,采取的是"分而教之",将学生进行分类和等级化的做法。对于这种将学生进行分类,并伴之以监督、奖励、筛选等措施的做法,福柯认为是学校对学生进行规训的一种方式,体现了学校的规训权力。[①] 帕森斯认为这是学校筛选功能的体现,是社会筛选在学校这一组织内的预演。[②] 在两位研究者看来,这是现代学校组织与传统学校组织不同的功能,也是现代学校组织在规训效率和实现筛选功能效率较高的原因。

民办学校的上述做法正是强化了学校的筛选功能,以较高的学习压力来激发学生的学习动力,进而提高学生在学校教育时间内的学习强度。至于分类教育、分层管理是否会对学生带来不利的影响,是否会打击部分学生的学习自信心,这并不是民办学校管理者考虑的问题。民办学校管理者考虑的是分类教育对于成绩提升的正面影响,因为这是其办学的重要目标。

民办学校强化筛选功能的做法,主要是集中于学校的智育教育方面,即与考试有关的学术性科目上。在非学术性科目上,民办学校相对来说并没有强化筛选功能。民办学校对智育教育重视和对筛选功能强化的做法,与一些批评者和研究者对公立教育过于应试的批评内容非常相似。[③]

---

① [法]米歇尔·福柯:《规训与惩罚》,刘北成、杨远婴译,生活·读书·新知三联书店2012年版,第166—169页。
② [美]塔尔科特·帕森斯:《作为一种社会体系的班级:它在美国社会中的某些功能》,载张人杰主编《国外教育社会学基本文选》,华东师范大学出版社2013年版,第419—438页。
③ 钱民辉:《教育处在危机中 变革势在必行——兼论"应试教育"的危害及潜在的负面影响》,《清华大学教育研究》2000年第4期。

第五章　民办学校教育时间的利用：高度动员与总体性发展

正是为了改变学校过于注重智育教育，而忽视其他方面素质培养的问题，国家开始实施素质教育，并制定了一系列相关政策。然而民办学校在政府监管不足的背景下，扩大化其办学自主权而不易被发现，仍然采取了注重智育教育，强化筛选功能的培养方法。从教育效果来说，这一做法确实起到了激发学生学习积极性的效果。

第二节　教师激励：多劳多得与优劳优得

国家减负政策和《中小学贯彻〈事业单位人员收入分配制度改革方案〉的实施意见》（国人部发〔2006〕113号）、《国务院办公厅转发人力资源社会保障部　财政部　教育部关于义务教育学校实施绩效工资指导意见的通知》（国办发〔2008〕133号）等文件要求教育部门和学校改革教师评价标准和待遇标准，改变以教育成绩和升学率为主要标准的教师评价制度，改变以教育成绩决定教师待遇的做法。但上述政策的影响范围主要限于公办学校，民办学校并未贯彻国家的上述要求。为了刺激教师提高学生的学习成绩，民办学校采取了以考试成绩和升学率为主要标准的教师评价制度，并制定以强化竞争为特点的教师激励制度，组织团建活动奖励工作业绩优秀的教师。民办学校的教师激励制度可以从三个维度来认识：一是绩效工资高比重与正向激励，二是教学成绩落后与辞退的负向激励，三是情感激励。

一　绩效工资的高比重与正向激励

民办学校的绩效工资制度虽然和公办学校实行的绩效工资制度具有名称上的相似性，但是两者的制度设计存在较大差别。此处主要讨论民办学校的绩效工资制度。不同的民办学校在具体的工资内容和工资水平上存在差异，但是在工资制度的原则上却具有很大的一致性。笔者基于对莱登县不同民办学校教师工资的调研，总结和提炼民办学校工资制度的一般性规律。

民办学校的工资制度是"基础工资+绩效工资"模式。基础工资以课时为基础，由于主课和副课的课时数相对固定，基础工资数额变动不大。绩效工资的工资数额不仅变动较大,且存在较大差距,实际上,教师之间的收入差距正是源于绩效工资的差距。但是不管是基础工资,还是绩效工资,都是建立在工作量的基础上。民办学校在规定基础工资的同时,也规定了教师需要完成的基本工作量,只有完成基本工作量才能够获得全额的基础工资。绩效工资的标准则兼具工作量和工作业绩,工作业绩主要是教学成绩,即学生的考试成绩,因此,绩效工资的制定原则可以概括为"多劳多得,优劳优得"。

以先锋学校小学部为例。先锋学校的工资分为基础工资、职务津贴、工龄工资、活动补贴、考试奖励五大类。基础工资建立在相对固定的基本工作量上。工龄工资是固定的,且占比较低。职务津贴、活动补贴、考试奖励占比相对较高。职务津贴、工龄工资、活动补贴、考试奖励共同构成了绩效工资。基础工资是以课时为基础的,主课课时费22元/节,副课课时费20元/节,一个月2大周,共240节课左右,一个班的主课(如语文)40—60节,一个老师带一个班,一个月课时工资可以有1000—1200元,如果老师带2个班,收入会更高。职务津贴多种多样,教务主任、政教主任(德育主任)津贴1500元/月,备课组长津贴800元/月,教师在教务处、政教处、后勤兼职的津贴,400—600元/月,副校长津贴2000元/月,班主任津贴700—800元/月。工龄工资,60元/年,工龄每增加一年,就涨60元。活动补贴标准不完全一致,学校会根据每月的活动举办情况和教师参与情况发放补贴,教师只要参与学校举办的活动,报数据到副校长签字,学校就会发放。参加听评课、公开课、讲课比赛可得200元/次,月考等大型考试监考60元/节。其他可以纳入补贴的活动还有迎接县长检查,其他学校校长、教师前来参观的接待工作,举行家长会,社团展示,全校组织的大型活动,等等。考试奖励数额较大,月考成绩好,所教班级的教师课时费增加2元/节,期末考试成绩好,奖励教师1000—5000元不等。(先锋学校副校长WQ,2018年11月5日)

第五章　民办学校教育时间的利用：高度动员与总体性发展

除了工资量化这一特点外，民办学校的工资制度还有一个特点是去资历化。资历主要是以在该校工作时间为衡量标准。大部分民办学校在工资项目中，并不会设置工龄工资（体现在该校工作年限的工资项目）这一项，即在该校的工作年限长短与工资水平之间没有任何关系，如明日中学的工资中就没有包含这一项目。少数在工资中加入工龄工资的学校，要么是赋予工龄工资极低的比重，要么是设定极为严格的条件。

莱登县固铝办事处柿子园学校在工资项目中设置了工龄工资，每年有50元，但只有连续工作满5年的教师才会有这笔工资收入。（固铝办事处柿子园学校校长SG，2018年11月19日）

民办学校工资制度中的去资历化，与公办学校形成较为鲜明的对比。在目前公办学校的工资制度中，教龄是工资中非常重要的因素，首先，在评定职称的诸项条件中，教龄是很重要的加分项目，教龄越长，加分越多，能够晋升的机会更大，其次，在职称工资内部，还分为不同的档次，被称为薪级工资，同一职称内部一般分为三档或四档，也由此导致同一职称内部的收入差别，区分不同的档次的标准是晋升为该职称的时间，随着年限增加，薪级工资就逐渐增加。

民办学绩效工资的原则具有"多劳多得，优劳优得"的特点。正是基于这一原则，从教师个人来说，绩效工资具有高度波动性和在工资总额中占比高两个特点；从教师群体来说，绩效工资具有扩大收入差距，刺激竞争的作用。

曙光学校校长YD说："体制内，按职称拿钱，按年龄拿钱，在民办学校不可能。民办学校是按工作量、按教学业绩拿钱。"（米驼乡曙光学校校长YD，2018年11月21日上午）

民办学校制定的绩效工资制度，除了每月常规性的工作外，所有的校级统一考试及成绩排名、教育局或中心学校组织的质量检测及成绩排名、课后辅导和晚自习指导、临时召开的家长会等工作全部会计入工资项目中去。绩效工资项目十分丰富。在这些丰富的项目中，有一些一个学期可能只有一两次。但是正是这种非常规性的工作会增加工资收入，也因此产生了对个人来说，不同月之间收入水平的差距。对于不同的教师来说，因为工作量和工作质量差异，也会出现一定的收入差距。

民办学校的工资制度，在基础性工资和绩效工资两部分的划分中，赋予绩效工资很高的比重，基础性工资占的比重相对低一些。基础性工资比重在30%—50%，具体到数额则是900—1500元不等。

绩效工资的制定原则意味着，教师必须不断增加工作量投入，并提高工作质量，才会获得相对较高的绩效工资收入。因此，民办学校的教师实际上处于一种高度竞争的环境中，教师必须尽己所能地去工作，以保持或者提高自身的收入。

民办学校工资与公办学校相比具有两个特点，一是工资总体水平更高，二是比公办学校工资制度的激励性更强。通过调研可以发现，民办学校教师工资普遍在3000元/月以上，工资水平高的可以达到4000—6000元/月。公办学校刚入职教师是1600元/月，试用期结束后工资是2200元/月左右，30多岁的教师，收入水平可能只有不到3000元/月（到手的收入）。在县域范围内，从月支配收入的角度看，民办学校教师工资平均水平高于公办学校教师。

民办学校工资制度的激励性强源于其工资制度设计，基于工作量和教育成绩的工资制度促发了教师的不稳定感和竞争意识。对比之下，公办学校的工资制度设计就具有一定的"平均主义"倾向，给与教师较大的收入安全感，对于教师的物质激励影响就相对弱一些。莱登县公办学校自2009年开始按照国家要求实行绩效工资制度。根据规定，绩效工资分为两部分，基础性工资和和奖励性工资两部分，基础性工资占绩效工资总额的70%，绩效工资占工资总额的30%，基础性工资主要考虑地区经济发展水平、物价水平、岗位职责等因素，奖励性工资主要体现工作量和实际贡献，在绩效工资中设立班主任津贴、岗位津贴、农村学校教师津贴、超课时津贴、教育教学成果奖励等项目。根据国家政策设想，借绩效工资实施，清理过去不规范的学校津贴补贴做法，实行国家

第五章　民办学校教育时间的利用：高度动员与总体性发展

统一标准的奖励津贴制度。① 中西部工业欠发达县域，财政能力不足，一般将原有工资的 70% 作为基础性工资，将剩余的 30% 作为奖励性工资。② 莱登县实行的就是这一做法，在实行绩效工资后，每月发放工资的 70%，每月工资的 30% 半年集中发放一次。因此绩效工资制度实施以后，教师的直观感受是，工资不仅没有增加，反而还减少了。

在实行绩效工资制度后，教师的收入激励主要依赖 30% 的奖励性工资。但是在奖励性工资的发放上，大多数学校都将工作量作为最主要的标准，教学成绩和工作态度在绩效考核中所占标准很低。之所以制定这种标准，就是为了贯彻国家提出的实行多样化评价标准，淡化教学成绩重要性的要求。莱登县在绩效工资制度中，从德、能、勤、绩四方面考评教师，德、能的考核属于定性考核，教师们之间得分没有差别，勤主要体现于工作量，绩是教学成绩，占比极小。在实行过程中，同一职称的教师作为一个群体进行评比，但是由于现在考试次数很少，中心学校和县教育局组织的统考更是屈指可数，教师的工作业绩其实缺乏参照对比的对象，这一考评方式就从量化考评转为定性考评，学校也就对教师业绩这一考核结果打相似的分数，教师之间拉不开差距。唯一的量化考评项目就是工作量的考评。只要完成学校规定的基本工作量，就不会被扣分，就能够给获得满分。如此一来，绩效工资并不能够具有激励教师努力工作，以提高业绩的作用。

通过对比更能够看出民办学校通过物质刺激来激发教师工作动力的做法。在当前这样一个以收入水平衡量人的社会地位的时代，良好的收入水平可以提升教师的社会地位和身份认同感。民办学校教师的工资水平在莱登县处于中上水平，一方面提升了教师的社会地位和身份认同感，教师觉得走出去"很有面子"；另一方面也让教师看重和珍惜这一工作机会。

二　内驱力激发：精神激励与情感激励

物质激励是一种十分有效的激励方式，但不是民办学校唯一的激励

---

① 《国务院办公厅转发人力资源社会保障部财政部教育部关于义务教育学校实施绩效工资指导意见的通知》，http://www.gansu.gov.cn/art/2009/4/28/art_431_188229.html，2008 年 12 月 23 日。

② 这是笔者基于在广西、甘肃、河南、湖北等中西部地区的县域调研得到的经验。

义务教育阶段民办学校的运行机制

方式，精神激励和情感激励也是民办学校常用的激励方式。物质激励属于外在激励，精神激励和情感激励则属于内在激励。相比于物质激励，精神激励主要是满足人的精神层面的需求，精神需求比物质需求的层次要高；情感激励主要是关心人的内心世界，关心人的喜怒哀乐，给人以愉快的情感体验。[①] 精神激励和情感激励是民办学校激励机制的重要组成部分，并发挥着十分重要的作用。

精神激励的侧重点在于满足人在工作当中的荣誉感和成就感，[②] 这种荣誉感和成就感与人的职业和工作密切相关。民办学校在对教师进行精神激励时，主要采取的措施是荣誉激励、培训激励和晋升激励。

荣誉激励表现在每个学期开学时，学校会对上学期工作业绩优秀的教师进行大会表彰，颁发奖品和奖状。大会表彰上的奖品虽然不及学校发的奖金高，但是象征性和激励性却很强。在全校师生面前对优秀教师进行表彰，表明了学校对受表彰教师工作的重视，奖品所代表的肯定性和奖励性色彩十分浓厚，让受表彰的教师有工作被认可的满足感。

培训激励则是民办学校激励积极进取教师的有效措施。民办学校的培训资源有两类，一类是教育部门给予的培训机会，另一类是民办学校自己寻找或购买的培训机会。民办学校在分配培训机会时并不是论资排辈，而是考虑到学校教师的实际需求。对于希望提升自身业务能力的教师，民办学校大都十分支持，积极为其提供培训机会，并承担培训费用。民办学校教师也十分珍惜这样的机会，并将之看作对自身工作的肯定。

WL 是莱登县古娄镇群英学校的教师。WL 大学毕业后先是以临聘人员身份在莱登县某部门工作一段时间，后来应聘到群英学校工作。由于并非师范专业毕业，且没有教师资格证，WL 感到有些自卑，工作上十分努力。校长经常对 WL 表达肯定和鼓励。当 WL 希望提升自己的教学水平，主动提出外出培训时，校长同意其外出培训，并承诺学校为其寻找培训机会并报销费用。和 WL 访谈时，WL

---

① 李思莹：《物质激励、精神激励和情感激励的比较》，《中国集体经济》2017 年第 13 期。
② 李思莹：《物质激励、精神激励和情感激励的比较》，《中国集体经济》2017 年第 13 期。

第五章 民办学校教育时间的利用：高度动员与总体性发展

已经培训结束几个月了。但是一谈起这件事情，WL 就对校长十分感激，并表达出自己要更加努力，让工作更出色的态度。（莱登县古娄镇群英学校教师 WL，2019 年 8 月 18 日下午）

晋升激励反而与民办学校教师的高流动性形成了互补关系。民办学校的教师相比于公办学校来说，流动性较大，有几年工作经验的教师可能会因为考上事业编或者是公务员，或者是因为结婚而辞职，但是教师的流动也为新入职的教师提供了上升渠道。由于学校教师没有形成明显的论资排辈现象，学校教师也比较紧缺，新教师入职之后，只要工作认真负责，表现优秀，很快就能够被安排兼任学校的行政管理工作，获得锻炼，并逐步晋升。此外，民办学校教师的工资中十分重要的一部分是职务津贴，与职务晋升相伴随的是工资的增长，这带来了双重激励。

民办学校在实施精神激励时，主要面向工作态度认真、工作业绩优秀的教师。民办学校通过向这些教师颁发荣誉奖励、给予学习机会、给予锻炼机会并予以晋升等方式，既表达对优秀教师工作的肯定，也向其他教师树立榜样，通过激励少数人来影响大多数人。这与民办学校的情感激励机制形成了较大差别。

民办学校使用情感激励时，一般以关心、体贴教师的生活，主动为教师提供娱乐、旅游服务等形式实施。在对象上，民办学校并不限制在优秀教师群体上，而是扩展到全体教师身上。在激励手段上，既包括了物质手段，也包括了非物质手段。调研发现，民办学校常用的情感激励措施主要有三类，第一类是组织团建活动，加深教师之间的沟通和交流；第二类是个性化的关注，关心教师的生活，让教师感受到来自工作单位的温暖；第三类是为教师提供旅游休闲服务，培养教师对学校的认同感。

团建活动在民办学校较为普遍。大多数团建活动都是就地取材，成本不高，但是活动效果不错。团建活动对于增进教师之间的熟识程度、增加教师之间的交流具有重要作用，因此学校规模较大、教师人数较多的民办学校是开展团建活动最为频繁的学校。如组织教师运动会，并在项目设置上多设置一些需要团队合作的项目，如拔河比赛、篮球比赛、排球比赛等。有的民办学校甚至会联合友好学校组织运动会，在这一过程中既可以增加教师之间的了解，还可以培养教师对学校的认同感。

关心教师生活，让教师在工作中感受到温暖、关心之情，满足教师的部分情感需求，是民办学校采用个性化关注方式的重要原因。教师生日、教师家庭中有红白事，或者是教师家中突遭变故等情况下，民办学校都会对教师送上相应的关心。如教师生日时，学校组织教师为其送上生日祝福；教师家中有红白事，学校组织教师随礼走人情；有教师家中突遭变故，学校组织慰问，并向其提供一定的物质帮助，等等。上述个性化的关注方式，让教师感受到来自学校和同事的温暖，并产生被尊重的感觉。

> 莱登县石言中学近些年的教学成绩不断提升，其工资水平在县城招商引资民办学校中并不是最高的，但是教师的流失率近几年有所下降，且教师的精神面貌非常积极向上。调研发现，该校对教师的日常生活十分关心，教师过生日时，学校会为教师定做生日蛋糕，送上鲜花，为其过生日；教师家长有红事，以学校工会名义送贺礼，白事送礼品；教师生病，鼓励同一年级组教师前去探望，教师直系亲属生病或有事，也组织前去探望；教师家里有困难，主动发现并帮助解决。为距家较远的教师提供宿舍，方便教师休息和工作。教师们因此对学校有深厚感情。（莱登县石言中学校长 ZXW，2018 年 11 月 13 日下午、2020 年 4 月 21 日下午）

为教师提供旅游休闲服务，是学校采用物质手段为教师提供情感激励的方式。由于旅游的成本与其他非物质激励手段相比，成本相对较高，因此采用这一激励方式的学校一般教师规模不大，在十几人到几十人之间。提供旅游服务，可以体现学校对教师工作的肯定和对教师休闲需求的满足，对于塑造教师的学校认同感，激发工作积极性具有重要作用。

> 博闻学校近些年的教学成绩一直稳步上升，在乡镇的排名，从原先的中下水平上升到前三。校长 GW 对学校的成绩十分满意，认

第五章 民办学校教育时间的利用：高度动员与总体性发展

为教师很辛苦，成绩的取得十分不易。最近几年也一直在假期组织教师外出旅游，教师们去过驻马店市、信阳、云台山、青岛，等等。（莱登县博闻校长 GW，2018 年 11 月 6 日上午）

情感激励在日常生活中并不会被教师分得如分析中这么细，由于其覆盖群体的广泛性，一般被教师们统称为"学校福利待遇"。情感激励的最主要作用是塑造教师对学校的认同感，进而激发教师的工作热情；其次是吸引和留住部分优秀教师，降低教师的流动性。

物质激励会有其作用瓶颈，如果只重视物质激励，有可能会适得其反。① 民办学校投资者和管理者在实际的管理过程中探索出一套与学校情况相配套的激励机制，适当使用精神激励和情感激励措施，在丰富激励类型的同时，也满足了教师的多样化需求。通过物质激励和非物质激励的组合，民办学校能够较好地调动教师的工作积极性。

民办学校采取的精神激励和情感激励方式并不是民办学校所独创的，而是目前企业管理中应用较为普遍的方式。但是在当前公办学校激励方式受限的情况下，民办学校的多种激励反而显得丰富和富有人情味。公办学校在可以收取学杂费的时期，学校掌握一定的财权，可以给教学成绩优秀的教师发放奖状、奖品等荣誉性奖励，可以在过节时给教师发放一些礼品作为节日福利。这些内容体现学校对教师工作的肯定和对教师生活的关心，这些做法与民办学校的非物质激励方式有一定的相似性。然而随着政府对素质教育和减负政策越来越重视，教育部门要求学校不能过于重视升学率，不再依据教学成绩对学校进行评价，公办学校失去了依据教学成绩对教师进行评价和表彰的合法性，学校校长也失去了组织类似表彰活动的动力。并且随着公办学校教育经费被纳入公共财政保障范围后，政府对于教育经费的使用也作出了严格的规定，教育经费被严格禁止用于发放教师福利。目前，公办学校几乎不再发放教师福利，教师的社会保障和待遇改善受上级政府、教育行政部门的政策影响，与教师所工作的学校没有太大关系，教师也不会将收入增加和待遇

---

① 张建伟：《论企业的薪酬管理与精神激励机制》，《学术论坛》2002 年第 6 期。

改善与工作的学校联系起来。公办学校教师收入和待遇虽然也在不断改善，但是对教师工作积极性的激励效果却相对低一些。

三 负向激励：约谈与辞退

物质激励、精神激励和情感激励，属于民办学校激励体系中的正向激励内容，除了上述激励方式外，民办学校还制定了负向激励方式。约谈和辞退是常见的负向激励。特别是辞退教师，这是民办学校基于人事管理自主权采取的做法。

约谈是对教师的警戒，也是民办学校比较常见的负向激励方式。约谈常见于教师被家长投诉，教师工作态度不积极，或者是教师的工作业绩没有满足学校期待等情况。做出约谈行动的一般是民办学校的中高层管理者，如年级主任，或者是学部校长（如小学部校长和初中部校长）。如果所带的班在考试中连续几次成绩较差，执教的班主任会被约谈。被约谈的教师不仅绩效工资受到影响，更会因为被约谈而感觉到"面子上不好受"，在同事面前有很大压力。

民办学校可以基于人事自主权辞退不符合其要求、不能胜任工作的教师。民办学校做出辞退教师的行为主要基于以下三个原因：一是教师的教学成绩一直落后，始终没有进步；二是教师业务能力不强，或者是学习意愿不足，不能及时更新教学观念和习得新的教学技术；三是无法适应民办学校工作强度。

桦甸英才少年学校前些年曾经聘请过一位公办学校退休教师。但在教了一个学期后就被辞退了。学校举办者兼校长YZG总结辞退该教师的原因：教学方式落后，不会使用多媒体教学技术，只会用粉笔；花架子太多；成绩提不上去；学生不喜欢听其讲课。YZG说，"学生喜欢年轻有朝气的老师，会带来很多新东西，能吸引学生兴趣，老教师只教老东西，只知道书本知识。虽然聘公办退休教师很好听，但是教不出成绩来我们也不欢迎"。（莱登县桦甸英才少年学校校长YZG，2019年8月17日下午）

第五章　民办学校教育时间的利用：高度动员与总体性发展

为了提高教师的授课水平和业务能力，民办学校大都有自己一套新教师培养体系，特别是在师资相对稳定的招商引资民办学校更为典型。如在莱登县民办石言中学。一般情况下，新招聘的教师需要经历一段培训后才会安排上课，在培训期间，新教师先观摩其他教师授课，之后再练习讲课，由备课组全体教师进行点评。待新教师讲课合格后再上台讲课。在日常教学期间，石言中学还实行集中备课制度和"推门听课"制度。集中备课制度，是同一学科的教师统一备课，大家集思广益，共同探讨出一份授课大纲，这样可以保证大部分教师都能够掌握基本的授课要点和讲课基本技巧，在这一授课大纲的基础上，教师们可以根据自己班级的特点和自己授课风格，进行适当调整。"推门听课"制度，规定校长和年级主任会随机、不事前打招呼地进入教室听课，并规定了校长和年级主任每周最低听课节数，以此了解教师的授课情况。通过这套较为系统的教师培训，教师能够很快掌握基本的授课方法和授课技巧，提升业务能力。

在学校拥有系统培养教师的体系下，民办学校对于部分教师长期表现出来的业务能力没有进步、教学成绩没有提升会极为不满，并主动对部分教师做出辞退的决定。民办学校在评判教师时，并不考虑该教师既有的经历，而主要看的是当下的工作能力和业绩。因此，在民办学校工作的教师必须一直保持努力，并拥有好的教学成绩，才能在民办学校立足。一旦业绩能力下降，自身收入就会受影响，甚至出现被辞退的情况。在与民办学校教师访谈时，也能够感受到他们身上时刻紧绷的压力和紧张情绪。

负向激励本质是一种惩罚性激励，民办学校通过负向激励制度为教师的工作绩效构建了"底限"，确保教师的工作积极性和业务能力必须保持这一基准线之上。这种基于人事自主权的负向激励制度，是民办学校在竞争时相比于公办学校的优势。公办学校教师属于国家事业范围编制，由县教育局分配，学校并没有人事管理的自主权，校长对于工作态度消极的教师除了采取教育劝说和批评之外，没有惩罚性措施。部分工作态度消极、教学成绩长期没有提升的教师也可以毫无压力地在公办学校工作，并且工资收入不会受很大影响，这对认真工作的教师是一种打击,影响整个学校教师群体的士气。

四 待遇差距扩大化基础上的竞争与工作积极性

民办学校教师激励制度具有"多劳多得、优劳优得"的特点。由于教师的工作对象是能够做出反馈、具有能动性的人,因此教师的工作态度、工作中的情绪等主观性因素同教师的教学技巧、知识水平等客观因素一样会对学生产生影响,会对教学成绩产生影响。基于教师工作的特殊性,民办学校在对教师工作进行考核时,十分注重对教师工作态度的了解,以及教师工作结果——学生成绩的考察。在此基础上,民办学校制定出物质激励、精神激励和情感激励相结合的正向激励方式来激发教师的工作积极性,并以约谈、辞退等负向激励方式来惩罚不符合其要求的教师。

民办学校对教师积极性的动员是建立在教师与学校投资者是员工与老板的关系基础之上,民办学校采用精神激励和情感激励,是以培养教师对学校的深厚感情,这是一种私人性质的感情。私人性质的感情需要去经营,因此会有十分复杂精巧的激励制度设计,同时取得了很好的激励效果。

第三节 管理取向:班级管理的教师团队制与整体性进步

民办学校在管理上的价值取向是整体性进步。民办学校对学生采取分层次教学和分类管理的做法,对教师采取"多劳多得、优劳优得"的激励取向,能够激发学生的学习动力和教师的工作积极性,提高学校的教育效率,但是也可能产生跟不上学习节奏的学生失去信心自我放弃的情况。为了避免出现部分学生被有意或无意忽略,以及学生走向自我放弃情况,民办学校在班级管理中强调教师团队协作和学生的整体性进步。

第五章 民办学校教育时间的利用：高度动员与总体性发展

一 班级教师团队制与学生管理的责任细化

在班级管理中，民办学校非常强调教师团队协作，并予以制度化。教师团队协作的目的是将学生管理责任细化，即科任教师、班主任和年级中层领导在班级管理中形成明确的分工协作，其中科任教师和班主任组成班级管理的核心教师队伍。①

科任教师参与班级管理是民办学校在管理上的创新性举措，因为这在公办学校管理中并不普遍。科任教师参与班级管理主要有两种方式，一种是制度化的方式，由学校规定科任教师参与管理的内容、职责，另一种是临时的方式，民办学校通过给教师发放活动补贴的方式引导科任教师参与班级事务。在第一种方式下，学校并不会就科任教师的参与给与其额外的津贴，而是将之看作科任教师工作的必要内容。在民办学校，科任教师参与班级管理的制度化方式有以下两种做法，一种是当副班主任，这在民办小学或者是民办学校小学部非常普遍；另一种是给科任教师分配负责关注的学生，让科任教师关心学生的学习状态、情绪状态等，这种做法在初中阶段较为普遍。

民办学校制定的科任教师制度化参与班级事务的方式，与学生所处阶段的班级特点和学生成长特点有关。在小学阶段，让科任教师做副班主任有以下三方面原因：一是小学阶段的副课多是由主课教师（语文、数学）教师兼任，或者是一个副课教师教多个班级，平均下来是一个班级 2—3 个教师。所以一个班配两个教师管理已经是在尽力去发挥教师的作用了。二是小学阶段的课程中，语文、数学的课时数占了最大头，两门课程的教师也是与学生相处时间最长的，因此小学一般安排某一门主课教师做班主任，于是另一门主课的教师就成为副班主任。三是学生的自律和自理能力相对初中要弱一些，班级规模一般较初中阶段要小，两位教师基本上可以观察和注意到大部分的情况。在小学阶段，设置班主任和副班主任两个岗位，是民办学校通过设置新的职务和制定岗位职责的方式，将科任教师纳入班级管理的举措。通过这种方式，增强教师

---

① 班主任一般也带课，属于科任教师。但此处主要是为了突出班主任与非班主任之间的分工差异，故而用科任教师来指代非班主任教师。

义务教育阶段民办学校的运行机制

对于学生情况的掌握和了解，对学生的日常监管，以及有针对性地制定不同类型学生的成长方案。

民办学校对于初中班级管理的安排也具有相似的管理目的。之所以在初中阶段参与管理的科任教师数量增多，有两方面的原因，一是初中阶段的学习科目增多，科任教师也就自然增加；二是初中阶段学生的自主意识增强，在逃避教师监管上有更多的技巧，学校因此增加教师监管的数量和教师在班级坐班时间。

通过制度安排让科任教师主动参与对班级学生的观察，以及班级管理过程，增加了教师对学生了解的全面性。班级教师团队一般在此基础上制定有针对性的学生成长方案。在班级中学生会出现一定的分层，如比较遵守纪律、主动学习的学生，自律意识差一些、学习被动的学生，自律意识比较差、需要督促才能学习的学生等等。科任教师一般都会分有自己负责管理的学生，针对不同学生，通过鼓励或批评等方式来动员学生的学习积极性，纠正学生的不良行为，引导学生朝好的方面成长，不断提升学习成绩。但是也存在一些通过上述方式难以提升其成绩的学生，班级教师团队对这类学生的期望会降低，以培养其学习习惯和良好行为为首要追求，并在日常教学和班级管理中多投入一些精力去关注和监督他们。

民办学校通过上述制度化的方式实现了对全体学生的关注，以此促进学生的整体性进步。生源对于民办学校来说是营利来源，是民办学校生存和发展壮大的资源基础，这是民办学校对整体性进步十分重视的原因。家长和民办学校之间是市场交易关系，家长认为自己向民办学校支付了费用，学校就需要提供有质量的教育服务，且这种教育服务的效果必须是可见的，因此家长十分重视学生在学校的变化。

一位"80后"家长说，"孩子9岁以前在乡下上学，老人带着，舍不得让孩子做家务，宁愿自己累一些宠着，什么都让着，做事都是用钱哄着，孩子上二年级时，给孩子一元钱让孩子去上学。孩子成绩都是三四十分。后来我回家，转到石言中学好了些，我会检查孩子作业是否写完，并和老师沟通孩子的学习情况"。（莱登县

第五章 民办学校教育时间的利用：高度动员与总体性发展

石言中学陪读家长 A20，2019 年 12 月 24 日上午)

家长通过择校在对民办学校的办学效果进行投票。民办学校在生存压力下要积极回应家长的这一教育期待。

科任教师以临时性方式参与班级管理时，工作内容具有临时性和突发性。如兼任生活教师在学生宿舍看寝，放学后送学生路队，或者是校车接送学生时跟车，参与召开家长会，班级文艺演出时参与指导等，以及其他班级临时性事务。

不管是以制度化的方式，还是以非制度化方式，让科任教师主动参与班级事务，形成班级教师管理团队，形成对学生的全面关注，对促进学生的整体性成长有重要作用。这体现了民办学校在面对家长需求变化时对管理策略的及时调整。民办学校对班级管理定位和班级管理队伍的灵活调整是建立在学校掌握人事自主权和财务自主权的基础上的。

> 一位在民办学校工作的教师深有感触地说："民办学校能够调动科任教师来参与班级管理，这在公办学校是不可能的，但是民办学校就能做到。你不听，就不要你了，找其他人干，我给你发钱，就要人尽其用。"（莱登县石言中学教师 JLS，2020 年 11 月 17 日下午）

让科任教师主动参与班级管理是民办学校的管理特色，也是其与公办学校相比的竞争优势。公办学校经过长期的发展形成了一套成熟的管理制度，但是目前这套管理制度也存在一些僵化的地方，如科任教师不主动介入班级管理。在公办学校，班主任是班级管理的主要负责人，班主任需要主动找科任教师了解班级情况，这样就存在了了解情况的时间差。另外，所有的班级管理责任集中于班主任，班主任的精力有限，因此管理和观察不免会相对粗放一些，甚至在面临中考压力时对升学希望不大的学生放弃管理。民办学校则通过将科任教师纳入班级管理责任中，分担班主任的管理责任，向学生管理的精细化方向发展。

二 教学成绩考核的班级捆绑与责任连带

为了促进教师对学生整体性进步的重视，除了建设班级教师管理团队外，民办学校还在绩效考核中增加班级整体性考核项目，将科任教师和班主任在教学成绩的考核上捆绑在一起，建立责任连带关系。

通过研究民办学校教师的绩效工资制度可以发现，其中所教班级的整体成绩在绩效中的比重很高，对工资的影响也很大。民办学校正是通过这种方式，在利益上建立起科任教师与所教班级的责任连带关系。对于科任教师来说，如果只是自己所教科目的成绩好，能够获得以这门科目所计算的绩效工资；如果所教班级的整体成绩好，则还可以获得一份关于班级成绩的奖励性绩效工资。在这种利益联结下，科任教师和班主任在利益上就有了一致之处，班级教师团队也有了比较一致的共识和利益基础。

> 在莱登县先锋学校，如果班级的月考成绩好，该班所有科任教师的课时费增加2元。在期末考试中，对考试好的班级，奖励教师1000—5000元。（莱登县先锋学校副校长WQ，2018年11月5日下午）

对班级教师团队进行捆绑考核，其实是设置了利益共进退机制。对于该团队内的教师考核以该班的总体成绩和在年级的排名作为考核依据，在该考核制度下，只有所有科目成绩都不错，该班才会在总体成绩上在年级排名靠前，若各科成绩差异很大，那么班级总体成绩就不会很好，那么即使所教科目成绩很好的教师，只能获得单科成绩好带来的单笔奖励。同样的，如果某个科目成绩较差，就会影响该班总体成绩和在年级排名。这样一种制度设计将班主任与科任教师组成的班级教师团队形成了内部的责任连带机制，教学中的成绩波动、最终的教学成果和荣誉实行团队共担，排名靠后一起承担责任，排名靠前一起接受奖励和获得各种荣誉。该机制肯定了每一个教师在班级教学团队中缺一不可的重要性，激发教师的团队意识和责任意识。

班级教师团队既能够获得正向激励，也会获得负向激励。对于班级成绩连续倒数的班级，班级教师除了被年级主任和学校领导诫勉谈话外，还可能面临班级教师队伍被解散，教师被辞退的命运。

为了让教师的精力不只限于优秀学生身上，民办学校在对成绩进行考评时，关注多个指标，总分高分率、总分优秀率，总分平均分，单科优秀率，单科及格率，单科平均分，以及相比于自身班级的进步率。甚至有的民办学校会在平均分上设定一个最低分数，如果平均分低于某一分值，即使优秀率高，在考核中也被认为不及格，教师无法获得教学奖励。由此可以看出，民办学校在重视培养优秀学生的同时，也要求教师关注班级中的后进学生。因为只有后进学生的成绩对于平均分的影响特别大，只有后进生的成绩提升，平均分的提升才较为明显。民办学校通过重视及格率、平均分等指标，引导教师对班级中的所有学生都付出精力，关注所有学生的进步。

班级教师团队制对于充分激活教师资源以提升班级管理效能具有重要作用，也成为民办学校教学成绩提升的重要"秘诀"。公办学校则无法做到如此灵活的班级管理策略，成为其在竞争中的劣势。公办学校在建立了成熟的班级管理制度后走向了路径依赖，缺乏对班级管理制度进行调整的动力。更重要的是，公办学校并不掌握激励原则设计的自主权，在当前公办学校制定的激励机制是根据政府和教育局制定的激励原则指导下建立的。在该原则指导下的公办学校激励机制，并不会涉及对班级管理制度的绩效考核，也就无法建立起班级科任教师和班主任的责任共同体与利益共同体关系，科任教师仍然是以完成本科目的教学为主要任务，班主任是班级管理的主要责任人。

三 竞争与合作下的班级整体性进步

民办学校激励制度发挥作用是依赖于待遇差距下的教师竞争。民办学校围绕学校发展方向，在激励制度设计中引导了教师竞争的方式与竞争的程度。同一科目之间的教师竞争和不同班级之间的竞争是民办学校所鼓励的，同一备课组教师的合作，以及同一班级所有科任教师之间的合作又是民办学校所鼓励的。民办学校的激励制度中，既有基于个体的教学奖励，也有针对班级整体成绩评价且属于班级教师团队的教学奖励。

义务教育阶段民办学校的运行机制

民办学校对于学生整体性进步的追求是教师激励制度和班级管理价值取向设计的前提。优秀学生是群体中的少数，民办学校为优秀学生配备最好的师资，其目的是用优秀学生来提高学校考试时的优秀率，在招生中成为学校绝佳的宣传材料。对于大部分不那么优秀的学生来说，他们依然是家庭中的希望，家长对民办学校的教育质量也充满了期待，并且会用择校的方式来进行投票。这些学生是民办学校庞大生源的最主要来源，这些学生家长的诉求是民办学校要回应的。对县域教育市场中的任何一所民办学校来说，其面对的是来自同类型民办学校、公办学校的生源竞争，在激烈的竞争背景下，只有满足这些最主要生源群体家长的诉求，学校才能够生存下去。这也使得民办学校在学校内部教育管理制度设计中，要考虑到大多数不那么优秀的学生家长的诉求，努力去提高这些学生的成绩。

第四节 本章小结

民办学校通过对学生的分层次教学与分类管理，对于教师"多劳多得、优劳优得"的激励制度，以及关注整体性进步的班级管理取向，在教育上的直接结果是提高了学生的课业负担强度，即教育时间利用效率，并最终转化为学生成绩的提高。

既有的对于学生课业负担的研究，是在减负政策的背景下展开的，研究者关注的是学生可以负担的衡量标准，以及课业负担与课业时长之间的关系，却忽略了对课业负担强度的研究。学生课业负担强度，体现为单位时间内的学习强度和学习压力，是全面理解和认识课业负担的重要维度。

在国家统一规定基本科目的教材，并确定每个年级段应该掌握的基本知识点的情况下，学生的课业负担强度与教材无关，而与教育过程的能动主体——教师和学生有关。教师的工作积极性和学生的学习动力激发是提高单位时间利用效率，增强单位时间内课业负担强度的重要因素。

国家为了避免学校只重视教学成绩，而忽视学生的全面发展，于是

第五章 民办学校教育时间的利用：高度动员与总体性发展

制定发展素质教育，减轻学生的学习负担的目标，并制定了大量弱化成绩竞争、缩短教学时间的政策。这些政策在减轻学生竞争的心理压力和学习压力的同时，也产生了降低教师积极性，弱化学生学习动力，进而降低单位时间内的课业负担强度的意外后果。严格落实国家教育政策的公办学校因此出现教育成绩下降，家长不满意程度上升的情况。

民办学校则充分利用国家赋予的办学自主权，并利用政府监管不足所给与的空间扩大化其办学自主空间。在学校运行中，民办学校根据投资者的理念和学校发展方向制定办学目标，并设计学校内部管理制度，而不是以国家教育政策来引导学校发展方向和管理制度。民办学校面对的是县域社会对教育有很大期待的农村家长，这些家长对学校教育的期待是提高学生的考试成绩，民办学校及时了解家长的需求并制定学校管理中的教育安排、教师激励制度和班级管理制度，激发学生的学习积极性和教师的工作积极性，并引导教师在教育过程中关注班级全体学生的进步。通过上述努力，民办学校在单位时间内提高了学生的课业负担强度，提高了教育效率。

第六章

民办学校运作机制与农村家庭需求的契合

通过第三章到第五章对于民办学校运行过程的分析可以发现，民办学校是将提高学校教育成绩作为办学目标的。围绕着这一目标，民办学校利用国家赋予的权利和地方政府的宽松监管创造的机会，尽力扩大办学自主权力。民办学校在招生过程、教师招聘、教育时间延长上采取了许多策略，以此提高学校的生源质量、师资结构，增加教育时间，为学校运行奠定优质资源基础。在学校教育过程中，民办学校通过分层次教学和强化考试激发学生学习动力，又通过教师激励制度设计激发教师的工作积极性与合作意识，提高教育时间利用效率，增强学生整体的课业负担强度。民办学校对学生和教师的高度动员，对于学校资源的高效利用，客观上起到了强化学校选拔功能的效果。

民办学校是精准地按教育市场需求（学生家庭的需求）来制定其办学目标的。在当前农村家庭结构转型和家庭对教育期待上升的背景下，民办学校提高学生课业负担强度的做法有利于提高学生的应试能力，强化选拔功能有利于提高学生的升学机会，这些举措契合了处于转型中的农村家庭（民办学校最主要的生源来源）对优质学校教育资源的诉求，因此能够不断吸引农村学生，扩大学校规模。

第六章　民办学校运作机制与农村家庭需求的契合

第一节　农村家庭结构转型与监管能力弱化

自20世纪90年代开始出现打工经济以来，莱登县农村的家计模式经历了从以夫妻分工为基础的"半工半耕"到以代际分工为基础的"半工半耕"的转变。同时期，农村家庭权力结构也在发生转变，当家权逐渐从父代转移到子代，子代逐渐在家庭中占据主导地位和话语权。上述两个方面的转变，是农村家庭的结构之变。留在村庄中的老年人，承担着照顾孙辈的责任，却因为在家庭中处于边缘而不敢严格管教孙辈，家庭监管能力出现实质弱化现象。

一　从夫妻分工的"半工半耕"到代际分工的"半工半耕"

当前，我国中西部农村农民家庭收入主要来源于两部分，务农收入和务工收入。这一收入结构的形成与农村家庭的家计模式变化有较大关系。从20世纪80年代至今，中西部农民的家计模式出现了几次变化。从以农业生产为主，转变为现在以代际分工为基础的"半工半耕"。

20世纪80年代，在全国普遍兴办乡镇企业的浪潮下，中西部地区乡镇也出现少量的乡镇企业。但由于中西部地区缺乏工业基础，所以这一时期的乡镇企业主要以使用本地原材料、工序简单的企业为主，类型单一，且数量较少。砖瓦厂即是中西部地区农村曾经较为典型的乡镇企业。砖瓦厂一般规模不大，吸纳的劳动力数量也不多，从十几人到几十人不等。因此，这一时期，农民收入主要来源于农业生产。

从20世纪90年代开始，中西部农村地区开始出现男性劳动力外出务工，女性劳动力在家务农的现象，形成了以夫妻分工为主的"半工半耕"家计模式。青壮年农民利用农闲时节外出务工，农忙时再回村从事农业生产。这一时期，青壮年劳动力外出务工主要集中在省内地区，从事木工、泥瓦工等建筑行业相关工作。由于建筑行业受到气候影响较大，雨雪天气和寒冬结冰期都无法开工，所以农民的务工时间不长，也不连续。农业生产仍是家庭收入主要来源，务工收入是家庭收入的重要补充。

2000年以后，越来越多的农民外出务工。农民外出务工有了新的特点：一是从原来的只在农闲时间外出务工转变为全年外出务工；二是从以男性青壮年外出为主，到青壮年女性和青壮年男性都普遍外出；三是务工地点从以省内地区为主，向长距离、集中于东部沿海地区转变；四是务工收入占家庭总收入的比重逐渐上升，从家庭收入的较小比重转变为家庭货币收入的主要来源。上述新特点的出现，与国家经济的迅速发展和农村地区农业生产机械化普遍推广有重要关系。首先，随着中国加入世界贸易组织后出口需求增加，沿海地区的各类制造企业发展壮大，出现了旺盛的劳动力需求，能够吸纳大量劳动力。其次，随着工业和对外贸易发展，城市地区的经济类型也逐渐多样化，为工业发展配套的运输业、餐饮业、零售业、销售业、外贸行业、休闲娱乐行业等部门发展起来，能够承接不同文化水平的劳动力就业。工商业的上述两项变化使得外出农民的工作机会增加，务工时间也不再受气候限制，务工时间延长，收入增加。再次，这一时期农村地区的农业机械化水平逐步提高，特别是在平原地区，大机械普遍应用，农业生产不需要强壮劳动力，老年人也可以种地。如此一来，农民就不需要在农忙时回乡，大量劳动力从土地上解放出来。农村家庭出现了中青年子代普遍外出务工，老年父代在家从事农业生产，照料孙代的家庭分工模式，即以代际分工为基础的"半工半耕"。

莱登县的家计模式转型具有中西部地区的典型特点。20世纪80年代，在发展乡镇企业的号召下，莱登县农村以集体经济组织为单位，建设了一批砖瓦厂。但是这些砖瓦厂一般规模不大，只能吸收少量劳动力。农民家庭主要收入是种植业收入。莱登县地处平原地区，土壤肥沃，四季分明，降水集中在夏季，非常适合小麦和玉米的生长，而且这两种粮食的产量也比较高，两年种植三季农作物，其中小麦一季，玉米两季，小麦平均产量是1000斤/亩，玉米产量是1000斤/年亩。

古娄镇鲁庄村在20世纪80年代建了集体砖瓦厂，20世纪90年代村集体将砖瓦厂转卖给个人，HTS就是在这个时候买下了村里的砖瓦厂。HTS买下砖瓦厂的钱源于自己结婚后做小生意积攒的收

第六章　民办学校运作机制与农村家庭需求的契合

入。刚买下来时砖瓦厂不大，只雇了十几个人。（古娄镇村支书 HTS，2017 年 8 月 9 日上午）

在 20 世纪 80 年代，种地是最主要的收入。大部分人在家，出去打工的少。村里土地每隔几年重新分一次。当时跟村干部关系好，村干部可以多给人分 2 亩地。（古娄镇鲁庄村村干部 LLY，2017 年 8 月 9 日上午）

到了 20 世纪 90 年代，随着东部沿海地区工业发展和中西部地区城市经济的发展，出现了对于劳动力的需求，莱登县的青壮年劳动力开始去东部沿海地区和中西部城市务工，其中以在省内城市地区务工为主。在东部沿海地区务工主要是进入来料加工企业，从事计件工作，以年轻的未婚青年为主。在中西部地区城市务工的主体是已婚的男性青壮年，主要是在莱登县城、驻马店市及周边地区从事泥工、瓦工、木工、室内装修等工作。这一时期农村地区出现了一波建房潮，城市地区也出现建房和装修的潮流，建筑及相关行业需要大量劳动力。虽然建筑行业的务工时间受气候影响较大，不能全年务工。但是由于这一时期农业生产只在少数环节实现了机械化，还有很多环节需要青壮年男性劳动力，因此，这种就近务工能够与农民家庭的农业生产结合起来，可以在农忙时回家务农，不耽误农业生产。已婚的中青年女性则主要是在家从事农业生产，照顾老人和小孩。在外务工的未婚女性，在结婚生子后，一般就会返乡在家，照料家庭，不再外出。

ZL 是古娄镇鲁庄村西红寺小组组长，家里有 3 个儿子一个女儿。女儿现在 40 多岁，是最年长的孩子，初中毕业就不再读了，出去打工。大儿子 40 岁，高中读完，考上南昌一所大学，没有经济条件，没去上。去参军，当兵 2 年，想考军校，没走成，就回来了。回来的时候是 90 年代末，就出去打工。当时驻马店农民工最多。大儿子在广东打工，寻了广西桂林的对象，大儿媳没有要彩礼，2000 年两人回来办证，迁移户口。结婚后大儿子继续在外打工，大儿媳就在家照顾孩子。（古娄镇鲁庄村西红寺组组长 ZL，

· 185 ·

义务教育阶段民办学校的运行机制

2017年8月12日下午)

2000年以后,随着东部地区工业化发展程度的加深,以及经济的发展,沿海地区的市场机会进一步增加。莱登县农村的青壮年普遍外出务工,在城市里从事的行业也多种多样。在北京、天津地区务工的农民,主要从事"收大布"行业、"卖油货"行业和卖菜等行业。"收大布"是收取旧衣服,一般夫妻一起开店经营(不一定有固定的营业店面),将收来的旧衣服经过处理后出口到非洲。"卖油货"主要是在建筑工地卖早餐。此外,也有一些做电工、泥瓦工等工作。在长三角地区和珠三角地区务工的农民,则主要进入工厂工作。由于大型农业机械的普及,以及国家的农田水利建设,粮食种植的大部分环节都实现了机械化,种田变得轻松起来,一个身体健康的老年人就可以种十几亩地,更多的青壮年劳动力从土地上解放出来,形成了子代夫妻两人外出务工,老年人在家种地,并照料孙辈的家庭分工。

古娄镇鲁庄村村民外出务工去北京、天津的多,有从事建筑的,也有从事收大布行业、卖油货行业的。收入多的一年挣二三十万元,收入少的一年就挣几万元,差别很大。(古娄镇鲁庄村会计LGF,2017年8月8日中午)

古娄镇石湖村会计介绍说农民收入主要来源于两块,务工和务农。其中务工收入占主要的部分。村里18—60岁的人基本都在外务工,年轻人出省的多一些,40岁以上的出省少一些,多在省内搞建筑。在县城内务工的不多,县城工厂不多,效益不好。这几年县城企业多点,就业机会增加,但有限,回县城打工的很少。出省打工的,去南方,主要是进厂,工资每个月在3000元以上,男女都去。在家的都是老头老太太,带小孩。在家的年轻人,是家里小孩吃奶的、孕妇、不健全的人。外出的年轻人在夏季农忙时回来收麦,回来几天时间。秋季时回来收玉米,几天时间。除非有病,只要能干活,大家都出去找活干。有孙子孙女后,老两口都回来照顾小孩。孩子大一点,条件好的,带着小孩出去,条件不好的,在家

带小孩，在外消费高。在家主要种小麦、玉米、花生。（古娄镇石湖村会计，SWL，2017年8月7日下午）

农村家计模式的变迁对于家庭的教育结构产生了重要影响。在以夫妻分工为基础的"半工半耕"时期，留守农村的女性承担了教育子女的责任。到了2000年以后，随着女性普遍外出务工，家庭的教育责任就转移到了留守村庄的老年人身上。这一转变造成了家庭教育功能的重大变化。

二 父代与子代的权力结构变迁与老人教育权威弱化

从20世纪90年代末到2010年左右，莱登县农民家庭完成了父代与子代的权力结构交替。年轻子代在家庭中处于主导地位，年老的父代在家庭权力结构中处于边缘地位。李永萍认为，家庭权力的转型主要是当家权这一核心权力从父代向子代转移的过程，以及父代和子代围绕着当家权所产生的权力互动。[1] 不同于传统时期父代长期掌握当家权，直到所有子代都结婚后，才把当家权逐渐转移给子代。现在子代在结婚之后，能够很快获得当家权，将子代核心家庭从大家庭中分出来。

> 以前的时候一般等所有儿子都结婚后再分家，后来是结婚一两年，两三年后就分家。有的家庭，闹的破裂，才找个说话人来把家分了。婆媳不和是正常现象。"老来老来，老了不好，再有理也没理。"（现在）一看不行，和年轻人住不到一个院里去，老人先把房子建好，就在地头或院子旁边盖两间房，千把块钱，老人搬出去。（古娄镇鲁庄村西红寺组组长ZL，2017年8月12日下午）

在当家权转移的背景下，父代失去了介入子代家庭的权力。与此同时，子代在与父代的互动中占据优势地位，父代在家庭中逐渐处于边缘地位。家庭权力结构交替的时间出现在子代夫妻普遍外出务工，需要父

---

[1] 李永萍：《老年人危机与家庭秩序：家庭转型中的资源、政治与伦理》，社会科学文献出版社2018年版，第140—141页。

代承担教育孙代责任的时期。父代在家庭权力中的边缘地位严重限制了其教育权力的行使。

之所以当家权转移到子代后，会影响父代的教育权力，是因为当家权是一种关于家庭的整体性权力。"当家权就是在家庭生活中某个角色掌管经济分配、做决策以及承担家庭责任的权力"。[①] 当家权是农民在日常生活中围绕家庭事务，如农业生产、家庭分工、人情往来、子女教育和结婚等事务，以家庭再生产为目标进行统筹安排的权力，这些事务构成了当家权的实践内容。因此，当家权并不是一种"私"权力，而是围绕家庭公共事务，以伦理责任为核心的公共性权力。[②] 在当家权由父代掌握时，父代基于大家庭的发展和延续，行使资源调配、劳动分工的权力，并承担了为子代提供教育机会、建房娶妻的责任。

> WZM，78岁，退休教师，3组，退休工资3000多元。老伴71岁，2组。同辈兄弟4人，WZW老师为老三，有两个哥哥、一个弟弟，大哥1959年当兵复员后结婚，在运输公司工作，全家到城市里；二哥1961年结婚，1973年分家；WZW老师1964年结婚，1973年分家；老四1971年进厂的，1979年结婚，夫妻双职工，在外面结婚的。1973年一次性分家，生产队时期不涉及土地问题，房子平分，老人用家里的资金给老二和老三各买了一个风箱（扇火用）、一口锅、一点碗筷。家里三间偏房平分，四个儿子分为两组，一个在外工作的和一个在农村的分一组，老大老二一组，老三老四一组，老人三间正房。一般平均分父母财产，"一子一份"。生产队时期，老人掌握工分，没分家前家里事由父亲安排、工资上交给父亲分配。（古娄镇鲁庄村退休公办教师WZM，2017年8月13日下午）

当下父代向子代的当家权转移过程中，当家权出现了异化，成为以子代核心家庭利益为目标的"私"权力。有研究者发现，子代掌握当家

[①] 曹光伟、徐莉萍、宋丽娜：《当家权的历史流变》，《武汉科技学院学报》2008年第10期。
[②] 张建雷、曹锦清：《无正义的家庭政治：理解当前农村养老危机的一个框架——基于关中农村的调查》，《南京农业大学学报》（社会科学版）2016年第1期。

第六章 民办学校运作机制与农村家庭需求的契合

权之后，并不会或较少承担大家庭的责任，父代虽然失去了当家权，却还要继续承担大家庭发展的责任。[①] 但是子代通过掌握当家权，将子代核心家庭的利益与大家庭的利益切割出来，既享受了掌握当家权所带来的自由，又避免承担对大家庭的责任和义务。

对孙代的教育权力属于子代当家权的内容之一，所以失去当家权的父代在教育孙代时面临缺乏"正当性"权力的窘境。虽然不少研究发现，父代在失去当家权后，仍然会持续对子代进行资源输入，以支持子代实现发展性家庭目标。一般的解释是，父代受到家庭发展主义观念和传宗接代价值观念的影响，仍然将子代家庭的发展视为大家庭的发展与延续。因此才会对子代持续进行资源输入。[②] 但是父代的这一行为存在前提，即不去触碰或者挑战子代的当家权，避免与子代发生冲突。因此，虽然孙辈的健康成长和良好发展是父代所希望的事情，但是如果孙辈的成长过程需要父代的严厉教导时，父代会因为担心挑战到子代的当家权，在行为上十分顾忌。

父代的顾忌心理表现在行为上就是较少对孙辈进行严厉管教，即不敢行使惩罚权和监督权。通信技术的发展和手机的普及，方便了在外务工的子代与孙辈、与父代的联系，同时也产生了压缩父代教育权的意外后果。这是因为，父代对于孙代的教育主要发生在孙代的幼儿期、儿童期和青少年时期，但是，父代对于孙代所进行的严厉批评和惩罚并不一定能够被孙代及时理解，所以会出现孙代借助电话向子代"告状"的现象，导致子代对于父代的不满。诸如此类的事情发生几次后，父代会更进一步限制自己的教育权限和监管范围，避免与孙代、与子代发生直接冲突。

WYQ 老师认为她的婆婆是一群人的代表。WYQ 丈夫的大哥大嫂常年在外打工，大哥家两个女儿一个儿子都是 WYQ 老师的婆婆

[①] 李永萍：《老年人危机与家庭秩序：家庭转型中的资源、政治与伦理》，社会科学文献出版社 2018 年版，第 150—151 页。

[②] 李永萍：《老年人危机与家庭秩序：家庭转型中的资源、政治与伦理》，社会科学文献出版社 2018 年版，第 202—204 页。

在带。孩子犯了错误，WYQ 老师的婆婆一般不管，等到事情比较严重才会打一顿结束。大哥家的小女儿经常吃饭时用手抓碗里的饭，WYQ 老师提醒婆婆："多提醒小妹，阻止她，多说几次就会听了。"WYQ 老师的婆婆虽然提醒了小妹（小孙女），但是并不阻止，等到孩子把衣服弄脏了，就发火，把孩子打一顿。WYQ 老师认为她的婆婆是"小错不敢管，大错才去管"，在带孩子的时候有很多顾虑：管得狠了，怕大哥大嫂心疼；不管吧，孩子会继续犯错；并且隔代亲，确实不舍得打。（青泉中学 WYQ 老师，2018 年 11 月 4 日下午）

父代通过限制教育权力的行使，以避免与子代发生冲突，是父代在家庭权力结构转型后的无奈之举。但是这种做法的结果是削弱了父代在家庭中的教育权威，影响了对于孙代的教育责任的发挥。

三 家庭教育功能的分裂与规训能力弱化

对于青少年儿童的教育，是由学校教育和家庭教育共同组成的。学校教育和家庭教育各有自己的侧重点，既有分工，又有合作。在当前，国家通过建立学校的方式实现了教育的国家化与社会化，承担了一部分教育责任，但是家庭仍然在青少年儿童的成长中发挥着重要的教育作用。家庭在儿童抚育、学习习惯养成、道德品质培养、行为监管、学习监督等方面仍然能够发挥十分重要的、难以替代的作用。2010 年全国妇联、教育部、中央文明办、民政部、卫生部、国家人口计生委、中国关工委联合印发《全国家庭教育指导大纲》，对家庭的教育责任提出了一些指导与建议，可见国家对于家庭这一教育主体的重视。但是家庭教育功能的良好发挥，建立在作为监护人的家长具有较高的教育权威和较好的综合素质的基础上。在莱登县，当前对农村青少年儿童承担主要教育责任的老人，却因为失去了当家权而导致教育权威弱化，无法充分行使家庭教育功能。

很长时期以来，农村地区的受教育水平普遍较低，农民家庭普遍将知识传授、学习指导等教育职能和教育权力让渡给学校，自己承担起学

第六章　民办学校运作机制与农村家庭需求的契合

习行为监督、道德品质培养和生活能力培养等方面的教育职能。学校除了进行知识传授的活动外，也会承担家庭教育职能所涉及的内容。虽然家庭承担的教育职能与学校的教育职能存在重合，但却是不可或缺的，因为家庭也是青少年成长的重要场所。

在打工经济背景下，青年子代夫妻普遍外出务工，将子女留给父代照顾，同时也将家庭的教育责任转移给了父代。但是父代不敢充分行使教育权力，导致家庭教育功能出现残缺和分裂。

目前在农村中照顾孙代的父代多是50多岁到70多岁的人。这一群体的出生时间从20世纪40年代到60年代不等，他们成长期间，农村并未普及义务教育，因此这些人的文化水平普遍较低，甚至在一些年纪70多岁的老人中，很多人没有接受过学校教育。因此，这一群体无法在学习辅导上发挥很大作用。他们的优势是年龄所带来的人生阅历和丰富生活经验，可以在培养孙代的自主生活能力，对孙代进行行为监管和道德品质培养发挥很大作用。但是在培养孙代的过程中，不可避免地会出现孙代犯了错误，需要进行批评或一定程度的惩戒的情况。老人们由于不敢对孙代实施惩戒权，因此只能在孙代犯错误时"睁一只眼闭一只眼"。无法在教育孙代上发力，父代们在教育上的作用就主要是生活照料和培养孙代的自主生活能力了。

当前莱登县农村父代在孙辈抚养上有两个矛盾，一是精力有限与孙辈较多的矛盾，二是父代教育内容有限与孙辈需全面成长的矛盾。莱登县家庭至今仍然是多子女家庭，现在处于青年状态的子代有多个兄弟姐妹，自己结婚后也普遍生育两到三个子女，由此导致老人的照料压力很大，一个老人或一对老人一般需要同时抚育多个处于不同年龄段的孙辈，日常照料压力和教育压力都非常大。

> WYQ老师的姑姑有两个儿子，大儿子家有两个儿子，小儿子家有一个儿子一个女儿。两个儿子都想出去打工，都把孩子交给WYQ老师的姑姑照顾。老人不可能只给老大带不给老二带，所以一下子就带四个孩子。
>
> WYQ老师的丈夫在青泉乡一家民办幼儿园做校车司机，他观

察到爷爷奶奶带三四个孩子的现象非常普遍。爷爷奶奶送孩子坐校车时，一般搂一个，扯一个，或者开三轮车带几个孩子，一个刚上幼儿园，一个刚会走，一个不会走。（青泉中学 WYQ 老师，2018年11月4日下午）

虽然青少年成长过程中应该经受多方面的家庭教育，但是怕子代认为自己"虐待"孙辈，父代很少会让孙代做家务，锻炼生活能力；更不用说让孙辈自己走路上下学，培养识路能力和注意交通安全的意识。因为在锻炼自主生活能力的过程中会遇到失败，会吃苦受累，甚至可能面临风险。发生在孙辈身上的危险很可能会引发父代和子代的矛盾冲突。为了尽可能避免冲突，维持当前的边缘地位不下滑，父代们开始把孙辈"保护"起来，把孙辈成长中的风险降到最低，但同时也让孙辈失去了独立成长的能力。

青泉乡曹庄村村民 ZDY 今年 67 岁，妻子多年前去世，自己一个人照顾孙女。孙女是二儿子的孩子，12 岁，现在上六年级。孙女一至三年级时在曹庄小学读书，四年级开始转到离家更近的杨庄小学读书。孙女去杨庄小学读书不需要穿越公路，走的都是乡间道路。但是 ZDY 担心孙女路上安全，每天接送孙女上小学。（青泉乡曹庄村 ZDY，2018 年 11 月 2 日下午）

与 2000 年前相比，现在农村家庭的教育功能出现了分裂和弱化的趋势。2000 年之前，农村家庭可以围绕着家庭生活，对孩子进行生活照料，也可以进行自主生活能力培养、行为规训、道德教育等一系列的家庭教育活动，形成立体式综合性的培养。在当前农村家庭以隔代抚养和隔代教育为主的背景下，父代因为教育权力弱化，无法承担起综合性的教育责任，只能选择承担不容易引起家庭冲突的生活照料这一家庭抚育职能。农村家庭的教育功能出现了"退化"现象，学习监管、行为规训在家庭教育功能中隐匿。

第二节 农村家庭分工的刚性化及对在校时间的需求

农村家庭是义务教育的需求者,学校是义务教育的供给者,供给者和需求者之间具有相互影响的关系。但是在这一对关系中,农村家庭会根据自身的生产劳动时间和教育目标形成对学校教育时间安排和教学目标的期待。对于这一现象,费孝通在解放前的江村调研时即已经发现,当时新式学校的教育安排以文化教育为主,与农村家庭期待的实践教育不一致,学校的教学时间安排与农村中的农事生产活动日历冲突,因此虽然当时的国民政府在乡村推广新式小学,但是这种新式小学的入学率却很低,[①] 同时期学者在全国其他地方的调研印证了这一现象的普遍性。[②] 这说明国家在农村学校的教育安排需要考虑到农村家庭的教育需求特点,这样才能实现既充分利用了国家教育资源又满足了农村家庭教育需求的双赢目标。

农村家庭的教育需求会随着社会发展和农村家庭的生产劳动而发生变化。在当前,教育不仅具有传递文化知识的作用,还具有社会流动的功能,获得教育成功的社会底层和中下层家庭的子女,可以实现向上的阶层流动。教育所具有的促进阶层流动的功能获得了农村家庭的普遍认可,所以现在农村家庭对学校文化教育十分欢迎,并对子女文化课程的成绩有很高期待。

农村家庭生产活动的变化也在改变农村家庭对教育的态度。随着农业生产活动机械化程度的提高,农业生产活动所需要的劳动力不断减少,农村家庭不需要学生在农忙时节离开学校从事农业生产。不仅如此,农村家庭现在还希望学校能够延长教育时间以满足家庭的生产劳动需求。目前农村家庭的生产劳动普遍卷入工业生产的节奏中去,农村家

[①] 费孝通:《江村经济——长江流域农村生活的实地调查》,戴可景译,上海世纪出版集团、上海人民出版社2010年版,第41—42页。

[②] 张济洲:《文化视野下的村落、学校与国家——一个地方社区基础教育变迁的历史人类学考察》,教育科学出版社2011年版,第58—65页。

庭的劳动力普遍根据工业时间节奏来安排生活和进行家庭抚育，农村家庭也就产生了学校将教育时间节奏与工业时间节奏安排一致的诉求。

农村家庭生产劳动被卷入工业生产的节奏中去，既有农村家庭主动选择的成分，也有被动选择的成分。农村家庭生产劳动时间节奏的形成是近二十年农村劳动力就业领域变动和农村社会形态的变化共同带来的。

一 "半工半耕"与村庄收入分化

随着打工经济在莱登县农村的兴起，莱登县农民的就业领域开始变化，从原来集中在农业领域转变为农业领域和非农业领域共存。就业领域和劳动生产方式的转变，也带来了农村家庭收入上的分化。

在打工经济兴起前，农民家庭主要通过农业生产获取收入，村民的经济分化不大。之所以如此，与生产资料的性质和生产关系有关。当时农民从事农业生产的最主要生产资料是土地，农民根据村民身份获得土地。我国农村实行土地集体所有制，对村民平均分配土地，村委会和村民小组作为村集体的执行单位，每年或者每隔几年会根据村庄人口增减调整土地。这种根据人口平均分配土地的方式，确保了所有村民都具有土地这一生产资料，并且由于每个家庭的生育数量相差并不大，家庭总人口也不会有很大差异，也就使得农民家庭之间的土地面积虽然有差异，但是差异并不很大。

> 鲁庄村共有5个自然村，每个自然村下面又分为若干个村民小组，土地在村民小组内进行调整，每个小组根据人口平均分配土地，不同小组人均土地面积存在差异，但总体上来说，该村人均土地1—2亩，户均6—10亩。（古娄镇路庄村支书LGF，2017年8月8日上午）

同一地区的农民在农业种植类型和农业收入上的差别也不大。同一地区的气候条件、土壤条件等自然条件非常相似，由村集体组织修建的农业基础设施也不会有很大差别。所以同一地区的村民，在主要农作物

第六章 民办学校运作机制与农村家庭需求的契合

的选择上会非常一致，农作物销售价格相似的情况下，村民从事农业生产的收入分化不大。如莱登县地形以平原为主，土地肥沃，四季分明，降水集中于夏秋季，其他季节干燥少雨，比较适合小麦和玉米的种植。小麦平均亩产1000斤，玉米平均亩产1000斤，精心管理的话，产量会比平均产量高100—200斤。因此，在以农业为主要收入来源的时期，农村家庭的收入并没有很大差别。

大规模打工经济的出现改变了村庄内部收入相对均衡的局面。打工经济兴起以后，农民家庭中有一部分劳动力进入城市务工，在工业领域和与之相配套的服务业务工，一部分劳动力继续在村从事农业生产，农民家庭形成了"半工半耕"的家计模式，农民家庭的收入开始出现了分化。农村继续实行集体土地所有制，并按照人口来分配土地，因此农民家庭的农业收入仍然不大。农民收入分化主要源于在非农领域的收入差距。影响农民家庭在非农领域收入的因素主要包括以下三个。

一是农民家庭在非农领域就业的劳动力数量多少。从单个劳动力收入水平来看，务工收入远远多于务农收入。因此家庭劳动力在工业领域和服务业领域就业的人越多，家庭的总收入也就越高。在2000年以后已经形成全国统一的劳动力市场的情况下，劳动力价格也形成了全国性的价格，[①] 即从事同一行业且具有相似技能和工作能力的劳动力，即使在不同地区务工，收入水平也相差不大。农村家庭会因为家庭生命周期的差异和家庭劳动力身体素质差异，导致在劳动力市场上就业的劳动力数量不同，进而导致务工收入差异。如果家庭处于生育期或者是抚育期，那么家庭中的成年劳动力可能就会暂时离开劳动力市场，回到村庄待产或者是抚育刚刚出生的子女。家庭成年劳动力出现生病或者是受伤等情况后，身体素质受到影响，可能会短期或者是长期离开劳动力市场。这两种原因会导致家庭中的部分劳动力短期或长期离开劳动力市场，形成了家庭收入的差距。

二是外出务工的劳动力所从事的工作类型差异。随着工业化和经济发展，城市地区工业领域和服务业领域分工已经非常细化，不同的工作

---

① 贺雪峰：《全国劳动力市场与农村发展政策的分析与展望》，《求索》2019年第1期。

义务教育阶段民办学校的运行机制

类型对劳动者的工作技能、文化水平要求不一样，因此工资水平也会有差异。如技术工与普通工，管理岗位与非管理岗位等。一般情况下，技术工的收入水平较普通工的水平要高，因为技术工不仅意味着劳动生产率高，还意味着其经过了经验积累，具有更高的劳动质量。一般情况下，在企业中管理岗位的工资水平会较非管理岗位的工资水平高，因为管理岗位相对于非管理岗位来说意味着需要更高的学习能力和工作能力。

三是外出务工的劳动力对于生产资料的拥有情况差异。这一情况主要体现为雇佣与自雇的区分。目前外出务工的农村劳动力，总体的受教育水平不高，因此进入的主要是传统行业，且是相对低端的产业领域，所以笔者是在这一背景下讨论雇佣与自雇的问题。在农民所进入的行业中，出现农民工自雇与他雇的行业，主要是建筑行业、制造业和餐饮住宿业等行业。部分农民工由于外出务工较早和及时抓住机会，积累了一些资金，通过购买的方式自己掌握生产资料，雇用他人工作。如部分农民拥有制衣厂，或者是织布厂，或者是自己拥有建筑包工队，自己拥有宾馆或者酒店等。虽然在工业领域及服务业领域等拥有生产资料的农民属于少数，但是这一部分群体从农业领域中分化出来，构成了农村收入分化的一个表现。

农村劳动力外出务工主要是为了增加家庭收入，同时也产生了扩大收入分化的连带后果。在城市的务工市场中，农民并不像在农村那样，一开始就获得大致均等的生产资料并从事生产，农民在务工市场上一开始是不掌握生产资料的劳动者，农村家庭的劳动力数量、素质差异，都导致了农村家庭收入水平的差异。经过一定时间的经济积累，部分农民掌握了一部分生产资料开始创业，通过自雇和雇用他人生产产品，并出售这些产品获得收入。这部分农民转型成为老板，能够获得更高的收入，并进一步扩大了村民之间的收入分化程度。

目前，莱登县农村家庭根据收入可以分为5个阶层。一是企业主阶层，这一群体家庭收入在20万元以上，多的达到几百上千万元，这一群体包括了工厂主、从事大型经营的老板、承包大型工程的大包工头、种粮大户（种植几百亩以上）和民办学校举办者等。这一群体在村庄中

第六章 民办学校运作机制与农村家庭需求的契合

的比例很低，一般在5%左右。二是自雇生产者和熟练技术工，收入水平在10万—20万元之间。自雇生产者主要是小工程队老板、小饭店老板、自己开门诊的医生、开店收大布的老板等。村庄中处于这一收入水平的家庭占10%左右。三是普通工和小种粮大户（种植几十亩），家庭收入在5万—10万元，处于这一收入水平的家庭在村庄中占35%左右。四是本地务工，从事农业生产，并参与村庄公益性岗位的家庭，收入水平是2万—5万元，这一群体主要是年龄在50—70岁，已经和儿子分户，身体还能做工的老人，在村庄中占比在35%左右。五是年龄较大，自己不能做工的老人户。土地租给他人，收入来源是土地租金收入、子女给的生活费，以及政府发放的养老金。这一群体收入水平在2万元以下，在村庄中占比15%左右。这一群体中有很多是纯女户家庭的中高龄老人户。[①]

上述的收入分层主要是根据户籍上的家庭户来统计的。在实际生活中，很多老人虽然与子女分户，在自己还能打工和从事农业生产的情况下，仍然会通过各种方式对子代家庭进行经济支持和其他方面的资源支持，因此，从资源传递的角度来看，这些老人户和子代构成现实生活中具有实体意义的家庭户。虽然将部分老人户和中青年户"合并"看待，但这并不影响村庄出现收入分化的现实。

二 村庄阶层竞争与家庭再生产成本提高

在农民家庭出现收入分化的背景下，农村出现了一定程度的阶层分化。于是在同一阶层内部和不同阶层之间出现了高度的社会竞争。村民进行社会竞争的目的是提高在村庄中的社会经济地位。在集体主义时期所形成的平等主义思想影响下，村民对于其他人通过炫耀性消费提高自身社会经济地位的行为并不服气，而是努力进行追赶，客观上强化了村庄社会竞争的激烈程度。

村庄的阶层竞争具有社会排斥性，村庄中的中上层通过提高消费水平来标识自身的独特能力与社会地位，获得村庄生活中的面子，这是一

[①] 综合笔者在莱登县古娄镇与乡村两级干部、村民访谈，以及在青泉乡与多位村干部、驻村帮扶队员、村民访谈所获得的信息进行整理分析得出上述认识。

· 197 ·

种"求异"的逻辑,[①]将本阶层与其他阶层区分出来。村庄中的下层担心自身被边缘化,会模仿中上层的消费方式,这是一种"求同"的逻辑,目的是努力模糊阶层消费差异。在中上层"求异"与下层"求同"的行为逻辑下,村民会将日常生活中的很多消费行为纳入阶层消费竞争项目中去,最典型的是建房竞争、婚姻竞争和仪式性消费。

在莱登县农村,房屋除了满足村民的生存需要外,也是重要的面子竞争工具。谁家的房子建得高,建得漂亮,谁就有面子。村民说,"如果周围邻居都是高房子、新房子,自己会着急地睡不着觉,感觉自己比别人低了一头"。村民进行房屋设计时不仅要考虑满足基本需要,还要考虑压别人一头,所以房子越建越高,面积也越建越大。在莱登县农村,住在平房中的村民会被人瞧不起,住在其中的村民也感到自身被边缘化而十分痛苦。要在建房竞争方面有面子,最低的标准是两层,有些村民则建设三层,甚至四层楼房。现在建设一栋二层的楼房就需要花费20多万元,建设三层、四层的楼房花费更多。为了让房子看起来高大漂亮,房子的外面一般都用瓷砖装饰。建一次房子会耗去大多数村民多年的经济积累,甚至还会欠下外债,村民们也就无力再进行内部装修,因此这些外表漂亮的房子,内部大都没有装修。

婚姻竞争最主要的表现是婚姻成本的不断上涨。婚姻成本主要包括彩礼和婚房。彩礼高涨是最近十几年不争的事实,2005年之前彩礼是2万多元,2008年之后一下子上涨到8万到10万元,当前彩礼的基本行情已经是10多万元,男方家庭条件越差,彩礼越高。婚房也是影响婚姻成本上涨的因素。

当前莱登县的婚姻市场上存在一定程度的男女性别比失衡,女性资源相对紧张。这种现象的出现有两方面因素,一方面与计划生育政策下村民选择性生育有关。在重男轻女思想的影响下,村民在有限的生育指标下会优先生育男孩,其次再考虑生育女孩,由此形成了目前处于适婚阶段的青年中男性多于女性的现象。另一方面与打工经济下女性资源外

[①] 张雪霖:《阶层分化、社会流动和农村离婚新秩序——以鲁西北C村离婚经验为例》,《中国青年研究》2016年第12期。

流有关。大量女性到东部沿海地区务工，这一全国性劳动力市场同时也是全国性婚姻市场，所以不少女性在务工地选择配偶，留在本地婚姻市场上的女性资源进一步减少。这两方面的因素加剧了婚姻市场上的阶层竞争。

在女性资源总体处于紧张的情况下，不同阶层在婚姻市场上展开激烈竞争。中上层通过提高彩礼价格和婚房条件来凸显自身的优势，以此来竞争婚姻机会。中下阶层则为了和中上层展开竞争，只能模仿和跟随中上层提出的婚姻条件，不断地提高彩礼价格和婚房条件。在这一婚姻市场中，家庭经济条件不好，无法支付高额婚姻成本的男性成为婚姻中被挤压的群体。①

村庄的阶层竞争贯穿于农民家庭的再生产过程，随着被纳入阶层竞争的项目的增多，以及阶层竞争所需要投入资源的增加，家庭再生产的成本也在不断提高。建房、结婚、红事、白事等都是家庭再生产过程中的重要节点，在这些重要节点上的资金投入是家庭的刚需。这些重要节点的消费被纳入村庄阶层竞争项目中，家庭再生产过程所需要的资源投入因此较以前要多，家庭再生产难度增大。

三 家计模式的刚性化对在校时间的诉求

为了积累资源完成家庭再生产过程，农村家庭对家庭关系进行主动调适。家庭为了增加收入而实行"半工半耕"的家计模式，在积累资源以应对阶层竞争的背景下被强化了，家庭内部围绕着资源积累最大化所进行的家庭分工一定程度上就具有了刚性化的特点。

现阶段莱登县农村家庭的"半工半耕"是以代际分工为基础的"半工半耕"。农村家庭根据家庭劳动力的身体素质、能力禀赋进行分工，以此实现家庭劳动力的最优化使用和家庭经济积累的最大化。在一般情况下，劳动力的身体素质会随着年龄增长而逐渐下降，在城市中务工的收入也会逐渐下降，因此这些进入老年阶段的农民就在年老时返乡，在从事农业生产的同时，兼顾家庭的抚育功能，即照顾孙辈。在这一家庭

---

① 杨华：《农村婚姻挤压的类型及其生成机制》，《华中农业大学学报》（社会科学版）2019年第4期。

关系中，子代和父代形式上未分家，实际上分家，子代的经济收入归小家庭，父代的收入归父代家庭使用，同时父代也会用于孙辈抚养和支持子代上。从资源流向的角度来说，资源从父代向子代流动，是典型的"恩往下流"，子代向父代的资源流动则非常少。

> 古娄镇鲁庄村西红寺小组组长ZL，65岁。ZL有三个儿子。大儿子40岁，二儿子38岁，小儿子30岁，三个儿子都已婚。大儿子2012年建房花了28万元，ZL出了3万元；二儿子2012年年底建房花了28万元，ZL出了6万元；小儿子2009年为结婚建的房，花了24万元，ZL出了3万元。三个儿子成家以前，收入会上交给ZL，结婚后，收入不给老人，各过各的，ZL觉得儿子们和自己不一条心了。2012年，ZL主动提出分家。ZL和三个儿子虽然分家，但是没有分户口，不过人情的户头分开了，儿子们各自成为独立的户头，各送各的。分家后三个儿子依然外出打工，并把孩子留给ZL照顾，大儿子有一儿一女，二儿子有两个儿子，小儿子有一个儿子，每个儿子每年给ZL打千八百块钱，用来应付孩子头疼脑热生病的费用。因为大儿子家的孙子去年在县城公立高中读高一，所以大儿子夫妻俩回县城租房陪读，并将女儿送到县城私立学校读小学。二儿子和三儿子家的孩子仍然在乡下公立学校读书，由ZL照顾，孩子穿衣、吃饭的费用由ZL来出。儿子们如果回村，不想自己做饭了，还是会到ZL那里去吃饭。ZL说，儿子们来吃饭，烧火是老人的，年轻人坐等吃，但不让吃，也不可能。（古娄镇鲁庄村西红寺小组组长ZL，2017年8月12日下午）

ZL与三个儿子的家庭关系非常典型。ZL夫妻组成的父代家庭虽然与儿子们各自的核心家庭没有分户口，但实际上经济上是分开的，而且这种分开在儿子们结婚后就开始了，早于2012年那次形式上的分家。所以儿子与ZL的实质分家以儿子结婚为标志。需要注意的是，分家是儿子与ZL在经济上分家，儿子的收入作为自己核心家庭的收入，但ZL实际上并没有和儿子们分家，仍然用自己的收入承担了儿子们小家庭的

第六章　民办学校运作机制与农村家庭需求的契合

部分开销,如孩子抚育的费用、儿子家的吃饭费用等。

有学者将上述这种家庭分工和资源互动所形成的家庭结构称为"新三代家庭"。这种新三代家庭结构与传统的"三代家庭"结构不同。传统的"三代家庭"结构,是以分家为前提划分的。在"三代家庭"结构下,父母只与其中一个儿子不分家,并与之组成"三代家庭"结构,构成一个会计单位,父母与其他子代家庭分家,相互间的关系没有"三代家庭"紧密,其他子代家庭是独立的核心家庭,也是独立核算的会计单位。① 在传统"三代家庭"结构下,在儿子都成家并分家后,父代家庭的资源主要流向与之属于一个会计单位的子代家庭。但是在"新三代家庭"结构中,子代家庭普遍没有与父代家庭举行分家仪式,所以形式上未分家,但是子代由于长期外出务工,收入归子代小家庭所有,从收入核算角度来看又是分家的。但是由于形式上未分家,也就使得父代和子代之间在家庭财产、彼此的责任义务、社会关系(在农村主要是人情关系)并没有进行明确分割。在这种家庭关系模式中,一个家庭中有几个儿子,父代就会与几个儿子分别组成"新三代家庭"。② 下面用图 X 表示"新三代家庭"结构与传统"三代家庭"结构:③

图 6.1　"新三代家庭"与传统"三代家庭"

在"新三代家庭"结构下,父代家庭与所有子代家庭都处于"未分家的分家"这样一种关系中,父代家庭与各个子代家庭分别组成"新三

---

① 杨华:《中国农村的"半工半耕"结构》,《农业经济问题》2015 年第 9 期。
② 张雪霖:《城市化背景下的农村新三代家庭结构分析》,《西北农林科技大学学报》(社会科学版)2015 年第 5 期。
③ 图 6.1 引用杨华对于"新三代家庭"和传统"三代家庭"的研究和画图。参见杨华《中国农村的"半工半耕"结构》,《农业经济问题》2015 年第 9 期。

· 201 ·

代家庭"结构。这意味着父代家庭是所有"新三代家庭"的公共父代家庭,并需要在每个"新三代家庭"中承担父代的责任。如此一来,父代就不能像在传统"三代家庭"结构下那样,将资源主要流向未与之分家的那一个子代家庭,而是必须将资源相对均衡地流向所有子代家庭。这意味着父代所承担的责任和资源传递压力较以前要增加很多。

父代的家庭责任和资源传递压力可以在实践中得到明显的验证。目前,这些留在村庄照顾孙辈的父代,照料压力非常大,因为所有外出务工的儿子儿媳都会把子女交给父代,所以经常可以看到一个老人或一对老人在同一时期照料两三个甚至更多孙辈的现象。孙辈数量的增加极大地增加了父代的照料压力和抚育压力。

老人除了照料孙辈之外,还会利用闲时打零工。老人打零工,一方面是出于充分利用时间和劳动力的目的,另一方面是为了增加收入,将之用于照料孙辈和自身生活的开销。虽然父代承担了照料孙辈的责任,但仍有很多子代不会给父代费用,父代为了避免看子代脸色,也不愿意主动向子代要钱,照料孙辈的支出实际上多由父代承担。正是在此背景下,父代即使在村照顾孙辈,也会尽可能利用闲暇时间获取收入。

因此,不管是因为照料孙辈数量增加带来的压力,还是出于打零工来增加收入的原因,农村家庭普遍希望能够延长学校的教育时间,甚至尽量使这一时间与打零工的时间相一致。此外,由于父代的文化水平普遍较低,无法指导孙辈学习,父代与子代也希望学校能够承担更多的教育责任,减少家庭在教育上的时间投入和精力。

青泉乡公办茅营小学校长 MXK 说,经常有老人六七点就将孩子送到学校,这些人是学生的爷爷奶奶,也有的是外公外婆,他们一般白天需要打工,早点送孩子来学校,可以不耽误白天的工作。这些老人对于学校下午早早放学有点不满,因为这些老人辅导不了孩子学习。也因此最近几年,家长们越来越多将孩子转学到实行寄宿的私立学校,一是安全,不用家长天天接送;二是让老师管学习。学校人数的减少可以从该校学生规模逐渐减少看出来。该校小学在校生已经从 2011 年的 339 人下降到如今的 265 人(包括了两个

第六章　民办学校运作机制与农村家庭需求的契合

学前班共 56 人，因此实际小学在校生只有 209 人）。（青泉乡茅营小学校长 MXK，2018 年 11 月 5 日上午）

目前农村地区的"新三代家庭"结构主要是围绕着家庭资源积累所调适出的家庭关系，而不是围绕着家庭教育的最优化所形成的家庭关系。这一家庭结构虽然使家庭能够充分利用家庭劳动力实现家庭收入的最大化，但是在家庭的教育分工上并不是最优化的配置。农村家庭在面临家庭再生产压力和教育压力的情况下，选择优先解决家庭再生产过程中的困难，这是家庭认为最重要的问题。由于教育目前是农村家庭进行阶层流动的最主要渠道，农村家庭对于教育的重视也在不断提高，因此农村家庭对于学校承担更多教育责任，提高教育成绩也有更高期待。学校只有符合家庭的教育期待，才会成为家庭的选择。

第三节　农村家庭的发展目标对教育质量的需求

自 20 世纪 90 年代开始，莱登县逐渐形成"半工半耕"的家庭分工模式。虽然经历了从夫妻分工为主的"半工半耕"到以代际分工为基础的"半工半耕"模式的转变，农民家庭依然将其作为最主要的家庭分工模式——家庭根据劳动力禀赋进行务工和务农的分工，以此实现家庭收入最大化，为家庭再生产积累物质基础。"半工半耕"模式的出现和内部分工的变化，体现的是家庭在市场经济背景下，在面对家庭再生产压力时所进行的能动性适应。

然而，随着社会发展和现代性观念的影响，农民家庭在再生产的目标之外，还增加了新的家庭发展目标。传统的家庭再生产过程是父母帮助抚育子代，并帮助子代娶妻生子，完成传宗接代的目标，家庭得以不断延续。现在农民不仅要完成家庭再生产的任务，还增加了追求阶层流动的发展性目标，具体说来即是城镇化目标和职业流动的目标。新的家庭发展目标对家庭的经济积累能力和职业流动能力提出了更高的要求，因此通过教育提高家庭成员的经济积累能力和职业流动能力成为家庭的重要选择。由此，家庭对于教育的重视程度提高，对教育结果具有很高期待。家庭对于学校教育质量的要求提高，同时由于家庭教育功能弱化，家庭也希望向学校让渡一部分教育功能，最终，家庭对于学校的教育需求较以前提高，并增加了新的需求。

一　现代性与阶层流动

随着市场经济的发展和现代性观念的传入，农民家庭关于家庭再生产和家庭发展的目标出现了很大变化。吉登斯认为，现代性包括三个机制：时空分离、"脱域机制"和反思性监控。[①] 相对于传统社会的静态，受到现代性影响的社会是流动的。当现代性观念进入农村时，与农村的传统观念产生碰撞与融合，形塑出农村社会的现代性发展方向来。李永萍研究发现，现代性在村庄的实践形态表现为人口流动与社会分化、发展主义与竞争、认识祛魅与发展风险并存。[②] 这种实践形态对于家庭的影响在于，家庭目标从原来追求传宗接代的再生产目标，转变为增加了阶层流动的发展目标。中国传统社会一直有追求阶层流动的目标，但是传统社会将阶层流动目标的实现看作长时段的事情，涉及多代家庭，且不涉及时空环境的变化。受到现代性影响的阶层流动目标，是希望将长时段的家庭阶层流动目标作为短短几代家庭的发展目标。此外，目标实现还涉及空间范围的变化，从农村转移到城市，因此，当前农村家庭的阶层流动目标较传统时期，出现了时间的压缩和空间的迁移。从职业上来说也发生了变化，从在农业领域内就业转变为向工业社会的其他领域流动。所以，目前农村家庭追求的目标是，在完成家庭再生产的过程中，同时要完成城镇化和职业流动的目标。

城镇化目标是工业社会的产物，也是在城乡公共服务出现越来越大差距的情况下农民家庭的理性选择。城市地区因为人口聚集，在公共服务方面更具有规模效应，供给成本也更低。因此城市地区的公共服务改善和提高水平较农村地区要快得多。随着城市工业和商业的发展，城市

---

① [英] 安东尼·吉登斯：《现代性的后果》，田禾译，译林出版社 2011 年版，第 15—39 页。
② 李永萍：《老年人危机与家庭秩序：家庭转型中的资源、政治与伦理》，社会科学文献出版社 2018 年版，第 51—59 页。

地区不仅意味着人口多，还意味着有更多的就业机会，更加完善的交通，更加便利的生活条件，更丰富的生活、娱乐、教育资源和更好的医疗资源等。农村地区因为人口密度相对较小，居住相对分散，且不具有经济上的规模效应，因此在公共服务发展上较城市要落后。农村家庭为了追求更加良好的生活条件，将城镇化纳入家庭的发展目标。中国近十几年来高速增长的城镇化率，即是这一现象的反映。

职业流动的目标深受工业发展和市场经济的影响。随着我国工业化的深入，工业部门的门类不断丰富，产业链更加细分，所提供的市场就业机会也越来越多，职业类型越来越多样，层级也越来越多，能够容纳的劳动力也不断增加。市场经济经过几十年的发展，基本建成了职业类型、职业层级和收入水平之间的对应关系。在当前，工业领域的就业成为家庭主要货币收入来源的背景下，农村家庭为了增加家庭的收入，就需要家庭成员在收入水平较高的行业内就业，并尽力追求职业层级的上升。

城镇化和职业流动的家庭发展目标，对于家庭的经济积累能力，对于劳动力的素质都提出了更高的要求。由于城市地区物品商品化的程度很高，所以城市地区日常生活的开支水平较农村地区要高。原来在农村可以自给自足的蔬菜粮食等不少物品，在城市都需要通过货币购买。因此，农民家庭必须增加货币收入才能够在城市体面定居。要实现职业流动，个体需要很强的学习能力和较高的文化水平。

二 农村家庭经济结构的弱质性与职业流动的诉求

当前，莱登县农民家庭的收入主要来源于务农和务工两部分，这一收入结构虽然具有来源的多样性，但在经济积累上仍然存在弱质性。之所以如此，是因为"半工半耕"的家庭生计结构高度依赖劳动力数量和劳动时间，家庭经济积累具有周期性和风险性。下面对莱登县农村"半工半耕"结构的特点与农民家庭收入之间的关系进行具体分析。

一是莱登县农民的务工具有低职业流动的特点，影响收入水平的上升。这种低职业流动与中西部地区农民距离务工地较远，在务工地超社区关系不发达有关。超社区关系是在村庄社区之外建立的关系，这类关系不同于村庄内基于血缘和地缘基础的关系，而是基于业缘、老乡情谊、趣缘或者是其他各种原因建立的关系，没有村庄社区关系的强度大，但是比村庄社区关系的异质性强。超社区关系对于村民获得工作机会和职业流动具有重要作用。东部地区农民都是在本地务工，流动性不大，能够逐渐积累起村庄之外的超社区关系，并从中获得市场信息和更好的工作机会，如从普通工人转行做技术工人，或者是从一线工人晋升为企业的管理者，或者是作为包工头获得了工程信息等。这些机会对于农民的职业流动具有重要意义。像莱登县等中西部地区的农民工，难以在务工地建立起发达的超社区关系。这是因为，中西部地区的农民外出务工，以尽快获取收入为目的，所以会为了追求更高的工资而经常变换工作单位、工作地点甚至是工作行业。也可能会因为其他原因导致无法在原来行业继续工作，要转换工作地点和行业。这种高流动性导致了农民在外建立的关系无法积累，关系强度也不够大，无法形成具有一定稳定性的超社区关系。因此中西部地区农民虽然外出务工换过的工作很多，短期内出现了工资的上涨，但多是在职业的底层，从长远来看，不利于职业向上流动，影响了收入水平的上涨。

  曹庄村村民YDJ38岁，从初中毕业开始就外出打工，至今打工已经有近二十年。YDJ打工地点并不固定，听说哪里收入高就去哪里。这些年来，打工的地方遍及南北，北京、杭州、苏州、无锡、东莞、惠州等地都去过，有的地方去过不止一次。由于一直变动工作地点和环境，YDJ很少在一个工厂或者地方待好几年。2018年在广东，做临时工收入比较划算，可以达到18元/小时，或者是20元/小时，YDJ就去惠州的比亚迪，去TCL等电子厂等工厂打工。(青泉乡曹庄村村民YDJ，2018年11月1日下午)

  二是莱登县农民家庭的收入对劳动力数量具有较大依赖，一旦家庭中有劳动力退出劳动力市场，家庭收入就会受到很大影响。这一特点使得农民家庭的收入具有较大不稳定性，影响了家庭经济的积累。

第六章　民办学校运作机制与农村家庭需求的契合

古娄镇鲁庄村村民 WXH，40 多岁，原本一家四口人，夫妻两人和两个女儿。WXH 的丈夫三年前因病去世，WXH 受到刺激精神产生问题，带着两个女儿一起生活。这个家庭从原来的一般收入家庭成为村里的贫困户。（古娄镇鲁庄村王家庄自然村小组长 WHW，2017 年 8 月 7 日下午）

农民家庭进入市场的劳动力数量受到家庭生命周期的影响。在子代家庭刚刚建立起来时，也即家庭的起步期，子代家庭中的两个成年劳动力都能够进入劳动力市场就业，父代正处中年，身体素质也比较好，家庭所有的成年劳动力都在外务工，家庭的经济积累能力较强。当子代家庭进入生育期，家庭中有孕妇，或者是未成年子女，这一时期抚育后代是家庭最主要的任务，家庭中有人要退出或者是半退出劳动力市场，家庭中的收入水平会出现剧烈下降。如儿媳妇怀孕和刚刚生产时，一般儿媳妇和婆婆都会退出劳动力市场，这一时期是家庭成员进入劳动力市场最少的时期。孩子开始上幼儿园以后，年轻的母亲再继续外出打工，父代留在家乡照顾孙代和从事农业生产，这一时期进入市场的劳动力数量又有所恢复，但有一个劳动力从务工转为务农，家庭总体收入水平仍然出现下降，同时，家庭因为抚育后代，开支较以前增大。家庭的经济积累能力在生育期和抚育期出现下降。当家庭中的孙代逐渐成长起来后，父代可以再次外出务工，但是随着年龄增长和身体素质下降，其所能够获得的工作机会减少，收入水平也会降低，因此不少农民在这一时期就选择留在家乡继续务农，并找一些零工做。孙辈进入劳动力市场时，父代也已经七十多岁，受到身体机能下降的影响，就开始逐步退出劳动力市场，家庭的收入主要依赖于子代和孙辈。若出现父代因年老生病，不能自理，家庭进入赡养老人的时期，子代家庭中就需要有劳动力回乡，照顾老人，回乡的子代或者是完全退出劳动力市场，或者是由务工转为务农，家庭的经济收入都会较务工时减少。

三是农民家庭收入具有高度依赖务工时间的特点。农民每年的收入水平受到务工时间的影响很大。各种能够影响到务工时间的内外因素，都会对农民的收入水平产生影响。莱登县农民务工可以分自己干个体和进入企业两大类。干个体主要是在城市"收大布"和在建筑工地"卖油货",只有每天开工才会每天有收入。外部因素,如 2020 年的新冠疫情,或者是房地产行业不景气,都可能导致工作时间减少。内部因素,如需要回乡参加红白事,往返一趟就需要好多天,也会影响在外务工的时间。

通过上述分析可以发现,农民家庭职业层级的低流动性、劳动力数量依赖和务工时间依赖,使得农民家庭的经济积累具有一定的不稳定性。然而农民现在又增加了城镇化和职业流动的家庭发展目标,这就意味着家庭必须提高经济积累的稳定性,提高劳动力的质量。对于农民家庭来说,教育成为重要的提高劳动力素质的渠道,教育成功的子女可以增加在市场上的就业机会,增加职业流动的能力,同时也增加了在城镇地区体面安居的可能性。因此,当前家庭对于教育的重视程度提高,也非常愿意对子女进行教育投入,对学习成绩十分关注,对于教育结果有很高期待。

三 学历社会下农村家庭对学校教育质量的诉求

虽然农民家庭对于教育十分重视,但是当前家庭教育功能弱化,影响了家庭教育目标的实现。调研中发现,农村家庭在有意或者无意中向学校让渡教育权力和教育责任,以弥补家庭教育功能弱化的影响。更重要的是,在家长对学习成绩十分重视的当下,家长对于学校教育成绩的要求也在提高。综合来看,目前农村家庭对于学校教育的需求,和以前相比发生了较大的变化。这种变化表现在两个方面,一是对于学校教育资源和教育质量的要求提高,二是希望学校承担更大范围的教育责任。农民家庭的这些教育需求,具体到教育过程中,可以细分为以下几个方面。

一是提高学习成绩的需求。这是家长最为看重的教育需求,也是对学校期待最高的需求。中考和高考作为学生进入大学之前的两次最重要教育选拔,一直是以学生的考试成绩作为唯一标准。因此,农村家长对于能够直接影响子女升学的成绩看得最重,对于学校提高教育成绩最为关注。

二是进行学习指导的需求。这是因为农村家庭由于文化水平较低，无法对学生进行放学后辅导，而对学校提出的新需求。虽然在之前很长一段时期，农村家长由于受教育水平低，也普遍不承担辅导学习的责任，但是在那一时期，家长对于子女学习成绩的期待也不高。现在家长对于子女学习成绩重视之后，对于子女课后时间的安排和作业完成情况的重视都在提高，希望子女能够在放学后获得高质量的学习指导，所以希望学校能够在白天的课程结束后，对学生继续进行学习习惯培养和学习上的教导。

三是进行行为规训的需求。学校本身就承担了对学生进行德育教育、行为规训的责任，现在家长希望的是学校增加对学生行为规训的内容，延长对学生进行行为规训的时间。家长这一新需求的产生，与两方面因素有关，一是父代在家庭中地位边缘化导致不敢行使行为规训的权利，学生失去了来自家庭的教育；二是互联网、智能手机等的普及导致学生成长环境复杂化，影响学生道德健康和行为健康的不利因素增多，这些因素的影响具有隐蔽性，超出了农村家长的监管能力。

当前农村普遍是隔代抚养模式，父代在家庭权力中的边缘地位，使其在教育孙代时十分谨慎，不敢对孙代进行严厉的批评，更不敢采取惩罚措施。这就使得孙代在出现行为失范的早期，其失范行为不能在家庭中得到及时纠正，有走向更严重失范行为的风险。为此子代和父代都希望学校能够延长对学生进行行为规训的时间，增加对学生进行行为规训的责任。如一部分家长希望学生能够在学校寄宿，如此一来，学生在学校时间增加，处于教师监管之下的时间也增加了。

互联网、智能手机的普及在丰富了学生信息和知识获取渠道的同时，也增加了学生成长中的风险。在调研中发现，不少初中生用智能手机看网络小说、玩网络游戏，严重者会沉迷于其中。初中生所看的小说以修仙、玄幻、暗黑等类型居多，且不少小说含有色情、暴力等因素。学生花大量时间用于阅读小说和打游戏，不仅影响正常学习和休息，还会影响健康三观的形成。但是老年父代大多数不会使用智能手机，不知道如何进行监管。在手机成为重要通信工具，也是孙辈与子代重要联系工具的当下，父代和子代也不可能为了避免手机的危害而放弃手机。在这种两难处境下，农村家庭希望学校能够解决学生使用手机带来的不利影响，加强对于学生手机使用监管。

四是上下学路上安全的需求。在以前，学校并不对学生上下学路上的安全问题负责。现在家庭希望学校承担起这一责任，这主要是父代隔代抚养所产生的安全责任压力，希望将这一责任"让渡"给学校。父代在家庭权力地位边缘化的处境下，担心自己承担不好教育责任被子代埋怨，因此对于孙辈安全问题过度重视，唯恐孙代遭受意外伤害。所以在农村学校会出现这样的情况，不论家距离学校远还是近，父代都去接送孙辈上下学。

五是培养学生综合能力和课外兴趣的需求。这一需求的产生与子代教育观念的转变有关。通过媒体的广泛宣传，子代对于培养子女课外兴趣和综合能力的重视程度提高。但是由于经济能力限制和自身文化水平限制，子代希望学校能够承担起这一方面的教育责任。需要说明的是，虽然子代意识到培养课外兴趣的重要性，但是对于培养哪些兴趣和特长，以及如何培养却没有明确的规划。这也正是子代寄希望于学校承担起这一责任的原因。由于兴趣和特长并非教育选拔的内容，家长并不把这一需求的满足放在首位。与前面几个相对刚性的教育需求相比，这一需求属于弹性教育需求。

综上可知，农村家庭的教育需求出现了较为明显的变化，希望学校承担更多的教育责任。这些需求的变化对于家庭和学校之间的关系产生了深远的影响。

第四节　民办学校的运作机制与家庭需求的契合

通过对农村家庭的分析可以发现，当前农村家庭的教育需求与传统时期相比具有了很多新的特征，这些新的特征实际上是对学校要承担的教育内容赋予了更多期待。县域范围内的民办学校正是在这样的市场背景下确立起学校发展方向和办学目标。民办学校的运作过程与结果一定程度上满足了部分家庭的教育诉求，因而能够生存与发展壮大，逐渐获得社会的认可。

第六章　民办学校运作机制与农村家庭需求的契合

一　农村家庭的教育需求对学校培养与选拔功能的高要求

农村家庭的结构转型和家庭对教育重要性认识的上升，增加了农村家庭的教育需求，同时也提高了农村家庭对于学校教育质量的期待。对接到学校功能上，当下农村家迫切希望学校扩充培养功能的内容，强化选拔功能，以此促进学生的健康成长，并增加中考升学机会。

农村家庭对学校培养功能的诉求是承接家庭的部分教育内容，从培养教育为主转变为"抚育+培养教育"。学校培养功能的传统内容是德育、智育、体育、美育、劳动教育等，目标是培养具有综合素质全面发展的人才。学校传统培养功能的重点是培养学生进入社会生存所需要的基本能力，从学生的角度来说，这些是面向未来的能力。家庭教育功能是与抚养功能联系在一起的，家庭抚养内容贯穿了青少年儿童的衣食住行需要满足过程，家长在这一过程中向青少年儿童传递家庭生活的基本规范和基本伦理，教育青少年习得地方社会的基本行为规范，并培养基本的道德品质和社会纪律意识。当前农村家庭权力结构和家庭生计构面临双重转型的背景下，承担教育责任的中老年父代面临着地位边缘和教育权威不足的窘境，无法完成本该由家庭承担的教育功能，农村家庭希望将家庭无法承担的教育功能转嫁给学校。

青少年儿童成长环境的复杂化也增加了家庭教育的难度，这也是家庭希望学校扩充培养内容的原因。随着互联网和智能手机的普及，青少年的休闲娱乐方式从线下转向线上，玩手机游戏、看综艺、刷短视频、看网络小说等成为主要的休闲方式，社会信息对于青少年儿童的影响越来越隐匿化。

公办青泉中学政教主任LHT在青泉中学工作了十几年，2015年之前抓学生打架和上网吧，现在抓学生玩手机。不少学生在夜里玩手机，白天上课就睡觉。学生玩手机主要是聊天、看小说、看视频、打游戏，玩手机多了后学生就不想学习，产生网瘾，有的学生还会模仿电视剧情节在失恋时割腕。LHT老师会不定期查寝室，发现学生带手机后会将手机没收，交给班主任保管。对于特别贵重的手机，会将家长叫到学校，向家长解释让家长将手机带回家。即便如此，仍然有学生能够逃避监管，把手机带到学校，LHT 老师发现学生会把手机埋到学校花坛里、放到厕所夹层里、藏到电动车里，等等。（青泉中学政教主任 LHT，2018 年 11 月 6 日晚上）

调研中，虽然部分受访的学生表示看影视剧或者修仙玄幻小说会被这些作品中主人公的积极乐观、努力奋斗、惩恶扬善的品质所感染，但是大多数时候他们只是将自己代入其中，感受主角的成长体验，喜欢这样的心理体验，却不会形成足够支撑自己的强大精神力量，并不能从中获得自身的成长。

在招商引资的民办石言中学调研期间发现，小学生和初中生开始玩手机的年龄存在较大差异。中学生初次接触智能手机在 3—4 年级，一般到中学就有了自己的手机。小学生初次接触智能手机在 1—2 年级。大部分学生玩手机都是用来消遣，用于学习的比较少。（综合笔者 2018 年 11 月、2019 年 8 月在石言中学调研期间的信息整理分析得出）

总体来看，互联网和智能手机在中小学生生活中的普及，带来的是低质量媒体产品充斥着绝大部分农村孩子的闲暇生活，有些甚至会对青少年儿童产生误导。在习惯了快餐式的轻松有趣的文化产品后，青少年儿童对"严肃"文化产品的接受程度就有所降低。在这一过程中，部分青少年甚至产生了对手机的依赖，也就是有了一定的"网瘾"。如何对青少年儿童的日常生活和休闲娱乐进行监管是农村家长面临的普遍难题。对青少年儿童的休闲娱乐生活进行引导，既需要对其休闲娱乐观念进行引导，也需要对其休闲娱乐方式进行纠正，并辅之以必要的监管。中老年父代不知道如何监管，同时也不敢严厉监管。青年子代则因为忙于生计，无暇监管，即使有心监管也多因为文化水平较低，不好找到替代方案。为了减少手机和互联网对于青少年儿童生活的不利影响，不少农村家庭寄希望于学校，学校监管内容也不得不增加。

第六章 民办学校运作机制与农村家庭需求的契合

农村家庭对学生成绩和升学机会重视程度提升，客观上要求学校强化学校的选拔功能。受到现代性观念和工业化的影响，农民越来越将脱离农民职业视为职业流动，将实现城镇化作为阶层流动的标志，实现上述目标的重要渠道之一是教育。农村家庭已经改变对义务教育的态度，原先将之视为"用来识字"的普及性教育，当前则将之看作高中教育甚至是大学教育的准备阶段。家长普遍希望子女能够接受更高程度的教育，有高学历。在此期待下，农村家长对于子女学习成绩的重视程度提升，并将这种意识与压力传递给学校。对于学校来说，要提高学生的成绩，除了保持甚至强化学校培养功能，特别是加强智育教育外，还需要强化学校的选拔功能，一方面通过考试对学生进行分类，采取分层教学的方式来提高班级授课的效率，另一方面通过竞争来给学生施加压力，激发学生的学习动力。

二 应试机制：民办学校运作的核心机制

当前县域义务教育阶段民办学校的生源定位是农村生源，那么满足农村家庭的教育期待即是这些民办学校的办学目标之一。虽然学校投资者的教育理念各有差异，但是生存和营利是其办学必须考虑的基础诉求，为此民办学校大都尽力去把握农村家庭不断变动的教育需求，并将之融入学校办学目标中去。当前农村家庭对义务教育的需求已经从20世纪八九十年代的"有学上"，转变为要求优质的教育资源，即能够承担部分家庭的教育功能，并且能够有良好的教育质量和不错的升学率，民办学校的应试机制即是对家庭需求的回应。

目前本文在使用应试机制概括民办学校运作的核心机制时，是从字面含义来理解"应试"这一词的，即应对考试的局面，应对考试的各种行为。"应试"经常与"教育"一词连用，以"应试教育"这一概念被学者所研究和争论，虽然学界目前对"应试教育"这一概念并没有形成明确的定义，在这一概念是中性的词义还是贬义词义上也莫衷一是，[①]但对于"应试"这一词的性质总体上观点一致，认为是一个中性词，是

[①] 国闻：《应试教育与素质教育岂能相容——与〈应试教育与素质教育并非水火不容〉作者商榷》，《上海教育科研》2017年第7期。

义务教育阶段民办学校的运行机制

陈述事实的一个词,即字面理解的词义。[1]应试机制即是指民办学校为了应对考试和提升成绩而采取的学校运行机制。

学校教育时间延长与课业负担的"以校为主"分布,是应试机制运行的时间资源基础。民办学校学校教育时间延长是家庭和学校共同促成的。从家庭的角度来说,在既要维持家庭劳动力收入最大化,又希望兼顾学生教育的背景下,家庭希望学校延长教育时间,如此一来,家庭劳动力可以腾出更多时间用于劳动,学校可以增加时间来代替家长照顾和教育学生。对于学校来说,学习活动的展开是以时间投入为前提的,延长教育时间即意味着学生在学习上投入的时间增加,学习的知识也自然增加,这对于提高学生成绩是有利的,学校对此是支持的。民办学校通过提供走读、日托、校车服务、全托等形式各样的服务承担起了对学生的生活照料和抚育责任,也实现了延长学校教育时间的目标,为延长学习活动(知识教育)打下基础。

学生分类与班级授课制的结合,是应试机制下的生源筛选和教育方式。民办学校对于学生的筛选是从入学之初就开始的。民办学校进行生源筛选的目的是"排斥"掉部分"差生",吸引优秀学生和中等学生,控制生源质量结构。由入学筛选可以看出,民办学校在教育上具有很强的功利性,为了形成良好的教学成绩而违反《中华人民共和国义务教育法》和"有教无类"的基本教育道德。招生后的教育过程更是一个不断筛选并分类的过程。通过入学初或者是入学后的考试结果,民办学校将学生分为不同层次,将处于同一层次的学生编班,实施分层教育。民办学校的这一做法能够提高班级授课制下的教育效率,并方便民办学校集中优秀资源培养优秀学生。如此一来,民办学校能够通过优秀学生的优良成绩打出学校的教育口碑,也有中等学生整体上的中等成绩进一步夯实学校的教育口碑。

课程分类与课业负担的学科化,是民办学校在应试机制下对学生和教师的注意力分配。民办学校的课程开设具有等级序列性,且具有面向考试的特点。对于被纳入考试科目的课程,民办学校会大量开设;对于

---

[1] 孙薇、郁钰:《应试教育与素质教育并非水火不容》,《中国教育学刊》2016年第5期。

第六章 民办学校运作机制与农村家庭需求的契合

没有被纳入考试科目的课程，民办学校会选择性地开设。不仅如此，民办学校会根据各个考试科目的分值来分配课时数和学习时间。如在小学阶段，语文、数学、思想品德是考试科目，其中语文、数学在考试时各占 100 分，思想品德占 20 分。在民办学校的课程设置中，语文、数学、思想品德是课程主干，其中语文、数学又因为分值较高而占据绝对优势。近些年语文科目考试改革，对于死记硬背知识点的考察减少，增加了对学生课外知识面和阅读面的考察，要培养这方面的能力需要长期的积累，于是民办学校普遍增设了阅读课。很多民办学校掀起"国学热""读经热"，并开设国学课或者读经课，除了作为学校特色课程，以及借此对学生行为进行规训外，也将其作为重要的课外知识获取来源，达到"一石多鸟"的效果。

对教师、学生的高度动员与课业负担强度的提高，是民办学校在应试机制下教育过程的特点。民办学校对教师的动员，是建立在班级教师团队制和追求班级整体性进步这样的管理价值取向基础上，通过组织建设和激励制度建构教师之间的竞争与合作意识。民办学校对学生的高度动员，以对学生的学习习惯、行为习惯和学习态度进行培养和规训为目的，采用增加考试与结果激励、对越轨学生进行治理等管理手段。民办学校较高的课业负担强度就是在此背景下产生的。因此民办学校有教师会发出这样的感慨："高中记忆很深刻，往死里学，很痛苦。我高三状态是他们初中的状态，心疼他们。"[①] 高强度的学习确实能够提高成绩，这也是为什么几乎所有的民办学校都会采取类似做法的原因。

采取应试机制是民办学校在县域教育场域中做出的理性选择。民办学校这一机制实现了学校教育成绩的逐渐提升，并逐步在县域获得了社会对其教育质量的认可。对于县域社会的农村家庭来说，对学校的认可和评价需要考虑过程和结果。过程评价的标准是学校教育服务对家庭生产生活的影响程度。结果评价的标准是学生成绩和学校升学率。由于农村家庭希望兼顾家庭生产与教育两项事务，因此希望学校教育服务和家庭生产形成和谐的节奏。民办学校以其学校运行过程完成了自身教育目

[①] 莱登县明日中学初中部教师 CLS 访谈，2018 年 11 月 12 日下午。

标的同时，也满足了农村家庭的过程要求和结果期待。

三 应试机制下学校功能的强化

在民办学校的应试机制下，学生的学习过程伴随着考试和竞争，学校培养功能强化的同时，筛选功能亦得到强化。只是，由于民办学校将重点放在满足农村家庭的需求上，学校的培养内容结合了国家要求和家庭需求。

在民办学校的教育中，扩展培养内容具有内在和外在的压力。外在压力是家庭需求，内在压力是学校延长教育时间的诉求。学校培养内容的扩展开始打破传统的家庭——学校教育功能边界，家庭教育的社会化进一步加深。有学者称这种趋势为学校教育家庭化，认为这是学校和家庭在教育功能上的"错位"，强化了家庭教育对学校教育的依附性。① 基于对农村留守儿童的调查，邓纯考解释了这种现象出现的合理性，农村出现打工经济浪潮后，农村家庭出现教育功能退化、同辈群体影响双面性的问题，学校扩展教育内容，扩大教育责任，是对农村留守儿童家庭教育进行功能补偿的措施。② 学校教育、家庭教育、社会教育是学生社会化过程中的三大支柱，也被认为是教育形态现代化的表现。③ 事实上，这三者在义务教育阶段发挥的作用并不完全一样，而是存在地区之间、城乡之间、时代之间的差异。在以打工经济为主要经济形态的中西部农村，家庭教育功能弱化，社会教育功能不明晰，学校扩张教育责任被家长和社会所支持。

民办学校的筛选功能与培养功能紧密联系在一起，择人与育人并重。筛选功能长期以来是学校相对于家庭和社会所独有的功能，也是学校作为教育体系的一环所具有的手段性本质。在农村家庭对成绩和升学日益重视的当下，民办学校不断向家长宣传和强化学校教育的价值，严肃性、纪律性和专业性是民办学校教育权威的基础，成绩、升学和能力

---

① 程正强：《家庭教育与学校教育功能错位及其复归》，《湖北科技学院学报》2015年第5期。
② 邓纯考：《农村留守儿童社会化困境与学校教育对策》，《浙江社会科学》2012年第5期。
③ 周兴国：《乡村教育的现代化困境与出路》，《教育研究与实验》2018年第4期。

进步是民办学校教育的价值。学校筛选功能既作为一种客观功能存在，同时又在家长和学生心目中成为被肯定的价值。民办学校围绕应试开展的一系列教育实践，通过行动培养学生的应试惯习与应试能力，使之坚信并成为身体的无意识行为。

第五节 本章小结

正如刘云杉观察到的，当前中国社会的中上阶层和中下阶层在继承人的培养途径和塑造策略上出现了明显的分歧，在城市的中产及以上阶层接受博放教育理念，并将素质教育政策作为挑战应试教育模式，实现其教育理念的工具时，处于社会中下层的农村家庭仍然认可学校严苛的制度和纪律，认为只有"苦中苦""苦中乐"才会实现"人上人"，认为应试规训是学校十分重要的教育模式。[1] 中西部县域农村家庭的教育观念是建立在家庭十分有限的教育资源和教育选拔的分数标准基础上的。

农村家庭对于学校培养功能和筛选功能的态度变化，是很多农村家庭开始将子女送入民办学校的原因。很长一段时间，农村家庭对于学校教育功能的关注更多集中于培养功能上，对于学校如何发挥筛选功能，以及学校筛选功能的实现程度并没有太多关注。因此在 2000 年以前很长一段时间，农村家庭在教育上的最主要诉求是子女能够有机会接受教育。高中教育和高等教育的扩招，增加了农村家庭接受高等教育的机会，即使只是普通高等院校的教育机会，[2] 这种"跳一跳就能摘到的桃子"，也改变了家庭对升学的期待，激发家庭通过高等教育机会改变命运的热情。十分重要的社会变迁也在发生着，农村家庭在 2000 年普遍外出务工，家庭收入增加，教育支付能力提升，家庭开始追求优质教育资源，并将升学希望寄托于学校的教育上。因此在这一时期，能够及时注意到家庭的教育需求特点，并积极满足的民办学校能够获得家庭的认可。

---

[1] 刘云杉：《自由的限度：再认识教育的正当性》，《北京大学教育评论》2016 年第 2 期。
[2] 邵宜航、徐菁：《高等教育扩张与教育机会不平等演变》，《经济学动态》2017 年第 12 期。

第七章

结论与讨论

当学者们还在讨论政府垄断义务教育供给所带来的政府供给失灵，应该鼓励由社会力量遵循市场机制来提供教育时，义务教育阶段民办学校已经在政府给与的政策空间下出现并悄然发展。当研究者们在讨论生源、师资等教育要素向民办学校的流动对民办教育所带来的竞争优势时，民办义务教育已经逐渐成长为县域社会优质教育资源的代表者之一，并具有了综合性的优势。目前，学界对于县域义务教育阶段民办教育的发展运行机制缺乏系统全面的研究，本文以中部县域义务教育阶段民办学校的发展与运行机制为研究主题，以中部地区莱登县义务教育阶段民办学校为研究对象，展开对于县域民办义务教育发展规律和运行机制的研究。

在前面第二章到第六章的分析中，已经展现了县域义务教育阶段民办学校的发展与运作过程。第二章分析民办教育出现的政策背景与存在的市场空间；第三章分析民办学校为何能够具有自主办学的权力空间，且这一权力空间远比公办学校要大；第四章分析民办学校在其自主办学空间下如何对学校教育资源进行控制，以形成较有利的资源结构；第五章分析在自主办学空间下，民办学校的内部运行过程，重点在民办学校如何通过对学生和教师的高度动员实现对学校教育时间的高强度利用；第六章分析农村家庭的教育需求特点，以及民办学校的应试机制与农村家庭教育需求的契合。通过上述分析，逐次递进阐明了义务教育阶段民办学校的发展与运行机制。本章将结合民办学校的应试机制，分析在当前的能力主义教育竞争体系下民办学校的发展空间。

第七章　结论与讨论

第一节　应试机制与能力主义教育竞争的契合

本文基于对义务教育阶段民办学校运行过程的分析，提出了民办学校的运行机制是应试机制的解释，展现了民办学校在营利动机和满足家庭需求背景下的主动适应和理性运作。其实，民办学校的应试机制之所以能够帮助民办学校取得良好的教学成绩，并获得家长的青睐和认可，是因为民办学校的应试机制强化了学校在智育教育方面的筛选功能和教育功能，这与当前教育选拔体系以分数为选拔标准具有一致之处，应试机制在应对教育选拔时有优势。不仅如此，公办学校在落实素质教育相关政策后，出现了学校选拔功能和筛选功能弱化，学生成绩下降，面对教育选拔时处于不利地位的意外后果。民办学校在内部的运作机制优势和外部的竞争者（公办学校）竞争能力下降的双重因素影响下，学校生存空间不断扩大，发展越来越好。

一　考试选拔与能力本位

当前我国的教育体系是以考试作为最主要的教育选拔手段的，不论是中考还是高考，都以纸笔考试的成绩作为评价学生的依据。中考和高考的目的是从众多考生中选拔出相对优秀的学生，并给与其接受更高程度教育的机会。由于教育选拔所带有的分配教育机会的高利害性，影响到无数学生、家长的利益，因此中考和高考选拔的公平性就十分重要。[1] 采用纸笔考试作为选拔方式的优势有两个，一是客观化和可比较性；二是考试选拔所需要的成本相对较低，具有大规模操作性和高效率。考试是将对学生素质和能力的考察集中和窄化为学科知识，考试内容具有客观性和可测量性，考试结果以分数呈现，具有可比较性。此外，组织考试选拔虽然会耗费不少人力物力，但是与面试、推荐、自主招生、综合素质档案记录等其他选拔方式相比，考试所花费的资源就少得多，对考

---

[1] 周序、刘庆龙：《教师与应试教育：从冲突走向和解》，《湖南师范大学教育科学学报》2017年第5期。

试过程的监督也更为方便,录取标准也较为公开透明。上述因素对于维持教育选拔的公平性十分重要。

考试选拔方式是一种能力本位的选拔方式。因为考试考的是客观试题,考试成绩的取得与学生自身的能力有较大关系,与学生及家庭经济社会背景的关系相对较小,这就减少了学生家庭的经济资本、权力、关系等因素对考试结果的干扰。考试是对学生多年学习所积累和掌握的文化资本的考察,并以分数的方式呈现和比较。虽然具有良好经济社会背景的家庭能够为学生提供丰富的文化资本,如补习班、良好的学习条件,或者是教育质量良好的学校等,但这些都是"名义文化资本",学生只有通过个人努力,将这些外在的文化资本转化为身体化的文化资本,才能成为被学生所掌握的实质文化资本,① 并有良好的考试卷面分数。即使家庭社会经济背景较好的学生因为家庭因素具有较多的实质文化资本,家庭社会经济背景较差的学生也可以通过勤奋学习,延长教育时间,增加学习量和学习难度,多做练习等方式加强对于知识的掌握,提高自己的能力,对家庭经济背景较差所带来的不利影响进行一定程度的弥补。有学者也通过对不同层级本科教育机会分配的影响因素进行研究发现,虽然家庭出身的影响始终存在,但是学生能力的影响始终高于家庭出身的影响,② 教育选拔方式具有"唯才是举"的特征。而面试、推荐、自主招生、综合素质测评、档案记录等选拔方式,极易受到家庭经济资源、权力、关系、人情等因素的影响,其所带来的差别是学生个人仅凭努力无法弥补的。

诚然,考试选拔方式也具有一定的不足之处,不是最优的选拔方式,只能是"次优"选择。考试内容无法对学生素质进行全面考察和测量,③ 且考场上考察的知识点也有限,甚至因为很容易被一线教师和学生摸索出答题规律并确立应试规训路径,④ 使得考试对学生真实能力和

---

① 王处辉、朱焱龙:《文化资本的"名""实"分离——中国语境下文化资本对高等教育获得影响的重新检视》,《高等教育研究》2018年第7期。
② 刘精明:《能力与出身:高等教育入学机会分配的机制分析》,《中国社会科学》2014年第8期。
③ 闫闯:《应试教育与素质教育岂能相容——与〈应试教育与素质教育并非水火不容〉作者商榷》,《上海教育科研》2017年第7期。
④ 周序:《"应试主义教育"的"应试规训"及其消解》,《华中师范大学学报》(人文社会科学版)2014年第3期。

素质的考察被弱化。这是考试这一方式存在的天然不足，是努力改进考试方式也难以解决的。然而考试选拔的客观化和标准化，符合人们对于教育选拔公平性的诉求。虽然存在不足之处，在没有其他更好、更公平的选拔方式被设计出来之前，考试选拔方式因为其能够兼顾选拔的公平性和实施过程的高效率，而成为"次优"但最能体现公正公平原则的人才遴选方法。

二 应试机制与能力培养

民办学校的应试机制在提升考试成绩、应对考试选拔时具有较高的效率。因此不仅学校会因为路径依赖延续这套运作和管理机制，学生也会因为升学和考试压力，以及家长的引导等因素而认同学校培养方式的有效性，主动或被动接受学校的应试规训。

中小学生对于考试成绩的重视自上小学开始就逐渐产生，但产生考试与升学联系起来的主动意识普遍是在进入初中后，因此在不同阶段学生对于考试和能力提升存在着被动和主动的差别。

在小学阶段，虽然学生并不会面临考试选拔压力，但对于许多农村父母来说，却已经产生了对于子女的教育焦虑，并着手对子女的教育进行规划。莱登县民办博闻学校校长 GW 说，许多家长送子女到学校时，特意提出希望学校严格管理，提升成绩。有一位家长的话对其触动很大，这位家长在把调皮的孩子送到这所民办学校时，对校长说："G 校长，知道你学生多，顾不过来，可我们家孩子是我家唯一希望。"在家长传递出来的强化学校教育功能，提升学生成绩的压力下，民办学校普遍在小学阶段就对学生进行较为严格的应试训练，重点是培养学生的学习惯习、纪律观点和竞争意识，以此激发学生对学习的重视并为之努力。大部分小学生并不会将学习与考高中考大学联系起来，那对他们来说是比较遥远的事情，① 但当前阶段教师对于班级纪律、学校习惯的强调，以及对于成绩的重视都会影响到他们。小学生会因为周围环境中大家对成绩的重视和学校对成绩优秀学生的奖励，而意识到学习是十分重

---

① 莱登县石言中学小学部学生访谈信息，时间是 2018 年 11 月 14 日和 2019 年 8 月 23 日。

要的事情。

进入初中阶段后学生的升学压力就产生了,一方面是因为切实面临着三年后的升学压力,另一方面是因为学生开始认识到学历和未来生活、工作之间的关系。因此进入初中阶段后,学生一方面对于学校的严格管理会感到压力很大,甚至有些压抑,但另一方面自身又认同学校的应试训练方式,在情感上主动适应和融入这种高强度学习中去。

民办石言中学的一位8年级学生说:"我属于很优秀的,学得好、混得好、玩得好,有才艺,没惹过人。其他人除了混没有其他出路了。河南的分数线很高,600多分都上不了一本,这能考上高中拿到一个高中文凭再出去。我有很多出路,姑姑说学习一定要尽力,尽力了没成果也没关系,读技校也可以。我不想在学校牵扯太多关系,想安心学习,只是找些人在后面能让自己好好学习就可以了。早晚要离开这里的。"(石言中学初中8年级学生HJC,2019年8月24日上午)

不论是被动习得,还是主动融入学校的应试训练,民办学校的学生在这一过程中提升了与应试相关的素质。首先是知道自己对于知识的掌握情况,也确立自己下一步要达到的目标。由于学校经常组织考试,学生不仅能够知道自己的基础水平,也知道自己在班级、年级学生中的排名情况,知道自己的相对位置的同时也能够为自己制定可达到的目标。其次是通过考试熟悉考试规则、考试内容和考试标准,并进行有针对性的准备。对考试有所了解之后,学生除了完成学校制定的详细学习计划,也会完成自己为自己量身定制的学习规划,如数学成绩差的学生会多花一些时间学习数学。此外,如果发现基础没有打好,原本在小学阶段就应该掌握的知识没有掌握,学生们还会选择利用假期在补习班学习。再次,良好的抗压能力和稳定的心理素质也是必须的应试素质。再好的目标,以及有针对性的学习活动,都需要良好的学习状态来承接;日常的充分准备,要转化为考试卷面上的分数,也需要考场上的良好心理状态与正常发挥。因此适应和扛住学习和生活中的压力,学会积极排遭负面情绪，保持较为稳定和积极的学习状态，是十分重要的应试必备素质。

三 素质教育与学校实践

民办学校的运作机制与公办学校当前的学校运作形成了较为明显的对比，并成为与公办学校竞争时的重要特色和优势。莱登县公办学校原本也长时期实行应试机制，但在二十多年来的素质教育政策影响下，公办学校的应试机制已经大大弱化，学校的教育质量和教学成绩较原来有较大下滑。

素质教育政策在公办学校的实践，与农村家庭的教育需求产生了巨大的张力。这种局面的产生与素质教育理念的理解混乱有关，也与素质教育政策实践的标准化和一刀切有关。

国内对于素质教育的概念和内涵没有形成统一的认识，导致素质教育内涵混乱、面目模糊。从素质教育概念在20世纪80年代被提出及其至今的发展历程看，素质教育更准确的定位是作为应试教育的批判身份出现的，[1] 作为针对应试教育，并向应试教育开战的旗帜。[2] 应试教育批判者在提出素质教育概念时借鉴的理论资源各异，由此形成了当前对于素质教育内涵理解的多义性。

素质教育概念主要有两大理论源流。其中一大源流是马克思主义的全面发展的观点。马克思在对资本主义对于个人发展的批判的基础上提出了人的全面发展的思想，其思想的基本内容是，只有把有报酬的生产劳动、智育、体育和综合技术教育结合起来，才能够把工人阶级提高到比贵族和资产阶级高得多的水平，因此人的全面发展的思想一开始就具有促进无产阶级素质提升的诉求。[3] 此后列宁结合俄国的社会主义实践进一步发展了这一观点，提出要使受教育者成为在政治思想

---

[1] 刘云杉：《自由的限度：再认识教育的正当性》，《北京大学教育评论》2016年第2期。

[2] 王策三：《认真对待"轻视知识"的教育思潮——再评由"应试教育"向素质教育转轨提法的讨论》，《北京大学教育评论》2004年第3期。

[3] 李敦送、廖世江：《毛泽东、邓小平、江泽民素质教育思想比较研究》，《当代中国史研究》2002年第4期。

上的无产者,并且在能力上具有综合技术教育的眼界和工农业愿望在内的基本知识。① 苏联的教育家们也进一步发展了该思想,提出"人的全面发展"的基本内容包括智育、德育、体育、美育和综合技术教育五个方面。② 毛泽东把马克思列宁主义与中国社会主义革命建设相结合,认为人的全面发展是受教育者在德育、智育、体育几方面都得到发展,成为有社会主义觉悟的劳动者。③ 其后的党和国家领导人结合社会建设阶段对于人才的需求,提出对人的全面发展的新要求,但是基本上仍是从个人自由发展和能力提升的内容这一视角出发的。全面发展的观点是新中国传统的对于素质教育的理解,只是并未用"素质教育"这一概念进行指称。当20世纪80年代国内的应试教育批评者和教育改革者提出素质教育概念时,有一些研究者开始试图把握素质教育的内涵,于是将全面发展的观点理解为素质教育。

　　素质教育概念的另一大理论源流是西方教育史上的多种教育思潮。自18世纪至今,伴随着西方现代教育的发展,大量关于教育的思潮应运而生。早期基于对现代学校制度进行批判而提出的"儿童中心论",以及实质教育与形式教育的争论,以及博雅教育和自由教育的观点,④ 20世纪前半叶有进步主义教育运动及相关理论,⑤ 20世纪下半叶又有"人本主义"思想和后现代主义教育思想的出现与传播。这些理论流派纷呈复杂,观点各异,但也具有一定的共同点,即受到西方自由主义传统的影响,对现代学校教育持批判态度,认为学校束缚了学生的个性发展,主张尊重学生的兴趣并给与其充分发展的权利。中国教育改革界和学界在引进西方的上述教育思潮后没有"去粗取精"和与中国实际进行

---

　　① 李敦送、廖世江:《毛泽东、邓小平、江泽民素质教育思想比较研究》,《当代中国史研究》2002年第4期。

　　② 李敦送、廖世江:《毛泽东、邓小平、江泽民素质教育思想比较研究》,《当代中国史研究》2002年第4期。

　　③ 戴水娇、贺满足:《毛泽东教育价值观及其当代意义》,《湖南科技大学学报》(社会科学版)2020年第6期。

　　④ 沈文钦:《西方学者对博雅教育思想史的研究:1890—2005》,《清华大学教育研究》2009年第6期。

　　⑤ [美]劳伦斯·阿瑟·克雷明:《学校的变革》,单中惠、马晓斌译,上海教育出版社1994年版,第199—267页。

第七章 结论与讨论

结合,于是不同学者受到不同的思潮影响提出了各自对于素质教育内涵的理解,由此形成了多样化的素质教育内涵。如杨东平提出改革应试教育、实行素质教育需要在制度和文化观念层面进行革命,采取人文主义的方法采取灵活开放的全方位的学习方法,为所有人提供发挥自身潜能的机会。① "素质教育的概念、内涵及其相关理论"课题组提出"素质教育是培育、提高全体受教育者综合素质的教育,以促进人、社会、自然的和谐发展为价值取向,以德智体美劳全面发展为价值目标",同时又强调素质教育与应试教育在价值观上的尖锐对立。② 陈建华认为素质教育概念源于古希腊的博雅教育,博雅教育作为服务于当时贵族教育的理论观点,目的是培养具有广博知识和素质的人,具有教育目标上的非功利性,重视人文知识以塑造心智为追求等特点,在引入中国指导基础教育时,应该让基础教育领域尽量不要传授功利性知识和工具性知识,应将无用却实际上有大用的人文知识作为主要知识,并鼓励学生质疑传统思维,让其思维具有积极、彻底的批判性。③

通过上述梳理可以发现,素质教育概念的两大源流及其指导下的素质教育内涵存在较大的差异,目前未见理论和认识上的融合或者合流。素质教育的相关政策正是在这样的背景下被制定出来的。由于素质教育的概念和内涵都属于理想型的理念,并不是工具性的操作指南,因此素质教育政策在制定时就需要转为对教育过程中各个环节、教育主体或者教育要素的影响上。自 1999 年《中共中央国务院关于深化教育改革全面推进素质教育的决定》的颁布标志着将实施素质教育作为教育领域的"基本国策"以来,素质教育已经形成了由多个单项政策与多层次具体政策组成,一直处于不断发展完善过程的政策体系,成为一个政策集群,呈现出复杂的政策景观。④ 减负政策也由原来的目标相对单一的政

---

① 杨东平:《重新认识应试教育》,《北京大学教育评论》2016 年第 2 期。
② "素质教育的概念、内涵及相关理论"课题组:《素质教育的概念、内涵及相关理论》,《教育研究》2006 年第 3 期。
③ 陈建华:《论基础教育、素质教育与博雅教育的内在关系》,《南京社会科学》2013 年第 9 期。
④ 林小英:《素质教育 20 年:竞争性表现主义的支配与反思》,《北京大学教育评论》2019 年第 4 期。

义务教育阶段民办学校的运行机制

策转变为素质教育的子政策,减轻学生课业负担成为实施素质教育的前提和表现。① 林小英梳理出二十多年来素质教育核心政策及与之有着深度文本互联的政策,这些政策包括了新课改、减轻学生课业负担、治理择校乱收费、招生考试制度改革、中小学评价与考试制度改革,以及义务教育阶段绩效工资制度、中小学学生发展核心素养、义务教育均衡制度、鼓励社会力量办学政策等,② 这些政策基本上是以 1999 年的《中共中央国务院关于深化教育改革全面推进素质教育的决定》设定的维度为基础。③

素质教育政策作为实现素质教育理念的教育措施,其实际影响是由教育实践效果来检验的。素质教育政策落实到一线的教育活动中,落实到对于教师的评价和工资制度中,落实到减负要求和作业布置中,落实到学校课程结构改革中,落实到义务教育阶段的招生制度中,落实到中小学评价制度改革中。公办学校作为体制内的教育机构,是贯彻落实素质教育政策的模范,素质教育政策的实践影响可以通过对公办学校教育现状的分析来认识。前文在分析民办学校的市场空间和运作机制的过程中,也将公办学校的相关方面纳入进去并进行了对比分析。分析发现,教师绩效工资制度改革不仅没有实现增强激励教师积极性的作用,反而因为与教师评价改革政策相结合,出现了平均主义倾向而打击了积极工作教师的士气;减负政策缩短了学校教育时间,并与家庭生产时间和家庭的弱教育能力相冲突,学校培养功能出现弱化;课程结构改革与县域公办学校普遍存在的资源紧张产生冲突,新课程无法落地,课时闲置,有限的教育时间使用低效;义务教育阶段的"免试就近入学"政策在体现教育公平的同时,却也抑制了民办学校通过提升教育质量来争取学生的动力,同时又因为遭到民办学校跨区域自主招生的影响,优秀生源大

---

① 《教育部关于学习贯彻〈中共中央国务院关于进一步加强和改进未成年人思想道德建设的若干意见〉的实施意见》,http://www.moe.gov.cn/s78/A06/jcys_left/moe_710/s3325/201006/t20100602_88659.html,2004 年 6 月 1 日。

② 林小英:《素质教育 20 年:竞争性表现主义的支配与反思》,《北京大学教育评论》2019 年第 4 期。

③ 《中共中央国务院关于深化教育改革全面推进素质教育的决定》,https://www.nmg.gov.cn/zwgk/zfgb/1999n_5236/199907/199906/t19990613_309013.html,1999 年 6 月 13 日。

第七章 结论与讨论

量流失却又无能为力；中小学评价制度改革对于纠正学校将分数和升学作为主要工作内容具有重要作用，但是地方政府和教育部门在实践中走向了另一个极端，义务教育阶段学生成绩在中小学评价中所占权重迅速下降，甚至接近于无，学校校长的精力转向了权重较大的其他考核项目。素质教育政策不仅存在文本互联性，在影响上也具有联动性，单项政策在影响该政策目标群体的同时，也会对学校教育系统中其他的群体产生直接或者间接的影响，众多政策的联动最终形成了对公办学校的整体性影响。上述政策的实践结果在形式上体现为公办学校接受和贯彻了素质教育；在实质的教育效果上则是学校培养功能和筛选功能的弱化；从应对考试的能力来看，学校对于学生的应试规训已经极大弱化，但是在学生成绩上则体现为学生成绩的整体性持续下滑，以及由此导致的中考升学率的不断下跌。[①]

素质教育政策在县域公办学校实践的失败表明，素质教育政策与学校高效运行、家庭教育需求之间产生了巨大的张力。素质教育理念具有十分美好的期待，但是政策制定没有考虑到学校教育系统的运行规律，也没有考虑到县域范围内以农村公办学校为绝对主体的公办学校普遍存在的明显的资源约束，也没有考虑到农村家庭的生计模式及农村家庭所具有的教育能力，由此导致了政策效果偏离政策目标的结果。

同样作为教育体系的一部分，义务教育阶段民办学校却能够主动掌握学校的发展方向，以有利于实现学校办学目标为原则，在不影响学校目标的前提下执行部分素质教育政策。如在学校文化课程上，民办学校会使用国家或者地方政府统一规定的教材，在课程结构安排上，民办学校就不会贯彻课程改革要求和减负政策的相关要求。实际上，民办学校在打折扣地执行素质教育政策时，是以有利于吸引家长或提升学生成绩为目标的。如一些乡村寄宿制民办小学会设置活动课，学生可以在这一节课的时间里自主选择学习内容，有些学生会在这节课选择学画画，或者选择学习音乐等，这成为民办学校实行特色办学的代表，并成为招生时重要的宣传内容。事实上，寄宿制民办学校的活动课一般设置为下午

[①] 莱登县教育局访谈获得教育成绩信息。

的最后一节课，一周上一到三次，是学生在学术性科目学习期间的少有的轻松时间；并且由于寄宿而延长了学校教育时间，一周几次的活动课不会对学习学术性科目的时间产生冲击。

四 民办学校的发展空间：素质教育与应试教育之间

虽然义务教育阶段民办教育在莱登的发展始于20世纪80年代，但国家和地方政府对于民办教育的规范化管理却始于20世纪90年代末。1997年《社会力量办学条例》颁布，标志着国家开始将民办教育的管理纳入法制化轨道。1999年《中共中央国务院关于深化教育改革全面推进素质教育的决定》将鼓励和发展民办教育看作"为实施素质教育创造条件"，[①] 国家和政府对鼓励发展民办教育的政策增加了更多的政策目标。2003年9月1日《中华人民共和国民办教育促进法》实施，将民办学校定性为公益性事业和社会主义教育事业的组成部分，并规定"民办学校与公办学校具有同等的法律地位，国家保障民办学校的办学自主权"。[②] 此后，《国务院鼓励和引导民间投资健康发展的若干意见》（国发〔2010〕13号）、《国家中长期教育改革和发展规划纲要（2010—2020年）》都鼓励民间资金投资民办教育。2012年《教育部关于鼓励和引导民间资金进入教育领域促进民办教育健康发展的若干实施意见》提出"民办教育是社会主义教育事业的重要组成部分，是教育事业的重要增长点和促进教育改革的重要力量"，在该文件中对民办学校赋予了更加重要的地位，并将发展民办教育作为教育体制改革的重要内容。

可以发现，自20世纪90年代末期开始，国家将发展民办教育纳入实施素质教育和促进教育改革的教育战略之下，国家对于民办教育寄予了作为教育创新者的角色期待。如果按照国家政策的期待，民办学校应该是落实素质教育政策最为彻底的学校，改变20世纪90年代末之前公办学校十分重视学生成绩和升学率的做法。然而，自20世纪末民办学

[①] 《中共中央国务院关于深化教育改革全面推进素质教育的决定》，https://www.nmg.gov.cn/zwgk/zfgb/1999n_5236/199907/199906/t19990613_309013.html，1999年6月13日。

[②] 《中华人民共和国民办教育促进法（2002年版）》，https://www.gov.cn/test/2005-07/28/content_17946.htm，2002年12月28日。

校被赋予教育改革创新者和"反应试机制"者的角色期待后,民办学校却走上了背离国家角色期待的发展方向。民办学校不仅没有成为贯彻素质教育政策的示范学校,反而是选择性执行素质教育政策的学校;民办学校不仅没有弱化学校的应试规训,反而强化了应试规训,并增加了学生的课业负担强度。民办学校通过实施应试机制,实现了民办学校较好的教育成绩,以及较高的升学率,以此获得了社会认可,由此可以不断扩大生源。

同时期,公办学校作为县域社会内贯彻落实素质教育政策的学校,却出现了教育成绩的下降,家长对公办学校教育质量产生不满,进而让子女逃离公办学校。陆一认为这种局面的出现与当前素质教育理论本身建构不足有关,素质教育改革实践仅仅落实到了反考试、反专业化的道路上,抹杀了考试所具有的尊重公平与卓越的品质,将素质教育变成了"平庸宽松教育"、"吹拉弹唱教育"、肤浅教育。[①]

如此一来,义务教育阶段民办学校的发展壮大历程就颇有意思,甚至有些吊诡。虽然义务教育阶段民办学校是被赋予了教育改革期待和落实素质教育的任务,国家也因此为民办学校提供了大量的法律保障和政策支持,甚至赋予民办学校在招生和课程安排上较公办学校更大的自主权,为其实施教育创新提供便利,但是民办学校得以发展壮大的关键却是因为民办学校并未贯彻落实素质教育政策。作为民办学校市场竞争者的公办义务教育学校,则因为严格落实素质教育政策而教育成绩下滑,在与民办学校的竞争中逐渐处于劣势。

第二节 教育时间的生产性与民办学校的课业负担

在诸多的教育资源中,教育时间对于教育成绩的影响经常被研究者所忽视,这是因为其具有相比于其他资源的特殊性,如教育时间不需要购买就能够获得,教育时间的分配对于学校和个人来说没有差别。事实

---

① 陆一:《素质教育须走出"理念认同、实践背离"怪圈》,《文汇报》2018年1月19日第7版。

上，教育时间在教育过程中具有十分重要的作用。如果把学生获得知识的过程看作教育生产过程的话，教育时间是教育过程存在的基础性资源，教育效率可以看作教育生产效率。事实上，虽然民办学校在民政部门"民办非企业单位"性质登记，属于从事非营利性社会服务活动的社会组织，[1] 2018 年修订的《中华人民共和国民办教育促进法》第二章第十九条也规定不得设立实施义务教育的营利性民办学校。[2] 但是义务教育阶段民办学校在实际运行中，绝大多数都是营利性的，追求降低成本和增加利润。如此来看，民办学校在运行中与企业具有非常大的相似性。正因此，对民办学校教育生产过程中教育时间的理解，可以借鉴对工厂中工人劳动时间的分析。

一 必要教育时间和竞争性教育时间

马克思在分析商品生产过程和商品价值时，提出了社会必要劳动时间的概念，用来指代生产一件商品所必需的无差别的人类劳动。[3] 在劳动者的劳动中，哪些时间是社会必要劳动时间，哪些时间是创造剩余价值的时间，从物理的角度是难以划分出来的。马克思在概念中所指的社会必要劳动时间、无差别的人类劳动都是从抽象的角度来谈的，通过这一方法揭开了资本主义再生产和剥削的"秘密"。这种将分析抽象化的研究思路十分具有启发意义，本文在分析教育时间时，提出必要教育时间和竞争性教育时间的概念，以此分析民办学校在应试机制下的教育生产过程。

必要教育时间是指在教育过程中，学生学习和掌握国家规定范围的知识所需要的时间。国家在教材编纂和课程设置时，已经规定了学生在一个学期或者是一个学年范围内应该掌握的知识。根据学生成长和接受能力的一般规律，应该会有一个体现一般情况的社会必要教育时间；对

---

[1]《民办非企业单位登记管理暂行条例》，https://www.gov.cn/zhengce/202203/content_3338119.htm，1998 年 10 月 25 日。

[2]《中华人民共和国民办教育促进法（2018 年修正）》，http://www.moe.gov.cn/s78/A02/zfs__left/s5911/moe_619/201805/t20180508_335337.html，2015 年 5 月 8 日。

[3] [德] 马克思：《资本论》（第一卷），郭大力、王亚南译，人民出版社 1963 年版，第 5—12 页。

第七章 结论与讨论

于学生个体来说，可能会由于各种因素的影响，有的人高于，也有的人低于这个社会必要教育时间。由于本文主要讨论民办学校的学生学习时间，因此使用必要教育时间这一概念，也意在表明这是指某一群体或某一个人学习和掌握国家规定范围的知识所需要的时间，不同群体的必要教育时间可能存在差别。

竞争性教育时间则是指教育过程中，在学生学习和掌握国家规定范围的知识以后，用来巩固知识，以及增加学习内容的时间。之所以称这一段时间是竞争性教育时间，是因为这段时间的学习主要是为了更熟练地掌握知识和扩大知识量，目的是在考试竞争和升学中取得好成绩，占据优势。

上述两个概念主要是为了分析方便而对于教育过程的抽象，属于"理想类型"情况下的概念。① 因为在实际的教育过程中，无法对必要教育时间和竞争性教育时间进行明确的量上的划分，因此此处的划分是一种对于时间使用的质的区分。

必要教育时间中既有教师与学生互动的班级授课时间，也包括学生在自习课上自习的学习时间，甚至也包括学生在校外学习的时间，但是不论哪种教育活动时间，都是学生参与并为了学习和掌握知识而学习的时间，因此可以理解为，必要教育时间对应到学生身上即是必要学习时间。在这一时间段内学生会因为完成学习任务而投入精力、体力和时间，也就产生了学习过程的课业负担，这种课业负担是正常的，是学习过程必然伴随的，也是学习过程不能省略的。由于不同的人在心理素质、智力发育、学习习惯和学习能力上存在差异，所以学习同样范围的知识所感知到的心理压力可能不一样，所需要的必要教育时间也会存在一定的差异。

竞争性教育时间的时空分布与必要教育时间具有一定的相似性，既包括了学生的在校学习时间，也包括了学生在校外的学习时间。称为竞争性教育时间，是因为在这一时间内，会有教师这一主体的参与，如果只是从学生的角度来说，即是竞争性学习时间，但是为了定义的相对准

---

① [德] 马克斯·韦伯：《社会科学方法论》，韩水法、莫茜译，中央编译出版社1999年版，第39—53页。

确性，尽量使用竞争性教育时间这一概念。竞争性教育时间分布的广泛性与学习任务的间断性有关。学生在规定学期或者是学年内所要学习和掌握的基本知识是以每周、每日、每节课的学习任务这一方式分解下去的。这些知识也存在难易之别，同时学生的学习和接受状态在不同时间段可能也存在差别，那么必要教育时间和竞争性教育时间在每天、每日或者是每周的分布不一定完全一样，一直会处于变动之中。

必要教育时间和竞争性教育时间是用来分析教育过程中学生在时间投入上的质的差异的抽象性概念，不管民办学校，还是公办学校都存在上述规律。在这一规律指导下，下文展开对于民办学校教育时间的分析。

二 "以校为主"的课业负担分布与教育时间结构分布

对于农村家庭来说，学校教育时间和家庭教育时间存在着教育效率差异。这主要有以下两方面的原因。一是农村家长普遍受教育水平相对较低，无力指导学生学习；二是当前作为留守家长的爷爷奶奶缺乏家庭权威和教育权威，普遍对于还未形成充分自律的孙辈缺乏监督能力。

因此，学生课业负担在学校和家庭之间的时空分布结构就不仅仅是教育时间的量的划分问题，还涉及教育时间使用效率的问题。民办学校延长学校教育时间，实行的是"以校为主"的课业负担分布，客观上有延长高效率的教育时间的作用。由于家庭教育时间利用的低效率，因此本文在分析必要教育时间和竞争性教育时间的分布时，也就不将家庭教育时间作为重点分析的时空场所，而将重点放在学校这一时空。

本文在第五章中着重分析了民办学校在学校教育时间内对于学生学习积极性和教师工作积极性的调动。组织划分和激励制度是贯彻民办学校运行过程的两个具有激励效果的措施，且组织划分是使用激励制度的基础。组织划分包括了学生班级组织划分和教师班级团队制划分。有意识地将学生划分到不同层次班级的直接效果是将优秀学生和其他学生区分开，营造出一定程度的具有区隔特点的学习环境，让优秀学生能够获得较好的师资，成绩快速凸显出来。班级教师团队制则是在教师之间建立起一定的利益连带关系，并将教师的经济利益和荣誉与班级学生的整

第七章 结论与讨论

体成绩（全体学生的所有学科的成绩）联系起来。组织划分也贡献了一些激励效果，学生之间的分层编班和分层竞争，以同层次学生处于同一物理空间和比较空间这种方式强化竞争烈度。针对学生和教师和专项激励制度，以物质激励、荣誉激励、情感激励等多种激励手段，来激发其积极性。

在此基础上形成的学生高强度的课业负担对于民办学校教育时间的高生产性奠定了基础。从生产的角度看，学生高强度的课业负担类似于生产过程中的高生产效率，学生的高强度课业负担使得学生能够缩短学习和掌握规定范围内的基本知识的时间，即必要教育时间，如此一来，可以将剩余的教育时间用作竞争性教育时间。在竞争性教育时间内，学生学习和训练有利于提升成绩的知识和应试技巧，如开设教师指导的阅读课，通过增加阅读面和知识面，以及学习文章的语言表达技巧，可以帮助学生提升语文考试成绩，因为现在语文考试对于学生语言表达和课外知识面的考察越来越重。学校可以布置学生每天写日记，以这种方式锻炼学生的观察能力和写作能力，有利于作文分数的提高。学校可以给学生布置练字的任务，因为干净整洁、文字工整甚至漂亮的卷面会给阅卷老师较好的印象，也有利于增加考试分数。除此之外，学校自己出题或者是购买试卷，让学生多做试卷，了解考试规则，同时教师指导学生摸索答题规律，形成解题"套路"，做到看到某些类型的题，能够很快知道解题思路甚至答案。

竞争性教育时间的学习效率并不一定都是高效学习时间，因为这段时间内很多的学习内容具有重复性，长期的重复也会给学习者带来疲惫感，由此导致学习效率的下降。不仅如此，竞争性教育时间也是考试集中分布的时间，长期的学习和大量的考试评比，以及以考试成绩作为对学生的主要评价标准，会使得一部分成绩不好的学生自尊心受挫，逐渐丧失信心。这种情况在初中阶段较为明显，因为初中阶段的知识较小学时难度大大增加，且学习内容也突然增多，部分小学阶段基础没有打好的学生进入初中之后会发现学习越来越吃力，并会在长期的考试评比中逐渐找不到学习意义，进而放弃学习。

从这一个角度来看，竞争性教育时间应该缩短，甚至应该被废除，因为它让学生处于长期高强度的学习中,有较大的身体压力和心理压力,甚至对部分学生成绩不好的学生产生了负面影响。然而,从社会需求的角度看,竞争性教育时间的存在甚至其延长有其客观原因。在农村家庭越来越重视教育和学历的背景下,农村家庭希望子女能够增加复习知识和培训应对考试技巧的时间,以此来让学生能够尽量取得好的成绩。对于农村家庭来说,普遍崇尚"严格管理、教师苦教、学生苦学"这一教育文化,对民办学校"以校为主"的课业负担时空分布和学校的高强度课业负担持支持态度。这也是为什么当公办学校实行"家校并重"的课业负担时空分布和相对低强度的课业负担时,农村家庭会感到不满的原因。

可以从必要教育时间和竞争性教育时间的角度来理解当前的减负政策及其对公办学校的影响。我国的中小学在 20 世纪八九十年代确实长期存在着学生课业负担较重的问题,当时学生课业负担重,与当时使用教材种类多,教学中知识点存在偏、难、繁重问题,[1] 且作业量大,增加了必要教育时间有关,[2] 也存在考试次数多、学校利用节假日组织补课,增加竞争性教育时间,导致出现学生课业负担大和课业负担强度高并存的问题。[3] 自 2001 年国家开始实行课程改革以来,改革知识点"偏、难、繁、旧"等问题,降低课程内容难度,[4] 客观上起到了减少必要教育时间的作用。素质教育的核心政策如减负政策、教师评价制度改革和教师绩效工资制度改革、学校评价制度改革等客观上起到了减少学校教育时间、降低竞争压力的效果,降低了课业负担强度。

当前农村家庭在公办学校落实素质教育的相关政策后开始让子女"逃离"公办学校,是因为素质教育政策执行后的课业负担时空分布和课业负担强度情况与农村家庭的期待之间存在张力。经历近二十年的课

---

[1] 《国家教委办公厅关于五省市对减轻义务教育阶段学生过重课业负担情况进行督导检查的综合报告》,http://pkulaw.cn/fulltext_form.aspx?Gid=85867,1995 年 3 月 17 日。
[2] 《关于全日制普通中学全面贯彻党的教育方针、纠正片面追求升学率倾向的十项规定》,《江西教育》1984 年第 2 期。
[3] 《国家教委关于全面贯彻教育方针减轻中小学生过重课业负担的意见》,《人民教育》1995 年第 4 期。
[4] 《教育部关于印发〈基础教育课程改革纲要(试行)〉的通知》,http://www.moe.gov.cn/srcsite/A26/jcj_kcjcgh/200106/t20010608_167343.html,2001 年 6 月 8 日。

程改革和教材编订改革实践后，规定知识的范围已经基本固定，也能够符合学生不同阶段的知识接受和掌握能力。对于学生的竞争性教育时间进行适度控制，减轻学生的学习压力和课业负担强度是必要的，这是减负政策、教师评价制度改革和教师绩效工资制度改革等政策改革取向的正确性和必要性，然而从具体的政策内容来看，上述改革方面的具体政策对于学校教育时间整体减少较多，减少了必要教育时间的学校分布，同时也缩短了竞争性教育时间，这对于农村学生学习和掌握知识，以及为应对考试而进行规训带来了不利，于是出现了农村公办学校成绩的整体性下降。因此，思考该如何确定减负的"度"，学校教育时间和家庭教育时间的分配情况，以及学校教育时间内竞争性教育时间的控制等问题，就是十分重要且影响深远的教育理论与实践问题。

第三节 民办学校的"高效化"与教育资源分配标准的重塑

民办学校的应试机制在教育过程中具有较高的效率，在应对教育体系的选拔时具有较高的适应性，并能够满足家庭对于成绩提升以及扩展学校培养内容的诉求。在义务教育服务这一产品提供过程中，民办学校的"高效化"使其不断占领县域义务教育市场，并开始改变县域义务教育市场的供给结构与教育资源的分配标准。

一 家庭—学校合力的三种类型与学校梯队重塑

在公办学校和民办学校出现执行素质教育政策差异的背景下，学校和家庭之间的合力也出现了差异。需要指出的是，县城公办学校和乡村公办学校虽然在执行减负政策上没有差异，但是由于历史原因，两类学校在师资配置、学校资源、学生家庭上存在较大差异。因此，结合公办学校和家庭的合力差异，可以将公办学校分类两类。就读于民办学校的学生具有相似性，因此不再进行更细的分类，而是将之作为一类。

县城公办学校——县城家庭的"强强合力"类型。莱登县实验小学和莱登县津是中学，是公办学校中仅有的两所直属于县教育局的学校。

义务教育阶段民办学校的运行机制

很长时期以来，这两所学校一直是县政府和教育局重点投资的学校，较其他公办学校获得了更多的教育资源。这两所学校所具有的丰富教育资源可以分为两类，一类是物质性教育资源，另一类是师资。这两所学校一直是由县级财政投入，因此学校的校舍建设、图书、硬件配备等一直处于公办学校的上游水平。在师资配置上，县政府为了打造好这两所全县的"窗口"学校，为这两所学校配置了全县最好的师资。其方式主要有两种，首先是在分配新招聘的教师时，把优秀教师优先向这两所学校分配；其次是从全县公办中小学中公开遴选优秀教师到这两所学校任教。

从学生家庭的角度来说，这两所学校的学生家庭在全县普遍处于中产及中上阶层。作为全县最好的公立学校，这两所学校的学生集中了县城行政机关、事业单位、国有厂矿企业等体制内干部的子女，以及做生意的富裕群体的子女。这些家长相对文化水平较高，有体面的收入，也具有固定的闲暇时间来陪伴子女，并辅导子女学习。即使家长没有时间，这些家庭也具有购买市场教育服务的经济能力。因此，这两所学校的家长具有较强的家庭教育能力。

在县城公办学校落实素质教育政策的情况下，县城公办学校和家长能够各自发挥自身特长，形成较好的配合。首先，这两所学校自身具有较高的保持教育质量的压力。由于众多体制内干部子女的义务教育都是在这两所学校完成，因此这两所学校教育质量的丝毫变动都会传递到学生家长和体制内各个部门中。因此，即使素质教育的相关政策要求进行课程结构改革，学校校长和教师也不敢松懈，一方面充分利用学校丰富的教育资源，积极开展多种综合实践活动，研发校本课程，丰富课程内容，培养学生的多方面素质；另一方面，学校依然对教育质量抓得非常紧，充分利用好学校教育时间，对学生依然采取严格要求。其次，学校也深知校内教育时间可能不一定达到必要教育时间的时长要求，甚至无法预留出或预留出的竞争性教育时间较少，于是会积极与家长沟通，获得家长的支持，促使家长在放学后对学生开展家庭教育。再次，学生家长普遍具有相对较高的受教育水平。家长们普遍非常配合学校，除了指导学生完成作业、进行预习复习活动、开展探究性学习这些"规定动作"外，不少家长还自己增加"自选动作",增加学习内容,如自己增加学习难度,学习特长,或者带子女在周末到驻马店、郑州等地学习。因此,这两所公办学校能够很好地适应素质教育政策带来的学校课程设置变化,并保证学校教育质量,而家庭也能够承接学校转移过来的教育责任,并充分利用学校转移过来的教育空间,发挥家庭的教育主体性,两方努力,共同促进学生的成长。

乡村公办学校和农村家庭的"弱弱合力"类型。这里所强调的弱,并不是指学校或者是家庭所拥有的教育资源的情况,而是指学校或家庭承担教育责任的能力。

从学校所拥有的教育资源来说,乡村公办学校不论是在物质资源,还是在师资配备上,都较县城公办学校有差距。但是从乡村公办学校的自身历史来看,乡村公办学校的物质资源和师资水平一直处于改善的过程中。在师资条件上,乡村公办学校的师资水平在2000年以后得到了较为明显的提高。在2000年之前,乡村学校存在大量民办教师和代课教师。2000年,莱登县组织了最后一批民办教师转为公办教师的考试,到那时还没有转正的民办教师全部清退,民办教师自此之后退出历史舞台。自1999年最后一批中师生分配结束后,公办学校的教师来源由国家分配转为政府招考。国家和地方政府对招考的教师设定了最低学历要求、基本技能要求和最高年龄限制,以保障招聘年轻教师及确保教师具备基本的素质。政府招考有两种渠道,第一个渠道是省级政府组织的"农村教师特设岗位计划"(以下简称"特岗教师计划"),第二个渠道是县级政府组织的招教考试。"特岗教师计划"由省级政府制定招考条件,如河南省2018年特岗教师招聘要求招聘对象必须具备以下条件:全日制普通高校应届、往届本科及以上毕业生,或者是全日制普通高校师范类专业应、往届专科毕业生,具备教师资格证且年龄在30周岁以下。[①] 事实上,"特岗教师计划"已经连续多年设定了类似的最低学历和最高年龄要求。莱登县政府要求所有参加招考的教师,报考小学教师的,最低

[①] 资料来源于莱登县教育局。河南省教育厅、河南省财政厅、河南省人力资源和社会保障厅、河南省编办《关于印发河南省2018年农村义务教育阶段学校特岗教师招聘办法和岗位设置的通知》(豫教师〔2018〕90号)。

学历必须是大专学历,且已获得教师资格证;报考初中教师的,最低学历必须是本科且已获得教师资格证。① 这意味着目前乡村公办学校教师的总体学历水平有稳定保证。

虽然教师的学历水平和基本技能都较以前有了较大提升,但是教师的工作积极性却较以前有了较大下降。这种下降主要由三方面因素导致。一是教育经费来源和招生制度的变化,使得不少公办学校没有了提高教育质量以扩张生源的压力。国家将农村义务教育公办学校经费全面纳入财政保障的同时,实行义务教育阶段就近免试入学的政策,严禁公办学校跨学区招生,限制了公办学校的招生权利;公办学校的经费来源不再与招生挂钩,虽然招生数量会影响政府拨付的公用经费总额,但是政府拨付的公用经费也基本上能够应付学校的日常运转。在按学区招生的政策下,各个农村公办学校的招生人数就是除去上民办学校学生之后的适龄儿童的总和,没有扩招的政策和扩展新的生源空间。因此在招生权利被限制,经费来源又与招生无关的背景下,学校积极招生的动力也下降,也就降低了为竞争生源而提高教育质量的压力。二是学校考核方式变化导致校长工作重心的变化。在素质教育政策下,政府和教育局对于学校的考核重心已经转移,教学成绩不再成为最重要的考核项目之一,也不再是对校长进行考核的最重要项目。在实行多样化考核标准的情况下,校长会将精力集中于完成其他更为重要的考核指标,提升教学成绩的主动性降低。三是绩效工资制度的变化改变了教师的工作导向。2009 年以来实施的绩效工资制度和职称制度改革,不再将教师的教学业绩作为重要参考,反而走向了"平均主义"和"按资排辈",打击了积极提升教学成绩的教师的积极性。因此,在公办学校,教师的工作积极性出现了较大的下降。

在教师工作积极性不断下降的背景下,教师们在面临缩短在校时长、改革课程设置等困难时也就降低了克服困难的动力。素质教育政策在课程改革方面要求缩减总课时,减少学术性科目,增加音体美等非考试科目和综合实践课的课时,乡村学校在缺乏音体美教师和专用活动功

---

① 信息来源于莱登县教育局。

能室的情况下，也缺乏适应和调整的积极性，导致这些课程中有许多没有很充分开展起来，课时也出现了低效使用的问题。

在学校的教学时间无法充分保障学生完成基本学习任务的情况下，学校迫切需要家长的配合，然而农村家长的文化水平却总体较低，无法适应这一要求。目前作为中小学生父母主体的是村庄中"80后"到"90后"群体，这些人普遍接受过义务教育，但是其指导三年级以上的子女也十分费力，更不用说大部分人都在外打工，无法对子女进行直接辅导。留在村庄照顾学生的主体是五十多岁到七十多岁的中老年人，这一年龄段的中老年人文化水平普遍较低，根本无法辅导孙辈做作业，更不用说及时学习新的教育理念，指导孙辈开展探究性学习活动等学习任务。因此农村家庭无法承担其学校和课程改革所期待的家庭教育责任，无法和学校形成良好配合。

民办学校——农村家庭的"强弱合力"类型。这种模式主要是概括家庭和学校在责任承担上的特点，民办学校承担了更多的责任，而家庭相对来说承担较少的责任。

从学校教育资源的情况来看，民办学校的物质性教育资源和师资水平都处于逐渐提高的过程中。从横向比较来看，民办学校所拥有的物质性教育资源正在逐渐接近公办学校的资源拥有水平，甚至有部分学校已经超过公办学校的物质性办学条件。但是在师资水平上，民办学校与公办学校相比，仍然存在一定的教师学历差距。

从师资水平的横向比较上看，乡村民办学校的总体师资水平较公办学校要弱。这一比较主要的标准是教师的学历和教师流动性。首先，民办学校教师总体学历水平较低。公办学校的教师入职需要经过政府组织的招聘考试，教师入职需要满足基本的年龄要求、学历要求和技能认证。相比之下，民办学校教师中取得教师资格证者不多，教师学历水平也参差不齐，从高中生到本科生各种层次学历都有，总体学历水平较公办学校教师要低。其次，民办学校教师的流动性较大。在莱登县这样的中西部农业县，人们更愿意找一份收入稳定，有医疗保障和退休保障的工作。由于许多民办学校并不为教师购买医疗保险、养老保险等社会保险，教师缺乏医疗保障和退休后的养老保障，所以即使工作期间工资水

义务教育阶段民办学校的运行机制

平较高,很多教师在工作一段时间后仍然会选择离开民办学校,参加政府组织的公办教师招考,或者是参加公务员考试,以此来争取获得一份稳定有保障的工作。年轻教师中学历低一些的教师会因为结婚或者是打工等原因离开。虽然民办学校可以随时补充教师,但是这种教师的高流动性仍然会对学校的教学产生影响。笔者调研发现,乡村民办学校的教师,在流动性最高时,一个学期可以有50%的教师流动;即使是县城招商引资民办学校,在政府派一部分公办教师支持师资,学校也提供较一般民办学校高的工资的情况下,教师流动性最高时仍能达到30%—40%。

在物质条件与公办学校基本没有差距,但教师学历存在差距的情况下,民办学校的教学成绩提升主要得益于教师结构的年轻化和学校内部的管理制度。民办学校围绕提升学生的教学成绩这一目标制定教师激励制度、学生管理制度,以及家校责任划分。具体来说,一方面,民办学校在教师工资制度设计上实行以成绩为主要考核标准,适度扩大差距的方式,激励教师围绕着学生成绩提升展开竞争。另一方面,学校对学生管理采取强化分层教学与分层竞争的做法,并围绕着成绩对学生进行激励,学生的竞争意识也极大地激发出来。再一方面,学校通过延长学生的在校时间,客观上延长了学校教育时间,学校通过教育时间延长来扩张学校的教育权力和教育责任。学校的这一做法虽然减少了家长对教育投入的时间和精力,却契合了家长的需求,并因此得到家长的支持。

目前莱登县存在的三种学校——家庭责任划分类型。县城公办学校——县城家庭的"强强合力"型,是县城公办学校和家庭在素质教育政策下及时进行调整和合作所形成的家校合作模式。乡村公办学校——农村家庭的"弱弱合力"型,是乡村公办学校在素质教育相关政策下教师积极性下降及学校教育时间减少共同导致学校承担责任弱化后的局面,家庭承担教育责任能力也很弱,最终形成的是双弱的合力状态。民办学校——农村家庭的"强弱合力"型,是民办学校通过充分激发教师积极性,延长教育时间以扩张学校教育责任的方式,以此实现了对学校资源的充分利用,并满足了家庭对于学校培养功能扩展的期待,以及家庭对于提高教育成绩、强化学校筛选功能的期待。

实行减负政策后,除了两所县城公办学校仍然保持作为优质教育资源的身份外，乡村公办学校无论是从教学成绩，还是与家庭教育需求的契合性上，都已经不再是县域范围内优质教育的代表。县城公办学校由于数量稀少，容纳学生数量也很少，根本无法满足占绝大多数的农村家庭对于优质教育的需求。民办学校由于其日益提升的教学成绩，以及满足家庭的教育需求，正在逐渐成为县域范围内优质教育的代表。

二　教育资源的分配：从依据居民户籍身份分配到依据经济条件分配

在民办学校逐渐成为县域优质教育资源代表，乡村公办学校逐渐衰落的背景下，优质教育资源的性质也在发生变化。

义务教育是国家提供的免费性、强制性、普惠性教育，国家不仅要追求义务教育的普及和免费，还要追求义务教育的公平性。① 在将义务教育资源向公众提供的过程中，国家提出就近入学的分配原则。就近入学的原则在实践中即是划定学区，家长送子女进入学区内学校接受义务教育。这种做法以学生及其家庭的户籍身份和家庭居住地址为基础分配资源。在这一做法下，学生获得义务教育资源主要是依据居民身份这一户籍标准，不需要其他条件。

随着国家将义务教育全面纳入财政保障，并落实"两免一补"政策，逐步统一城乡义务教育经费保障标准，提出义务教育生均公用经费随着学生流动可携带，义务教育的普惠性和福利性特征越来越突出，义务教育作为国家供给的公共产品的性质也更加凸显。国家要求义务教育阶段免试就近入学，并将之写入《中华人民共和国义务教育法》，以法律形式确定下来，这是继续坚持居民户籍标准分配义务教育资源，学生依据学区居民身份可以无偿获得义务教育资源。

在乡村公办学校作为相对优质教育资源，且乡村公办学校与县城公办学校、乡村公办学校之间教育差距不大的背景下，这种依据居民户籍标准分配义务教育资源的做法具有公平性。在保证分配规则简单易操作的同时，也保障了资源分配——教育结果之间的公平性传递。

---

① 《义务教育均衡发展的六个关键词》，http://www.moe.gov.cn/jyb_xwfb/s5148/201102/t20110221_115131.html，2011年2月21日。

义务教育阶段民办学校的运行机制

在 2007 年之前，乡村公办学校和县城公办学校虽然存在教育差距，但是表现在中考上的升学差距没有如今大，乡村公办初中在中考上取得某一指标的全县第一也是经常出现的事情。这一时期乡村公办学校之间的教学成绩差距并不大，经常出现你追我赶的情况，笔者调研发现，有不少乡镇初中曾经轮流坐过某一指标全县初中教学成绩排名第一的位置。也正是因为存在这种激烈竞争，导致了学校排名具有很大不稳定性，一个乡镇初中的教学成绩若是能够连续几年在全县排名靠前，就是十分难得的现象了。

青泉中学副校长 LJF，1993 年中师毕业后在青泉中学工作至今，对于青泉中学的历史较为了解。青泉中学总体教学成绩在多年前一直非常不错，在 1990 年前后和 2000—2003 年是青泉中学教学质量的两次高潮。在最近一次教学质量高高潮 2000—2003 年期间，该校连续几年中考成绩排名全县初中前三，有一年甚至全县排名第一。当时学校教师教学热情很高，学生学习动力也很足。其他乡镇的学生也被吸引过来。（青泉中学副校长 LJF，2018 年 11 月 3 日晚）

2007 年后，随着公办学校严格落实减负的相关政策，出现了学校—家庭合力的三种类型，公办学校、民办学校的教学差距逐渐凸显并扩大，县城公办学校在教育主管部门的大力支持下仍旧保持优秀的教学成绩，民办学校教育成绩上升，乡村公办学校成绩逐渐下降。民办小学和民办初中，目前不论是在学校数量上，还是学位占比上，都没有超过 50%，但是在教学成绩上却已经逐渐成为中等及中上水平了，这意味着民办学校已经开始成为县域范围内优质教育资源的代表者之一。而在县域教育市场上，县城公办学校和民办学校共同成为优质教育资源供给者。

县域教育市场内这一学校成绩梯队的形成改变了县域教育市场上优质教育资源的分配规则。优质教育资源的分配规则，从依据居民户籍标准分配转变为依据经济条件分配。

县城公办学校教育资源分配标准的变化。在县城公办学校形成了与乡村公办学校的教育差距后，县城公办学校成为优质教育资源的提供者之一。虽然这一时期国家仍然对县城公办学校实行就近免试入学的政策，却在实践中产生了扩大教育资源分配不公的结果。

在就近免试入学政策下，莱登县政府规定，入读县城公办学校的条件是需要户口在本学区内，且提供家庭居住在该学区的房产证。对于农村家庭来说，若要让子女到县城公办学校接受教育，就需要在县城买房。目前莱登县城两所公办学校周围的房价已经达到四五千元一平方米，这意味着一个农村家庭需要花几十万元才能为子女获得一个追求优质教育资源的机会。

由于目前县城公办学校的良好教学成绩是学校和家庭共同努力的结果，所以农村家庭送子女进县城公办学校读书后，还需要继续动员家庭资源支持子女教育，家庭需要在课后对子女进行学习辅导，这需要家庭投入时间精力；在家长无法对子女进行辅导的情况下，家庭还要为子女购买市场教育服务。否则子女在学校的教学成绩就落后，也无法和他人进行竞争。

随着县教育主管部门对民办学校的师资支持及民办学校办学自主权大于公办学校等综合因素的共同作用，民办学校教学成绩提升，民办学校的招生数不断增加，学校的平均规模逐渐扩大。因为对于农村家庭来说，对于教育质量的最主要关注点就在教育成绩上，民办学校能够提高学生的成绩，增加学生的中考升学机会，于是大量农村家长会将子女送入民办学校。

这种分配标准的变化与民办教育资源的性质有关。民办教育资源属于民办学校的举办者所有，不是国家和政府所有，因此也不是国家和政府制定分配规则。民办学校举办者有权自己制定学校资源的分配规则，而目前莱登县的民办学校在提供义务教育资源时全部遵循市场交换原则，即提供义务教育产品的同时向家长收取费用。虽然在民办学校的招生中，会对成绩优秀的学生免收学费，甚至还提供高额奖学金，但是这仅限于占比很低的成绩极为突出的学生，绝大多数入读民办学校的学生都要缴纳高额学费。

不仅如此，民办学校内部还存在更加细化的收费等级。众多民办学校作为一个群体，在教学成绩上处于县域范围内的中等及中上等水平，但是内部也存在排名上的差异。民办学校为了竞争生源，会根据学校的排名差异和学校物质条件的差异不断调整收费标准。教学成绩排名最靠前，学校硬件好的学校收费最高；教学成绩排名靠前，学校硬件条件次之的学校会收费低一些，以此原则类推，形成了收费梯队。因此，民办学校群体内部形成了根据教学成绩和学校硬件条件进行综合考虑后相对细化的收费等级。而学校收费越高，越有资金改善学校硬件条件，也越有资金给教师提供高工资和激励，给学生提供强激励，提高学校教学成绩，为后来提高收费标准提供基础。如此一来，民办学校形成了"高收费—激励—教育成绩—招生规模扩大—进一步提高收费"的发展闭环。

通过上述分析可以发现，在县城公办学校和民办学校成为县域教育市场上的优质教育资源之后，两者虽然在具体过程中实行相异的招生政策，但在实践效果上却是一样的，即将优质教育资源从以居民户籍标准为基础分配转向以经济条件为基础分配。

在民办学校成为县域优质教育资源的代表时，乡村公办学校却在逐渐衰落，成为县域范围内劣质教育资源的代表者。虽然国家对于公办义务教育资源仍然实行按照政治标准进行分配的原则，农村学生可以依据户籍身份和居住地址无偿获得公办学校的教育资源，但是吸引的主要是一些家庭经济条件相对较差、学生成绩也较差的学生。

若综合全县义务教育资源（包括公办教育资源、民办教育资源）来看，县域教育资源的分配标准已经具有了市场经济下的资源分配特征，即教育资源的分配主要是依据经济条件进行分配，而不再是原来的依据居民户籍身份分配。

三 升学机会的获得：从个体努力主导到家庭经济条件主导

在义务教育资源分配标准变化的情况下，升学机会的获得也从个体努力转向家庭经济条件主导。

在公办学校作为县域范围内优质教育资源的供给者，且公办学校之间教学成绩差距不大的情况下，县城公办学校和乡村公办学校都可以提供满足家庭需求的教育，家庭不需要深度介入学校教育过程中去。

虽然城乡公办学校存在物质资源和师资配备的差距，县城公办学校存在物质资源和师资水平的优势，但是乡村公办学校可以通过激发教师教学积极性和学生的学习主体性来克服资源不足的劣势，城乡学校在教学成绩上的差距并不明显。学生要获得良好的成绩，争取中考升学机会，主要靠个人努力，不需要家庭动员资源进行支持。

在公办学校严格落实素质教育相关政策后，县域教育市场出现了明显的学校分层，呈现出"县城公办学校——民办学校——乡村公办学校"的学校教学成绩梯队。对于许多农村家庭来说，乡村公办学校已经无法满足其提高学生成绩的需求，开始被视为劣质教育资源。农村家庭为了提高子女的考试成绩，只有两条路可以选择，一条是将子女送入县城公办学校，另一条是将子女送入民办学校。不论是哪条路，都意味着家庭需要具备一定的经济条件和资源动员能力。如果送子女入县城公办学校，农村家庭需要先在县城花几十万元买一套学区房，并且还要在子女入学后继续投入精力陪伴子女，进行课后辅导，以及送入培训机构进行学习，家庭要持续不断地投入人力、物力和财力。要送子女入民办学校，家庭需要每年支付高额教育费用。

在当前的县域教育市场格局下，家庭在学生学习成绩提升和升学机会获得上的重要性较以前增大很多。家庭选择学校和购买教育资源的能力成为影响学生成绩的前提性因素之一。

第四节 讨论：民办教育本土化的思考

一 县域义务教育阶段民办学校的时空定位

县域义务教育阶段民办学校出现、发展和壮大的历程，是国家不断给与其政策空间的过程，也是义务教育阶段民办学校通过满足市场上的家庭需求而不断发展壮大的过程，同时也是公办学校在县域教育市场的竞争中不断衰落的过程。对于县域义务教育阶段民办学校的认识，在县域社会这一场域中才能够更加清楚和明确。

义务教育阶段民办学校对于社会的影响是复杂的。一方面义务教育阶段民办学校满足了大量农村家庭希望学校扩展培养内容，并提高学生成绩,增加学生升学机会的需求;另一方面,随着民办学校的发展壮大,成为县域社会优质教育资源的代表之一,民办学校又成为排斥底层家庭学生,改变教育资源分配标准的参与者之一。民办学校影响的复杂性,与农村社会的阶层分化有关。

改革开放以来,大量农民进城务工,获得非农就业机会并增加了家庭收入。农村家庭在收入普遍实现增长的同时,也出现了经济上的阶层分化。这种阶层分化的产生由多种因素导致,进入市场的家庭劳动力数量,劳动力是从事普通工种还是技术工种,是打工还是从打工变为当老板等。农村社会出现的收入分化和阶层分化,客观上形成了农村家庭对于教育的不同支付能力。家庭收入高,在村庄中处于上层和中上层的家庭,相比之下有更高的教育支付能力,当发现公办学校教育质量下降,无法满足教育需求时,会购买民办学校的教育资源。家庭收入低,在村庄中处于中下层的家庭,教育支付能力弱,即使是公办学校教育质量下降,无法满足其教育需求,但因为无力购买民办学校的教育资源,也只能被动继续选择免费的公办学校。

另外,从全国的阶层分化角度来看,农民的收入在整个社会中又处于整体性的弱势地位。大部分外出务工的农民都无法在城市体面安居,无法达到城市中产阶层的收入水平和消费能力,大部分外出务工的农民,仍然选择年轻子代外出务工,老年父辈在家务工并照顾孙辈这样的家庭生计模式和家庭劳动力分工。在此背景下,大部分外出务工的家庭普遍面临着相似的教育需求。公办学校在贯彻落实素质教育的相关政策后,学校的培养功能和筛选功能都下降,教育成绩下降,无法满足家庭对于教育质量的要求。民办学校通过扩大化行使其办学自主权,充分扩大办学自主空间,围绕着提高成绩组织学校运行和内部管理,提升了学生的成绩,满足了家庭对于成绩提升的诉求。从这一角度来说,民办学校又确实对处于全国整体社会弱势地位的农村家庭提供了以教育进行阶层流动的前期准备和可能性。

二 民办教育本土化的思考

目前中国的民办教育还不同于西方国家的私立教育。西方国家的私立学校大多是由宗教组织举办或者是受到宗教组织支持的学校，且是非营利性质的学校。西方国家的私立学校大都是贵族学校，收取极为昂贵的学费，学生来自社会上的富裕家庭，贫困学生甚至一般的家庭难以进入。西方国家的私立学校在教育上着眼于教育本身的发展和学生能力的综合培养。

中国的民办教育是在与西方社会不同的土壤和社会背景下发展起来的。中国的民办教育是在改革开放后政府教育投资不足的背景下作为公办教育的补充而出现的，后来随着公办教育在素质教育政策下教育质量不断衰落，民办学校获得了发展和生存的市场空间。当前民办学校凭借着较好的基础设施，较为丰富的学校责任，较好的教学成绩满足了家长的需求，获得了不断发展壮大的机会。中国的民办教育举办者多是投资办学，有较强的营利需求，学校发展需要在教育和营利两重目标之间进行权衡。

主要参考文献

一 中文参考文献

（一）中文著作

《建国以来毛泽东文稿（第六册）》，中央文献出版社1992年版。

陈桂生：《教育原理（第三版）》，华东师范大学出版社2012年版。

陈明明编：《权力、责任与国家（复旦政治学评论第4辑）》，上海人民出版社2006年版。

费孝通：《学术自述与反思》，生活·读书·新知三联书店1996年版。

丰箫：《现代中国社会中的乡村教育：浙江省嘉兴地区乡村小学教师研究》，上海大学出版社2014年版。

黄少安：《产权经济学导论》，山东人民出版社1995年版。

瞿葆奎主编：《教育学文集：教育与社会发展》，人民教育出版社1989年版。

莱登县地方史志编纂委员会编：《莱登县志》，中州古籍出版社1994年版。

莱登县教育体育志编纂委员会：《莱登县教育体育志》，大象出版社2012年版。

莱登县青泉乡教育志编纂领导小组：《莱登县青泉乡教育志（1949年—2002年）》，未刊行，2011年版。

莱登县阳庄湖乡教育志编辑室：《莱登县阳庄湖乡教育志（1977—2011）》，未刊行，2011年版。

李书磊：《村庄里的"国家"——文化变迁中的乡村学校》，浙江人民出版社1999年版。

李坦主编:《莱登县教育志》,中州古籍出版社1991年版。

李永萍:《老年人危机与家庭秩序:家庭转型中的资源、政治与伦理》,社会科学文献出版社2018年版。

刘国新、贺耀敏、刘晓、武力主编:《中华人民共和国史(第二卷1956—1966)》,天津人民出版社2010年版。

刘诗白:《主体产权论》,经济科学出版社1998年版。

刘伟、李风圣:《产权通论》,北京出版社1998年版。

孙杰夫主编:《民办教育管理改革》,辽宁民族出版社2007年版。

王蓉主编:《中国教育新业态发展报告(2017)》,社会科学文献出版社2018年版。

文东茅:《走向公共教育:教育民营化的超越》,北京大学出版社2008年版。

吴增基:《现代社会学(第六版)》,上海人民出版社2018年版。

熊易寒:《城市化的孩子:农民工子女的身份生产与政治社会化》,上海人民出版社2010年版。

袁庆明:《新制度经济学教程(第二版)》,中国发展出版社2019年版。

张济洲:《文化视野下的村落、学校与国家——一个地方社区基础教育变迁的历史人类学考察》,教育科学出版社2011年版。

张人杰主编:《国外教育社会学基本文选》,华东师范大学出版社2013年版。

张五常:《经济解释:卷三》,香港花千树出版有限公司2002年版。

张五常:《经济解释》,商务印书馆2000年版。

(二) 期刊论文

"素质教育的概念、内涵及相关理论"课题组:《素质教育的概念、内涵及相关理论》,《教育研究》2006年第3期。

《关于全日制普通中学全面贯彻党的教育方针、纠正片面追求升学率倾向的十项规定》,《江西教育》1984年第2期。

《国家教委关于全面贯彻教育方针减轻中小学生过重课业负担的意见》,《人民教育》1995年第4期。

白立强:《从"君子不器"看孔子的自由全面发展观》,《泰山学院学报》2012 年第 4 期。

曹光伟、徐莉萍、宋丽娜：《当家权的历史流变》，《武汉科技学院学报》2008 年第 10 期。

曹淑江：《论教育的经济属性、教育的公益性、学校的非营利性与教育市场化改革》，《教育理论与实践》2004 年第 9 期。

陈彬莉：《学业分类过程及其组织制度基础——高考升学率统摄下应试体制的微观运行机制》，《北京大学教育评论》2010 年第 2 期。

陈建华：《论基础教育、素质教育与博雅教育的内在关系》，《南京社会科学》2013 年第 9 期。

陈敬朴：《名校办民校的要害是加重了教育不公平》，《教育科学研究》2005 年第 1 期。

程天君：《素质教育的历史脉络与未来取向——兼理新中国教育目的之演进》，《教育理论与实践》2007 年第 11 期。

程玮：《教育民营化的理论与实践初探》，《当代教育论坛》（宏观教育研究）2008 年第 5 期。

程正强：《家庭教育与学校教育功能错位及其复归》，《湖北科技学院学报》2015 年第 5 期。

代其平：《不应片面提倡"减轻学生学习负担"》，《教育评论》1987 年第 5 期。

戴水娇、贺满足：《毛泽东教育价值观及其当代意义》，《湖南科技大学学报》（社会科学版）2020 年第 6 期。

邓纯考：《农村留守儿童社会化困境与学校教育对策》，《浙江社会科学》2012 年第 5 期。

杜鹏：《中国城乡家庭生命周期的初步分析》，《中国人口科学》1990 年第 4 期。

范国睿：《教育管办评分离改革：理论假设与实践路径》，《教育科学研究》2017 年第 5 期。

冯建军：《教育市场化与教育公正》，《高等教育研究》2008 年第 6 期。

顾志跃：《中小学生课业负担问题——中小学教育改革热点问题导读之十一》，《教育科学研究》2004 年第 11 期。

郭丽莉、韩丽萍、王迪：《教育民营化的多维审视》，《现代教育管理》2010年第11期。

郭元祥：《对教育公平问题的理论思考》，《教育研究》2000年第3期。

何鹏程：《分类管理背景下的民办教育财政扶持政策若干思考》，载王蓉主编《中国教育新业态发展报告（2017）》，社会科学文献出版社2018年版，第56—60页。

贺雪峰：《全国劳动力市场与农村发展政策的分析与展望》，《求索》2019年第1期。

胡惠闵、王小平：《国内学界对课业负担概念的理解：基于500篇代表性学术文献的文本分析》，《教育发展研究》2013年第6期。

黄河：《私立学校：竞争优势与教育公平——经合组织（OECD）的研究及启示》，《教育发展研究》2019年第6期。

黄进：《重塑时间生活：幼儿园时间制度化现象审思》，《中国教育学刊》2019年第6期。

金一虹、杨笛：《教育"拼妈"："家长主义"的盛行与母职再造》，《南京社会科学》2015年第2期。

景天魁：《中国社会发展的时空结构》，《社会学研究》1999年第6期。

康宁：《试论素质教育的政策导向》，《教育研究》1999年第4期。

康涛：《论政府对民办学校的再规制》，《高教探索》2017年第9期。

劳凯声：《重新界定学校的功能》，《教育研究》2000年第8期。

李春玲：《公共选择理论及对我国教育行政改革的启示》，《浙江教育学院学报》2005年第4期。

李敦送、廖世江：《毛泽东、邓小平、江泽民素质教育思想比较研究》，《当代中国史研究》2002年第4期。

李思莹：《物质激励、精神激励和情感激励的比较》，《中国集体经济》2017年第13期。

李薇、赵敏、蔺海峰：《"公校办民校"的价值、问题与政府治理策略》，《教育理论与实践》2015年第19期。

练宏：《注意力分配——基于跨学科视角的理论述评》，《社会学研究》2015年第4期。

林小英:《素质教育 20 年:竞争性表现主义的支配与反思》,《北京大学教育评论》2019 年第 4 期。

刘复兴:《教育民营化与教育的准市场制度》,《北京师范大学学报》(社会科学版) 2003 年第 5 期。

刘复兴:《市场条件下的教育公平:问题与制度安排》,《北京师范大学学报》(社会科学版) 2005 年第 1 期。

刘佳丽、谢地:《西方公共产品理论回顾、反思与前瞻——兼论我国公共产品民营化与政府监管改革》,《河北经贸大学学报》2015 年第 5 期。

刘剑虹:《社会分层与民办教育的发展策略——以浙江省温州市为例》,《复旦教育论坛》2007 年第 1 期。

刘精明:《能力与出身:高等教育入学机会分配的机制分析》,《中国社会科学》2014 年第 8 期。

刘少明:《马克思哲学视域中个人时间和社会时间的关系》,《哲学动态》2020 年第 5 期。

刘云杉:《自由的限度:再认识教育的正当性》,《北京大学教育评论》2016 年第 2 期。

龙舟:《我国教育财政制度改革变迁研究》,《当代教育理论与实践》2009 年第 4 期。

娄立志:《关于学生学业负担的理性思考》,《教育理论与实践》1999 年第 9 期。

鲁洁:《试论学校的选择功能》,全国计算机辅助教育学会"教育理论与技术"研讨会论文集摘要,广州,1987 年 4 月。

鲁林岳:《综合辩证论"减负"》,《教育研究》2007 年第 5 期。

马健生、吴佳妮:《为什么学生减负政策难以见成效——论学业负担的时间分配本质》,《北京师范大学学报》(社会科学版) 2014 年第 2 期。

马健生、邹维:《论学校及其功能》,《清华大学教育研究》2019 年第 4 期。

宁波、张民选:《上海公私立学校教育绩效比较———项基于 PISA-2012 数据的实证研究》,《教育发展研究》2016 年第 Z2 期。

潘苏东、白芸:《作为"质的研究"方法之一的个案研究法的发展》,

《全球教育展望》2002 年第 8 期。

齐燕：《过度教育城镇化：形成机制与实践后果——基于中西部工业欠发达县域的分析》，《北京社会科学》2020 年第 3 期。

祁翔、陈丽媛：《民营化对教育质量与公平的影响——以上海民办普通初中为例》，《北京大学教育评论》2019 年第 1 期。

祁翔、郑磊：《生源效应还是学校效应？对上海公私立学校教育绩效的再研究》，《教育发展研究》2019 年第 6 期。

钱民辉：《教育处在危机中　变革势在必行——兼论"应试教育"的危害及潜在的负面影响》，《清华大学教育研究》2000 年第 4 期。

渠敬东：《迈向社会全体的个案研究》，《社会》2019 年第 1 期。

桑志坚：《作为一种规训策略的学校时间》，《湖南师范大学教育科学学报》2014 年第 5 期。

邵宜航、徐菁：《高等教育扩张与教育机会不平等演变》，《经济学动态》2017 年第 12 期。

沈文钦：《西方学者对博雅教育思想史的研究：1890—2005》，《清华大学教育研究》2009 年第 6 期。

史华楠：《教育管办评分离的条件、目标和策略》，《中国教育学刊》2015 年第 7 期。

司文晶、宣朝庆：《文化营造与宿舍共同体的生产——以恒源纱厂〈人事科女工管理处记事〉为核心的分析》，《社会学研究》2019 年第 3 期。

宋光辉、陈勇：《超额需求、差异化需求与我国民办教育规模》，《管理世界》2009 年第 6 期。

苏君阳：《教育民营化的含义、基础及其有限性》，《外国教育研究》2007 年第 9 期。

孙孔懿：《〈教育时间学〉出版十年反思与前瞻》，《江苏教育学院学报》（社会科学版）2003 年第 5 期。

孙薇、郁钰：《应试教育与素质教育并非水火不容》，《中国教育学刊》2016 年第 5 期。

唐晓杰：《社会、个人教育需求与学校教育功能》，《华东师范大学学报》（教育科学版）1993 年第 3 期。

田夏彪：《分离与融合：学校"教""育""学"关系审视》，《山西师大学报》（社会科学版）2019年第2期。

王策三：《保证基础教育健康发展——关于由"应试教育"向素质教育转轨提法的讨论》，《北京师范大学学报》（人文社会科学版）2001年第5期。

王策三：《认真对待"轻视知识"的教育思潮——再评由"应试教育"向素质教育转轨提法的讨论》，《北京大学教育评论》2004年第3期。

王长乐：《教育方针的形态变化与教育本性的回归》，《西北师范大学学报》（社会科学版）2006年第4期。

王处辉、朱焱龙：《文化资本的"名""实"分离——中国语境下文化资本对高等教育获得影响的重新检视》，《高等教育研究》2018年第7期。

王富伟：《个案研究的意义和限度——基于知识的增长》，《社会学研究》2012年第5期。

王建华：《国外学校教育功能研究的缘起与现状》，《民办教育研究》2006年第1期。

王宁：《代表性还是典型性？——个案的属性与个案研究方法的逻辑基础》，《社会学研究》2002年第5期。

王宁：《个案研究的代表性问题与抽样逻辑》，《甘肃社会科学》2007年第5期。

王善迈：《基于教育"重点校"政策分析》，《教育研究》2008年第3期。

王一涛、安民：《"教育是公共产品"吗？——对一个流行观点的质疑》，《复旦教育论坛》2004年第5期。

王毅杰、汪毅：《生存压力下农村民办学校的组织运作———项基于Y校的个案研究》，《河海大学学报》（哲学社会科学版）2013年第2期。

邬志辉：《关于学生负担问题的深层次思考》，《课程·教材·教法》1998年第1期。

吴国璋：《西方社会学对社会时间的研究》，《学术界》1996年第2期。

吴华：《民办教育在中国的前景》，《民办教育研究》2008年第1期。

吴华：《政府对义务教育阶段民办学校提供财政资助的法理分析》，《中国教育法制评论》2015年第00期。

吴华、胡威：《公共财政为什么要资助民办教育？》，《北京大学教育评论》2012 年第 10 期。

吴康宁：《教育的社会功能新论》，《高等教育研究》1996 年第 3 期。

吴群芳：《公共选择理论与"公共服务市场化"——西方行政改革的理论背景》，《北京科技大学学报》（社会科学版）2002 年第 1 期。

吴毅：《何以个案 为何叙述——对经典农村研究方法质疑的反思》，《探索与争鸣》2007 年第 4 期。

肖军虎、王一涛、李丽君：《民办中小学"非常规扩张"现象透视及对策建议》，《教育发展研究》2015 年第 6 期。

谢利民：《顺境下学生负担问题的社会学思考》，《集美大学学报》2005 年第 2 期。

徐俊：《"个体个性化"与"个体社会化"究竟是什么关系——兼论学校的教育功能》，《上海教育科研》2015 年第 8 期。

徐勇：《"接点政治"：农村群体性事件的县域分析——一个分析框架及以若干个案为例》，《华中师范大学学报》（人文社会科学版）2009 年第 6 期。

闫闯：《应试教育与素质教育岂能相容——与〈应试教育与素质教育并非水火不容〉作者商榷》，《上海教育科研》2017 年第 7 期。

严斌剑：《基于代际传递视角的中国教育公平研究》，《社会科学辑刊》2019 年第 2 期。

阎凤桥：《从民办教育透视教育的分层与公平问题》，《教育发展研究》2004 年第 1 期。

阎凤桥：《山东省某市发展民办教育的经济学分析》，《教育发展研究》2007 年第 10 期。

阎凤桥：《我国农村民办教育发展的政治逻辑——基于北方某县的调查》，《北京大学教育评论》2012 年第 2 期。

阎凤桥、张莉娟、于洁、李虔：《民办教育在农村城市化进程中所扮演的教育供给者角色：基于华东某市的调研》，《北京社会科学》2013 年第 4 期。

杨东平：《重新认识应试教育》，《北京大学教育评论》2016 年第 2 期。

杨刚要：《民办教育对河南省社会经济发展的贡献研究》，《当代经济》2017 年第 25 期。

杨红霞：《发展中国家私立教育新现象：为低收入群体服务》，《教育发展研究》2007 年第 22 期。

杨华：《农村婚姻挤压的类型及其生成机制》，《华中农业大学学报》（社会科学版）2019 年第 4 期。

杨华：《中国农村的"半工半耕"结构》，《农业经济问题》2015 年第 9 期。

杨兴凤：《马克思的时间范畴谱系》，《广西师范大学学报》（哲学社会科学版）2020 年第 4 期。

杨兆山、陈旭远：《关于普通教育学习负担问题的理性思考》，《现代中小学教育》1996 年第 3 期。

叶庆娜：《免费义务教育政策下农村民办教育发展的原因分析》，《上海教育科研》2012 年第 1 期。

易重华：《重塑政府在基础教育中的责任——对监利县基础教育引入民营资本的评析》，《学习月刊》2006 年第 5 期。

尹秋玲、黄丽芬：《强扶持与小微扶持：民办公助两种政策实践模式及反思》，《苏州大学学报》（教育科学版）2020 年第 2 期。

尤西林：《现代性与时间》，《学术月刊》2003 年第 8 期。

游永恒：《重新思考我们的教育目的》，《清华大学教育研究》2004 年第 2 期。

于建福：《促进人的全面发展，提升国民综合素质——改革开放 30 年素质教育重大政策主张与理论建树》，《教育研究》2008 年第 12 期。

于洁：《资源依赖理论视角下民办教育的角色研究——以参与"政府购买服务"的民办 D 校为例》，《教育学术月刊》2017 年第 11 期。

于龙斌：《民办学校与名校办民校法律关系主体平等的法理思考》，《教育发展研究》2005 年第 3 期。

余燕、刘书明：《公共选择理论的发展及反思》，《中国集体经济》2020 年第 10 期。

袁连生：《论公共教育的产品属性、学校的市场化运作及教育的市场化》，《教育与经济》2003 年第 1 期。

詹姆斯·杜力、刘强、鲍玲·迪金森：《中国甘肃省农村地区为低收入家庭服务的民办学校》，《民办教育研究》2007年第2期。

张恒：《公共选择理论的政府失灵说及其对我国政府改革的启示》，《广西社会科学》2001年第4期。

张建雷、曹锦清：《无正义的家庭政治：理解当前农村养老危机的一个框架——基于关中农村的调查》，《南京农业大学学报》（社会科学版）2016年第1期。

张建伟：《论企业的薪酬管理与精神激励机制》，《学术论坛》2002年第6期。

张群梅：《政府与市场关系的新解读》，《河南大学学报》（社会科学版）2007年第2期。

张婷：《毛泽东教育思想及其当代价值》，《云南农业大学学报》（社会科学版）2020年第5期。

张雪霖：《城市化背景下的农村新三代家庭结构分析》，《西北农林科技大学学报》（社会科学版）2015年第5期。

张雪霖：《阶层分化、社会流动和农村离婚新秩序——以鲁西北C村离婚经验为例》，《中国青年研究》2016年第12期。

张智楠：《教育财政、社会投资与经济增长——兼论教育财政的引致效应》，《地方财政研究》2020年第1期。

张宗帅：《布迪厄象征资本概念与马克思生产性理论的对话》，《理论界》2020年第8期。

赵全军、陈艳艳：《基础教育市场化改革：西方的经验与启迪》，《江海学刊》2008年第6期。

赵垣可、刘善槐：《新中国70年基础教育学校布局调整政策的演变逻辑——基于1949—2019年国家政策文本的分析》，《教育与经济》2019年第4期。

郑逸农：《高中生的学业负担与教育对策》，《上海教育科研》1998年第7期。

周彬：《论我国民办学校的教育目的》，《中国民办教育研究》2002年第Z1期。

周恩来：《中央人民政府政务院关于整顿和改进小学教育的指示》，《人民教育》1954 年第 1 期。

周兴国：《乡村教育的现代化困境与出路》，《教育研究与实验》2018 年第 4 期。

周序：《"应试主义教育"的"应试规训"及其消解》，《华中师范大学学报》（人文社会科学版）2014 年第 3 期。

周序、刘庆龙：《教师与应试教育：从冲突走向和解》，《湖南师范大学教育科学学报》2017 年第 5 期。

朱富强：《新自由主义的十大考辨（下）：三大核心政策的实践》，《经济社会体制比较》2018 年第 2 期。

朱新梅：《论我国私立学校的兴起及政府教育职能的转化》，《教育科学》2003 年第 1 期。

[英] 约翰·哈萨德：《劳动时间的质的范式》，郜济川译，《国际社会科学杂志》（中文版）1989 年第 4 期。

（三）译著

费孝通：《江村经济——长江流域农村生活的实地调查》，戴可景译，上海世纪出版集团、上海人民出版社 2010 年版。

[德] 马克思：《资本论》（第一卷），郭大力、王亚南译，人民出版社 1963 年版。

[德] 马克思：《资本论》（第一卷），人民出版社 2004 年版。

[德] 马克斯·韦伯：《社会科学方法论》，韩水法、莫茜译，中央编译出版社 1999 年版。

[法] P. 布尔迪厄：《国家精英——名牌大学与群体精神》，杨亚平译，商务印书馆 2004 年版。

[法] 爱米尔·涂尔干：《宗教生活的基本形式》，渠东、汲喆译，上海人民出版社 1999 年版。

[法] 米歇尔·福柯：《规训与惩罚》，刘北成、杨远婴译，生活·读书·新知三联书店 2012 年版。

[法] 皮埃尔·布迪厄：《实践感》，蒋梓骅译，译林出版社 2016 年版。

[美] 保罗·萨缪尔森、威廉·诺德豪斯著：《经济学》，萧琛主译，人

民邮电出版社 2008 年版。

［美］丹尼斯·C. 缪勒著：《公共选择理论》，杨春学等译，中国社会科学出版社 2002 年版。

［美］克利福德·格尔茨：《文化的解释》，纳日碧力戈等译，上海人民出版社 1999 年版。

［美］劳伦斯·阿瑟·克雷明：《学校的变革》，单中惠、马晓斌译，上海教育出版社 1994 年版。

［美］罗伯特·金·默顿：《论理论社会学》，何凡兴等译，华夏出版社 1990 年版。

［美］迈克尔·阿普尔：《意识形态与课程》，黄忠敬译，华东师范大学出版社 2001 年版。

［美］约瑟夫·E. 斯蒂格利茨、卡尔·E. 沃尔什著：《经济学》，黄险峰、张帆译，谭崇台校，中国人民大学出版社 2010 年版。

［以］约拉姆·巴泽尔著：《产权的经济分析（第二版）》，费方域、钱敏、段毅才译，格致出版社、上海三联书店、上海人民出版社 2017 年版。

［英］安东尼·吉登斯：《社会理论与现代社会学》，文军、赵勇译，社会科学文献出版社 2003 年版。

［英］安东尼·吉登斯：《现代性的后果》，田禾译，译林出版社 2011 年版。

［英］保罗·威利斯：《学做工：工人阶级子弟为何继承父业》，秘舒、凌旻华译，译林出版社 2013 年版。

［英］约翰·哈萨德：《时间社会学》，朱红文、李捷译，北京师范大学出版社 2009 年版。

（四）报刊与网络资料

《2003—2007 年教育振兴行动计划》，http：//www. moe. gov. cn/jyb_sjzl/moe_177/201003/t20100304_2488. html，2004 年 2 月 10 日，最后一次访问日期：2021 年 3 月 29 日。

《财政部教育部关于调整完善农村义务教育经费保障机制改革有关政策的通知》，http：//www. gov. cn/zwgk/2007-11/29/content_820089. htm，2007 年 11 月 29 日，最后一次访问日期：2021 年 3 月 29 日。

《国家教委办公厅关于五省市对减轻义务教育阶段学生过重课业负担情况

进行督导检查的综合报告》，http://pkulaw.cn/fulltext_form.aspx?Gid=85867，1995年3月17日，最后一次访问日期：2021年3月29日。

《国家中长期教育改革和发展规划纲要（2010—2020）》，http://www.moe.gov.cn/jyb_xwfb/s6052/moe_838/201008/t20100802_93704.html，2010年7月29日，最后一次访问日期：2021年3月29日。

《国务院办公厅关于规范校外培训机构发展的意见》，http://www.moe.gov.cn/jyb_xxgk/moe_1777/moe_1778/201808/t20180822_345833.html，2018年8月6日，最后一次访问日期：2021年3月29日。

《国务院办公厅转发人力资源社会保障部财政部教育部关于义务教育学校实施绩效工资指导意见的通知》，http://www.gansu.gov.cn/art/2009/4/28/art_431_188229.html，2008年12月23日，最后一次访问日期：2021年3月29日。

《国务院关于〈中国教育改革和发展纲要〉的实施意见》，http://www.moe.gov.cn/jyb_sjzl/moe_177/tnull_2483.html，1994年7月3日，最后一次访问日期：2021年3月29日。

《国务院关于鼓励社会力量兴办教育促进民办教育健康发展的若干意见》，http://www.gov.cn/zhengce/content/2017-01/18/content_5160828.htm，2016年12月29日，最后一次访问日期：2021年3月29日。

《国务院关于进一步完善城乡义务教育经费保障机制的通知》，http://www.moe.gov.cn/jyb_xxgk/moe_1777/moe_1778/201511/t20151130_221655.html，2015年11月25日，最后一次访问日期：2021年3月29日。

《国务院关于深化农村义务教育经费保障机制改革的通知》，http://www.moe.gov.cn/jyb_xxgk/moe_1777/moe_1778/tnull_27721.html，2005年12月24日，最后一次访问日期：2021年3月29日。

《国务院关于统筹推进县域内城乡义务教育一体化改革发展的若干意见》，http://www.moe.gov.cn/jyb_xxgk/moe_1777/moe_1778/201607/t20160711_271476.html，2016年7月2日，最后一次访问日期：2021年3月29日。

《国务院关于做好免除城市义务教育阶段学生学杂费工作的通知》，

http://www.moe.gov.cn/jyb_xxgk/moe_1777/moe_1778/tnull_38125.html, 2008 年 8 月 15 日, 最后一次访问日期: 2021 年 3 月 29 日。

《河南省教育厅等六部门关于做好中小学生课后服务工作的指导意见》, http://www.tangyin.gov.cn/sitesources/tyweb/page_pc/ztzl/wmcx/zcfg/article13a7a4ca47c34de580e05c73fecec237.html, 2020 年 5 月 13 日。

《加强投资服务管理 促进民办教育发展》, http://www.moe.gov.cn/s78/A05/A05_ztzl/s7507/s7511/201309/t20130925_157858.html, 2013 年 9 月 25 日, 最后一次访问日期: 2021 年 3 月 29 日。

《坚持中国特色社会主义教育发展道路 培养德智体美劳全面发展的社会主义建设者和接班人》, http://edu.people.com.cn/n1/2018/0911/c1053-30286253.html, 2018 年 9 月 11 日, 最后一次访问日期: 2021 年 3 月 29 日。

《教育部办公厅关于做好中小学生课后服务工作的指导意见》, http://www.moe.gov.cn/srcsite/A06/s3325/201703/t20170304_298203.html, 2017 年 2 月 24 日, 最后一次访问日期: 2021 年 3 月 29 日。

《教育部关于鼓励和引导民间资金进入教育领域促进民办教育健康发展的实施意见》, http://www.moe.gov.cn/srcsite/A03/s7050/201206/t20120618_138412.html, 2012 年 6 月 18 日, 最后一次访问日期: 2021 年 3 月 29 日。

《教育部关于学习贯彻〈中共中央国务院关于进一步加强和改进未成年人思想道德建设的若干意见〉的实施意见》, http://www.moe.gov.cn/s78/A06/jcys_left/moe_710/s3325/201006/t20100602_88659.html, 2004 年 6 月 1 日, 最后一次访问日期: 2021 年 3 月 29 日。

《教育部关于印发〈基础教育课程改革纲要(试行)〉的通知》, http://www.moe.gov.cn/srcsite/A26/jcj_kcjcgh/200106/t20010608_167343.html, 2001 年 6 月 8 日, 最后一次访问日期: 2021 年 3 月 29 日。

《教育部关于印发〈义务教育课程设置实验方案〉的通知》, http://www.moe.gov.cn/srcsite/A26/s7054/200111/t20011121_166076.html, 2011 年 11 月 21 日, 最后一次访问日期: 2021 年 3 月 29 日。

《莱登县 2020 年政府工作报告》, http://www.xincai.gov.cn/web/front/

news/detail. php？newsid=10049，2020 年 4 月 28 日，最后一次访问日期：2021 年 3 月 29 日。

《民办非企业单位登记管理暂行条例》，https：//www. gov. cn/zhengce/202203/content_3338119. htm，1998 年 10 月 25 日，最后一次访问日期：2021 年 3 月 29 日。

《全国教育工作会议在京开幕　江泽民发表重要讲话》，http：//news. cntv. cn/china/20111222/116294. shtml，1999 年 6 月 15 日，最后一次访问日期：2021 年 3 月 29 日。

《社会力量办学条例》，https：//www. guizhou. gov. cn/zwgk/zfgb/gzszfgb/199707/t19970731_70521508. html？isMobile=false，1997 年 7 月 31 日，最后一次访问日期：2021 年 3 月 29 日。

《新修订的〈义务教育法〉的法理创新》，http：//www. moe. gov. cn/s78/A02/moe_627/201108/t20110816_123316. html，2006 年 9 月 11 日，最后一次访问日期：2021 年 3 月 29 日。

《义务教育均衡发展的六个关键词》，http：//www. moe. gov. cn/jyb_xwfb/s5148/201102/t20110221_115131. html，2011 年 2 月 21 日，最后一次访问日期：2021 年 3 月 29 日。

《用科学发展观统领教育工作全局——教育部党组书记、部长周济在教育部 2005 年度工作会议上的讲话》，http：//www. moe. gov. cn/jyb_zzjg/moe_187/moe_410/moe_458/tnull_7328. html，2004 年 12 月 19 日，最后一次访问日期：2021 年 3 月 29 日。

《中共中央关于教育体制改革的决定》，http：//www. moe. gov. cn/jyb_sjzl/moe_177/tnull_2482. htmlwww. jyb. cn/zyk/jyzcfg/200602/t20060219_55336. html，1985 年 5 月 27 日，最后一次访问日期：2021 年 3 月 29 日。

《中共中央国务院关于深化教育改革全面推进素质教育的决定》，https：//www. nmg. gov. cn/zwgk/zfgb/1999n_5236/199907/199906/t19990613_309013. html，1999 年 6 月 13 日，最后一次访问日期：2021 年 3 月 29 日。

《中国教育改革和发展纲要》，http：//www. moe. gov. cn/jyb_sjzl/moe_177/tnull_2484. html，1993 年 2 月 13 日，最后一次访问日期：2021 年

3月29日。

《中华人民共和国民办教育促进法（2002）》，https://www.gov.cn/test/2005-07/28/content_17946.htm，2002年12月28日，最后一次访问日期：2021年3月29日。

《中华人民共和国民办教育促进法（2016）》，http://www.moe.gov.cn/s78/A02/zfs__left/s5911/moe_619/201805/t20180508_335337.html，2018年5月8日，最后一次访问日期：2021年3月29日。

《中华人民共和国义务教育法（2006）》，http://www.moe.gov.cn/s78/A02/zfs__left/s5911/moe_619/201001/t20100129_15687.html，2006年6月29日，最后一次访问日期：2021年3月29日。

《中华人民共和国义务教育法（2019）》，http://www.moj.gov.cn/Department/content/2019-01/17/592_227073.html，2019年1月17日，最后一次访问日期：2021年3月29日。

《中央编办 教育部 财政部关于统一城乡中小学教职工编制标准的通知》，http://www.moe.gov.cn/s78/A10/tongzhi/201412/t20141209_181014.html，2014年11月13日，最后一次访问日期：2021年3月29日。

雷望红：《谁在投资民办学校》，微信公众号："行业研习"，2019年12月12日。

陆一：《素质教育须走出"理念认同、实践背离"怪圈》，《文汇报》2018年1月19日第7版。

王蓉：《"高度筛选"社会与中国教育策略的严重断裂》，https://user.guancha.cn/main/content?id=186147&s=fwckhfbt，2019年10月15日，最后一次访问日期：2021年3月29日。

（五）硕士博士学位论文

安永军：《县域城镇化与寄生性城乡关系》，博士学位论文，华中科技大学，2019年。

雷望红：《教育城镇化背景下城乡义务教育发展失衡机制与公平改善研究——基于结构分析的视角》，博士学位论文，华中科技大学，2019年。

李兴洲：《重构学校精神——学校功能偏离与现代学校制度建设》，博士学位论文，南京师范大学，2005 年。

曲正伟：《我国义务教育中的政府责任研究》，硕士学位论文，东北师范大学，2003 年。

桑志坚：《超越与规训——学校教育时间的社会学研究》，博士学位论文，南京师范大学，2012 年。

王金娜：《教育改革偏好与中产阶层母亲的教育卷入》，博士学位论文，南京师范大学，2017 年。

徐梦夏：《社会主义市场经济条件下的教育产业化问题——兼论我国民办教育的发展趋势》，博士学位论文，天津师范大学，2012 年。

杨卫安：《我国城乡教育关系制度的变迁研究》，博士学位论文，东北师范大学，2010 年。

赵全军：《中国农村义务教育供给制度研究（1978—2005）——行政学的分析》，博士学位论文，复旦大学，2006 年。

二 英文参考文献

Estelle James, "The Private Nonprofit Provision of Education: A Theoretical Model and Application to Japan", *Journal of Comparative Economics*, Vol. 10, No. 3, Sep 1986.

Estelle James, "Why Do Different Countries Choose a Different Public-Private Mix of Educational Services", *Journal of Human Resources*, Vol. 28, No. 3, June 1993.

Lewis, J. David & Andrew J. Weigert, "The Structures and Meanings of Social Time", *Social Forces*, Vol. 60, No. 2, Jan 1981.

Thompson, E. P. Time, "Work-Discipline, and Industrial Capitalism", *Past and Present*, No. 3, Jan 1967.

Weisbrod B, "Toward a Theory of the Voluntary Nonprofit Sector in a Three-sector Economy" In Altruism, Morality and Economic Theory, ed. E. Phelps, New York: Russell Sage Foundation, 1975.

后 记

时光荏苒，转眼之间我的博士学习已经到了第五个年头的尾声。回首这段时光，这几年的努力没有取得让自己觉得骄傲的成绩，但是自己在这段时光里体会了学习做学术研究和写作博士论文的酸甜苦辣，个中滋味，只有亲身经历才会知道自己的不足和应该努力的方向，只有亲身经历才会刻骨铭心难以忘怀。我想自己一路能够坚持下来，自己对于学术研究的兴趣和热爱是一个原因，但是更重要的是我的老师、同学、亲友对我的帮助、支持和陪伴，给我源源不断的精神动力，支撑着我走到现在。

首先要感谢我的导师王处辉教授。在我眼中，王老师不仅是一位学识渊博、温文尔雅的著名学者，更是像慈父一样关爱自己的学生。五年前，正是承蒙王老师的厚爱，我才能顺利进入南开大学，走上博士研究之路。多年来，王老师对我悉心指导，教会我怎么写作学术论文，如何开展学术研究，我的第一篇学术论文就是在王老师的指导下才得以初具雏形。不仅如此，在学术问题的讨论上，王老师总是平等地与我们探讨，并鼓励我们大胆思考，培养我们独立思考和分析问题的能力，每次与王老师交流，我都受益匪浅并感觉到动力满满，既能够从老师那里获得学术思考方向和学术研究方法的指引，又能够获得老师对于我思考尝试的鼓励，以及对于思考跑偏之处的及时纠正。在博士期间研究选题和博士论文主题的确定上，王老师给予了我完全自主的空间，在我确定研究选题、确定博士论文主题，一直到博士论文写作这一整个过程，王老师都给了我充分的指导、鼓励和支持。在与王老师的一次次交流中，我不断厘清自己的问题意识与研究思路。在博士论文的修改过程中，从写作内容到写作规范，王老师都给予了我非常多的指导。正是在王老师的一步步精心指导下，我的博士论文才得以顺利完成。

在学术研究的态度上，王老师对我的影响非常深。王老师一直教导我们，"要研究真问题""要做真研究""学术研究要说真话"。王老师的教导时刻提醒着我，让我在做研究的过程中经常自省自己研究的问题是不是真问题，是否存在意义，以及我的研究是否深入。王老师严以律己、刚正不阿的学术研究态度一直在影响和激励着我。我希望自己在未来的职业发展和学术研究中一直秉持王老师对我们的教导，将这份研究态度和精神坚持下去。

在生活上，王老师和师母对我十分关心，给予了我多方面的关怀和照顾。让我尤其难以忘怀的是 2021 年的春节，我因为写作博士论文没有回家，王老师让我们留校的三个同门到他家过年，师母提前几天就做准备，并亲自下厨做了一大桌丰富的年夜饭。这个除夕和春节过得十分开心，感受到了家的温暖。

其次，还要感谢社会学系曾经给我授过课的各位老师，感谢他们在我求学路上曾经给予我的启迪。还要感谢社会学系的宣朝庆教授、赵万里教授、袁同凯教授、马伟华教授，感谢他们在开题答辩时给我提出的宝贵建议和指导，这使我的论文得以增色不少。还要感谢我的同门，他们是曹宇师姐、宗新华师兄、孙晓冬师兄、朱焱龙师兄、吕福龙师兄、梁官宵师兄、谢俊杰、谷莎、高天宇，感谢他们的帮助和关怀，感谢他们的真诚、包容和善良，我的博士生活过得幸福、充实而又温暖，充满了美好的回忆。感谢我的同班同学，谢谢他们这几年来对我的帮助和照顾。此外，还要感谢一起写作博士论文的小伙伴王雪、李泽、付丽媛，感谢他们的陪伴和鼓励，使我的博士论文写作时光充满了色彩。此外，还要感谢学院博士生自习室的小伙伴们，感谢他们的帮助和鼓励。

还要特别感谢武汉大学贺雪峰教授。读硕士时，正是因为贺老师的接纳，我才能够有机会体验研究生生活，并参加中心的读书会，和读书会的同学一起读书，和中心的师友一起调研。在贺老师的鼓励和中心师友的影响下，我逐渐从不自信变得有一点自信，并确立了攻读博士，以学术为业的目标。也特别感谢一起读书和调研的读书会小伙伴，他们是

后　记

齐薇薇、雷望红、舒丽瑰、张欢、朱战辉、安永军、黄佳鹏、王向阳、徐宏宇、杨春滋、王秋月、钱坤、刘超、张曦等同学，这些好友的无私帮助和诚挚建议让我不断反省自己并不断进步，也给我的生活带来了很多快乐。

此外，还要特别感谢田野调研期间所有支持和接受我的访谈的各级干部和父老乡亲。感谢他们对我这个不速之客的接纳，感谢他们接受我的再三叨扰，感谢他们对我的信任。正是因为他们的帮助，我才能够有机会接触经验、理解经验。他们朴实的工作经验和生活经验是我学术灵感的最大源泉。

最后，我要特别感谢我的父母和家人。父母都是朴实的农民，将所有的爱和精力都倾注到我和弟弟身上，这些年一直在为我和弟弟操劳，我愿意用一生的努力去回报他们。感谢我的弟弟，弟弟的理解和支持，以及对我的照顾，让我感受到浓浓的姐弟之情和家庭的幸福。